Identity Representations in Multicultural Hawai'i

# ハワイにおける アイデンティティ表象

多文化社会の語り・踊り・祭り

白水繁彦 編
Shigehiko Shiramizu

御茶の水書房

# はしがき

　本書はわれわれ研究チームが著してきたハワイのエスニック・マイノリティ文化研究の第3弾である。第1弾が2008年の『移動する人びと，変容する文化』（御茶の水書房）であり，第2弾が2011年の『多文化社会ハワイのリアリティー』（御茶の水書房）である。

　本書の目的は，ひと言でいえば，ハワイにおける多様なエスニック・マイノリティの人びとの「自分たちの表しかた」すなわちアイデンティティ表象の実態解明である。ハワイは，前著でも紹介したように，全米でも有数の民族祭の多いところであり，またそれに人が集まるところである。今日のハワイはエスニシティ（民族性）の表出が盛んであり，またそれが称揚される雰囲気をもっている。多文化社会といわれる所以(ゆえん)である。民族祭では多種の民族料理や歌舞音曲が供されるだけでなく，自らの文化を表象する展示会場を持つことも少なくない。そこでは自分たちの文化を思う存分表象しているように見える。そうした無形文化財的表象行動だけでなく，有形文化財的表象行動も活発である。たとえば，主要なエスニック集団の生活文化をわざわざ取り出して大々的に展示する屋外博物館まである。このように述べると，多文化社会ハワイは，民族関係において文字通り「太平洋の楽園」のように思えるかもしれない。たしかに「観客」として見物するぶんには楽しいところであるし，あるハワイの友人は，そうした「表」の部分だけ見て帰ってほしいという。

　しかるに私や共同研究者は人びとのあいだに深く分け入るフィールドワーカーである。およそ人生や社会には表と裏，光と影があり，理想と現実があることをしばしば見てきた。そしてある人びとにとっての理想は，別の人びとにとっては，迷惑極まりないことである，という現実も見てきた。

　そのようなわれわれが2005年からハワイでフィールドワークを重ねてきた。私個人でいえばハワイに通って30余年になる。ハワイでも光の部分と陰の部分，表面と水面下，そして理想と現実のせめぎ合いがある。そうしたリアリティを丸ごと理解したいと思ってきた。本書はそうしたわれわれの試みの第3弾というわけである。

本書ではハワイにおけるさまざまなマイノリティの人びとの民族間の交渉の過程や，尊厳をもって生きるための戦略・戦術の実際が記述，説明される。それは別の言葉でいえば排除と包摂の過程の研究ということになる。英雄はひとりも出てこないが，当事者として，思い，悩み，奮励する人びとは多数登場する。かれらの行動や心の軌跡をとおして「太平洋の楽園」の様々な貌（かお）を見ていただきたいと思う。そして，日本社会の現状を振り返っていただければ著者として望外の幸せである。

## ハワイにおけるアイデンティティ表象
──多文化社会の語り・踊り・祭り──

目　次

# CONTENTS

はしがき ——————————————————————————— i

序　章　多文化社会におけるアイデンティティ表象 —— 白水　繁彦　3
　　　Ⅰ　本書の問題意識 ———————————————————— 3
　　　Ⅱ　編集意図 —————————————————————— 5
　　　Ⅲ　アイデンティティ表象のメディア社会学 ——————— 9
　　　Ⅳ　本書の内容とその特徴 ————————————————— 12

第1章　自分たちの表しかた ———————————— 白水　繁彦　19
　　　　さまざまなアイデンティティ表象
　　　Ⅰ　問題の所在 ————————————————————— 19
　　　Ⅱ　変わる個人のアイデンティティ ————————————— 21
　　　Ⅲ　他者による規定と自己による規定と ——————————— 26
　　　Ⅳ　エスニック集団のアイデンティティ表象
　　　　　オキナワン・フェスティバルにおける文化展示 ——————— 30
　　　Ⅴ　多民族社会のアイデンティティ表象 ——————————— 39
　　　Ⅵ　結語 ———————————————————————— 59

第2章　「プリズン・フラ」にみる社会的排除と
　　　文化的包摂 ————————————————————— 城田　愛　69
　　　　先住ハワイアン系の刑務所入所者たちの舞台
　　　はじめに ——————————————————————————— 69
　　　Ⅰ　先住ハワイアン系アウトサイダーたちのパフォーマンス —— 71
　　　Ⅱ　先住ハワイアン系の刑務所入所者たちが舞う
　　　　　「プリズン・フラ」 ———————————————————— 76
　　　Ⅲ　舞台『悲劇の女王リリウオカラーニ物語』で舞われる
　　　　　「プリズン・フラ」 ———————————————————— 81
　　　おわりに ——————————————————————————— 99

第3章 「ハワイの中華文化」をめぐるポリティクスと
　　　新民族文化の創出 ―――――――――――――― 中野　克彦　111
　　　　1940年代後半の中国系民族文化運動と民族祭

　　Ⅰ　本稿の目的と問題意識 ――――――――――――――――――― 111
　　Ⅱ　中国系学校復興運動――民族文化の継承をめぐるポリティクス ― 113
　　Ⅲ　民族祭の誕生へ――新民族文化の創出をめぐるポリティクス ―― 124
　　Ⅳ　結論――中国系の文化表象戦略への「まなざし」――――――― 132

第4章 「伝統」を表す／表されることの意味 ―――― 李　里花　137
　　　　ハワイ・コリア系移民の舞踊をめぐる歴史

　　はじめに――問題の所在 ――――――――――――――――――― 137
　　Ⅰ　踊らなくなった移民――コリア系移民とキリスト教会 ―――― 139
　　Ⅱ　踊りの「復活」――コリア系移民とYWCA ―――――――― 142
　　Ⅲ　移民の社会的統合のために――YWCAの文化的アプローチ ― 146
　　Ⅳ　「コリアンらしさ」を表すことの意味
　　　　――戦前のコリア系二世のリアリティー ――――――――――― 149
　　Ⅴ　戦後――ハワイの多文化主義と韓国伝統舞踊との連続性 ――― 153
　　おわりに――「伝統」を表すことの意味 ――――――――――――― 158

第5章 ハワイにおけるアメラジアンの
　　　戦略的自己表象 ――――――――――――――――― 野入　直美　165

　　Ⅰ　ハワイ大学で沖縄アイデンティティについて学ぶ若者たち ― 165
　　Ⅱ　アメラジアンという視点
　　　　――越境とローカルをつなぐアイデンティティ ――――――――― 169
　　Ⅲ　「ハワイでは，自分が何者であるのかが明らかになる」
　　　　――エディー，エレナきょうだいのケース・スタディ ――――――― 171

Ⅳ 「『ハーフか，ゼロよりはましだな』ってうけるよね」
　　　　——アンソニーのケース・スタディ——————————— 183
　　Ⅴ ハワイにおける戦略的自己表象 ——————————————— 193

## 第6章 〈特論〉海外フィールドワーク：
　　　　直伝！文献へのアクセス法 ——— 中野　克彦　199

　　1 本稿の目的 ——————————————————————— 199
　　2 一次資料の収集の意義 ————————————————— 200
　　3 ケーススタディ：中国系民族文化運動の文献へのアクセス ——— 201
　　4 海外調査前の準備：調査文献の絞り込み ————————— 202
　　5 現地図書館の活用 ——————————————————— 204
　　6 一次資料の分析 ———————————————————— 205
　　7 新聞資料へのアクセス ————————————————— 207
　　8 一次資料とフィールドワーク —————————————— 209
　　9 文献著者へのインタビュー ——————————————— 213
　　10 結論 ————————————————————————— 215

## ハワイのアイデンティティ表象関連年表 ————————————— 219

　　あとがき ————————————————————————— 231

　　執筆者紹介 ———————————————————————— 233

# ハワイにおけるアイデンティティ表象

――多文化社会の語り・踊り・祭り――

# 序章 多文化社会におけるアイデンティティ表象

白水　繁彦　*Shiramizu Shigehiko*

## I　本書の問題意識

　多民族からなる多文化社会ハワイでは，事あるごとにエスニシティ[1]が顔を出す。選挙のときなどは候補者の所属政党，経歴などとならんでエスニシティが重要視される。また，祭のようなイベントの際もエスニシティが顔を出す。たとえばハワイ州最大といわれるアロハ・フェスティバルは，観光客誘致という下心が露骨ながらも，先住ハワイアンの歴史と文化を表象する多くのイベントから構成されている。筆者などは，この祭を見物するたびに，この州の先住民はハワイアンなのだということを確認する。ハワイアンはまぎれもなく民族であるから，アロハ・フェスティバルでさえハワイアンのための巨大な民族表象の場ととらえることができるかもしれない。そのような社会であるから，むろん，特定のエスニシティを掲げてのエスニック・フェスティバルも大々的に行われる。日系，中国系，沖縄系，コリア系，そしてフィリピン系など，エスニック・フェスティバルを開催するエスニック集団は枚挙に暇がないほどである。

　ハワイのような，個人がエスニシティを意識せざるを得ない状況のなかで，人びとは果たしてどのようにしてエスニック・アイデンティティを獲得していくのだろう。あまりそういうことは考えないで日々を過ごす人もいるかもしれないが，人間は他者との関係をとおしてアイデンティティを獲得するという公理に照らせば，ハワイのようなところでエスニシティを意識しないで生きて行くのはむしろ難しいのではないか。やはり他者との関係のなかでエスニシティ

を認識し，葛藤・失望・希望などさまざまな心的過程をへてエスニック・アイデンティティを獲得するのではないだろうか。また，今日ハワイでは結婚するカップルの50パーセント以上がインターマリッジつまり異民族間結婚といわれるが，これは全米随一の高さである。こうした親から生まれる子どもたちは民族的出自といってもどれを選べばいいのだろう。たとえインターマリッジの親でなくても移民の三代目，四代目すなわち三世や四世にとって民族的出自をいつごろ，どのような契機で意識するのだろうか。さらに，自己規定つまり自分の考えによってあるエスニック・アイデンティティの獲得に至ったとしても，他者規定すなわち他の人は自分をどう見ているのだろう。さらに，個人を超えて集団のレベルで自分たちはこういう人間の集まりなのだという集団的自己規定はどのようにして行われるのか。はたまた，個人的自己規定，集団的自己規定がある程度決着をみたとして，人はそれをどのように他者に示すのだろう。つまりアイデンティティ表象はどのように行われるのか。

筆者はこれまで，本書の寄稿者の協力を得て2冊のハワイ文化研究の本を編んできたが[2]，その間もずっと，上記のようなことを考えていた。だから，それぞれの本のなかでエスニシティやエスニック・アイデンティティ，さらにそれらの表象について場合に応じて部分的にふれてきた。しかし，それ自体を取り上げたことはない。そこで本書では，エスニシティにかかわる個人のアイデンティティとその表象，さらに，個人を超えた，エスニック集団やハワイ全体にかかわる自己規定とその表象の実態に正面から迫ることにした。

### 主要概念の説明

ここで，筆者が扱う概念の主要なものを説明しておきたい。表象とは，人が感得した事物・事柄の本質や性格を行動やモノ，シンボルなどによって他者に見て取れるかたちで表すこと，また，その表されたものをいう。とくに前者の「表す行為」を際立たせたい場合は「表象行為」，または「表象する」と表現する。同様に，「表されたもの」を際立たせたい場合は「表象物」または「表象アイテム」と表現することがある。エスニック集団（グループ）とは，国民国家の枠組みのなかで，共通の出自をもつと信じるがために"われわれ意識"を共有している人びとの集合体である。エスニシティとは，共通の出自をもつと信じる人たち

が合わせ持つ文化や精神の総体であり，民族性ともいう。エスニシティ表象とは人が得た自らの民族性にかかわる認識を行動やモノ，シンボルなどによって他者に見て取れるかたちで表すこと，また，そのされたものをいう。アイデンティティとは個人によってなされる社会のなかの自己の確認すなわち自己規定，自己確認のことである。したがって，エスニック・アイデンティティとは，あるエスニック集団に所属しているという個人による認識，帰属規定のことである。アイデンティティ表象とは自らが獲得した自己認識を行動やモノ，シンボルなどによって他者に見て取れるかたちで表すこと，また，その表されたものをいう。

なお，表象概念については（Terrosi 2006）に大きな示唆を得た。

## Ⅱ　編集意図

「自分たちの表しかた・表されかた」をさまざまな関係性のなかで記述・説明することを目的とするこの本を編むにあたって，筆者（編者）は寄稿者に以下のような注文を出した。筆者のこれまでのハワイ等における調査研究やエスニシティと表象にかかわる先行研究から導き出した，いわば執筆上の留意事項または発想のヒントのようなものである[3]。

**留意すべき契機**

以下の契機（モメント）を考慮して執筆したい。ここでいう契機とは弁証法的な用法で，全体を構成するために必要な要素というほどの意味合いである。ただし，それぞれの項目に対してどれほどの重みを持たせるかは寄稿者の自由裁量とする。

《大前提》「関係性」：関係の非対称性，準拠集団

表象（表象行為）は基本的に「関係」のなかで生起する個人や集団の営みである。これは基本中の基本であるからたえず意識しておきたい。ハワイならハワイという場で，関係はどのような場面で生じるか。編者が例として挙げたいのは第一に交流や交渉である。交流・交渉といっても，互いが善意に基づく交

流・交渉もあるだろうが，敵対的な関係における交流・交渉もあろう。さらに，非対称的な関係における交流・交渉もある。一般に，社会における諸集団は互いに対等な関係にあるとは限らない。マイノリティ集団やそのなかの個人は多くの場合劣位に置かれ，自らの居場所を確保するために細心の注意をはらって戦略・戦術を練るのが一般的である。そしてマジョリティの側はそうした戦略や戦術を無視するどころか気が付かないことさえある。ハワイにおけるエスニック集団や個人の場合はどうか。関係の非対称性にも留意しながら観察したい。

次に編者は準拠集団という概念を提起したい。この場合，準拠集団とは，人の価値観や信念，行動などに強い影響を与え，一種のモデルとなるような集団や個人のことである。人は関係的行為のなかで意識的もしくは無意識的に，ある人や集団を思考や行動のモデルとして設定することがある。そしてモデルにもポジティブ，ネガティブの両面がある。ポジティブモデルの場合は，人がある集団や個人にポジティブな感情を抱くわけだが，限りなくそれと一体化したいとすれば「同化」の対象となる。逆に，ネガティブモデルのほうは「異化」の対象または基準となる。すなわち，ある個人や集団と敵対関係や摩擦関係にある場合，その集団との差異を見出し，自らを正当化したり自らのアイデンティティの拠りどころとすることがある。しかし，さほど遠慮なく当該集団の文化を否定したり敵対視できるのは対称的関係にある場合であり，非対称的な関係にある場合はそうはいかない。古今東西の事例が示しているように，劣位の集団のほうは優位集団の文化に配慮しながら自らの出処進退を決定するのが一般的である。ここにも，両者の「関係のあり方」すなわち「関係性」に留意する必要があることが示されている。いずれにせよ「同化」と「異化」にかかわるような例はハワイの民族関係ではどのような形で表れるか考えてみたい。

(1)「個人的側面・集団的側面」

表象には個人的側面と集団的側面がある。それは「私的側面」と「公的側面」とオーバーラップする部分がある。その両方（個人＋集団）または一方（個人または集団）について考えたい。

個人的表象行為とは，個人が自己認識に基づいてさまざまなしかたで自己を表出することである。集団的表象行為（集団表象）とは，たとえばあるエスニック集団が自らの自己認識に基づいて自分たちの姿を表出することである。そ

の自己認識の過程で前述のような「同化」もしくは「異化」の作用がはたらくのではないか。さらに，個人的，集団的のいずれにおいても，自分たち自身による規定，すなわち自己規定と，他者からの規定，すなわち他者規定があるのではないか。自分たちが考える自己像と他者が規定する自分たちの姿かたちは同じかどうか。違いがあるとすればなぜか。

　また，他者規定のなかにはマスメディアなどによる規定も考えられないか。メディアなどが繰り返し取上げると「公的」なイメージが形成されることがあるが，ハワイにおけるエスニシティ表象においてはどのようなかたちで表れるか。

　公的な表象といえば，行政やそれに準ずる機関が表象するエスニック集団や社会の姿があるのではないか。その場合はどのような自己認識，他者認識が行われるか。そしてそれはどのような「必要」があって行われるのか考えてみたい。

　(2)「時間の経過・過程」「変化」

　関係は時間の経過のなかで生起する動的な営みだから「過程」の視点は欠かせない。表象形成過程の考察にあたっては「個体発生的」な形成過程（ひとつの表象アイテムの創始から完成まで）のケースだけでなく，「系統発生的」な過程，すなわち長いスパンのなかでの変化（更新，断続，付加，部分的脱落等）や，その変化の理由・原因についても考えたい。たとえば，30年，50年と続く民族祭などでは，個体発生が繰り返されたり，各種の変化が生じていると考えられる。

　(3)「演出・リーダーシップ」

　有形文化の形をとるにせよ，無形文化の形をとるにせよ，表象形成には可視化するための演出や装飾・修飾（make-up）が行われることが少なくない。なぜそうした演出になったのか。特に集団的表象形成の場合は，だれがどのような決定をくだしたのか（意志決定・リーダーシップ），ある特定の個人や文化アイテムで「代表」させる意図は奈辺にあるかといった点について考えたい。

　(4)「ポリティクス」：まなざしの力学，隠された歴史，語られない事実

　前項とも深くかかわることだが，表象行為はポリティクス，とくに権力関係とは切り離せない。たとえば，マイノリティはある種の権力関係のなかで表象形成を試みるということはいうまでもない。ではかれら（彼・彼女ら）はマジョ

リティの政治世界からどう表象されるか（「表されかた」）。その目的・意図はどこあるかといった点についても考えたい。他者のまなざし，とくにマジョリティや他エスニック集団のまなざしは，その主観性・客観性にかかわらず，マイノリティの行動に影響を与えずにはおかない「力」をもっている。こうした文脈のなかで，隠された歴史，言及されない事実が生起するし，「ディアスポラ」を生きるマイノリティは複数帰属性やアイデンティティの操作といった戦略を駆使することになる。もっとも，マジョリティの側も都合の悪い事実については言及しないことがある。ハワイや沖縄における基地問題や近代日本でタブー視されることになった入れ墨の風習はどう扱われているか。アメリカの歴史的汚点のひとつである第二次世界大戦中の日系人の強制収容はどう扱われているか。女性はどのように扱われてきたか。女性自身は自らをどう表象してきたか。先住ハワイアンの歴史のなかでハワイは女性が文化変革の主体になるところだといわれることがあるが（後藤 2011），その後の歴史のなかではどうなのか。しょうがい者（いわゆる障害者）や犯罪者はどう扱われてきたか。かれらは自分たちをどう表象してきたか。光の部分だけでなく陰の部分にも留意したい。

### (5)「越境性」

大前提でもふれた「関係性」は，前世紀から進展し続けるグローバル化のなかでは地域内だけでなく，地域外の個人・集団のありかた・動きともかかわってくる。特に現在は国境を跨いでの交流・交渉があるし，実際，国境などを越えて夥しい人が移動，移住している。出自国との往来も活発である。出自国とのポジティブ，ネガティブな関係性も個人やエスニック集団の表象戦略に影響を与える可能性がある。またエスニック集団に限らず，他のカテゴリー，たとえば労働者という自己規定にも国際的な労働運動のうねりが影響を与えずにはおかない。ロシアにおける労働運動の高まり，そして革命へと至る過程が，めぐりめぐって 20 世紀初頭以降のハワイの労働者の意識や運動形態に少なからず影響したことなど，越境的な影響関係の例は枚挙にいとまがないほどである。表象形成過程における越境性に留意したい所以である。

## Ⅲ　アイデンティティ表象のメディア社会学

### 1　コミュニケーション行為としての表象

　個人による自己表象にしろ，エスニック集団などによる集団表象にしろ，表象行為はすぐれてコミュニケーション行為である。なぜなら，人は表象をとおして自分や集団を表現し，また表象をとおして対象となる個人や集団を理解するからである。

　筆者がこれまで公表したレポートのなかで明らかにしてきたように（白水 1998；2004a；2008b；2011b など），エスニック集団や個人はさまざまなメディアを巧みにつかって自らのすがたを表象する。たとえばハワイの沖縄系の女性ボランティア団体フイ・オ・ラウリマの人びとは自らのエスニシティを表象するために，4冊の沖縄文化紹介の本を出してきた。1975 年の *Okinawan Cookery and Culture*，2000 年の *Okinawan Mixed Plate*，2008 年の *Chimugukuru: the Soul, the Spirit, the Heart* (Okinawan Mixt Plate II) というオキナワ料理のレシピと文化紹介が一体となった3冊，それに 1988 年の *Of Andagi and Sanshin: Okinawan Culture in Hawai'i* という沖縄文化紹介の本である。彼女らは料理の実演，有形文化の展示（オキナワン・フェスティバルにおけるカルチュラル・テント）といった実物だけでなく，本というメディアでも精力的に沖縄文化を表象してきた。彼女らが取上げる言葉（ウチナーグチ）や焼き物，漆器，織物，武道，楽器，音楽，踊り，入れ墨などの習俗，年中行事などが沖縄文化として表象される。そして彼女らが提示するオキナワ料理の数々とそのレシピが公式化される（白水 2008a；佐藤 2008）。読者（受け手）は彼女らの発するメッセージを，なんの疑いもなく素直に受け入れ，レシピに従い試作してみる人もいるだろうし，筆者の「目の肥えた」知人のように，自分のレシピとの違いに気付き，その両方をためしてみる人もいるだろう。

　また，ハワイ沖縄県人会はハワイのオキナワン研究入門の決定版とでもいうべき本を，ハワイ大学の協力を得て出版している。*Uchinanchu:A History of Okinawans in Hawaii* (University of Hawaii and United Okinawan Association of Hawaii 1981) という大部の本である。県人会とハワイ大学という「公的」な機

関が編んだこの本はここに書かれたことがハワイのオキナワンの「正史」なのだ，ということを暗示している。そしてわれわれ読者（受け手）はひとまず，この本を入手してハワイのオキナワンの研究を始めることが常道となっている。いっぽう，「研究の進んだ」読者はこの本およびフイ・オ・ラウリマの文化紹介本が多分に持つロマンティシズムに気付くこともある。

## 2　メディア社会学の分析のモデル

　メディア社会学とは人間のコミュニケーション行為のうちメディアにかかわる行為を主として扱う社会学である。社会学は大小さまざまな社会現象の起こるメカニズムを解明しようとする学問である。社会現象は人間が意識的無意識的に人びとに働きかけることから生起するのでコミュニケーション行為については多くの社会学者や行動科学者が注目してきた。古典的コミュニケーション研究の成果のなかにS-M-C-R-Eモデルがある（Rogers et al 1971；白水 2011, 16頁）。コミュニケーションの構成要素をSource 発信源（すなわち送り手），Message 送り内容（いわゆるコンテンツ），Channel 送り手段（すなわちメディア），Receiver 受け手，Effect 効果の5つに分けて分析してみようとするものである。表象のコミュニケーションをこれに当てはめてみることも可能である。どのような送り手が，どのような意図でつくられたメッセージを，どのようなメディアに載せて，どのような受け手に向けて，どのような効果を期待して発しているのか，というような視点から分析してみるのである。

　きわめて便利なこの分析モデルは，同時に陥りやすい落とし穴も備えている。すなわち，送り手から受け手への一方向的で送り手主動のこのモデルは明示的，表層的，静態的なコミュニケーションの分析には向いているが，現実にしばしば起こる双方向的なコミュニケーション，すなわち送り手と受け手が頻繁に役割交替するような事態の分析には適用が難しい。また，このモデルは受け手がメッセージを独自に解釈したり（ときには誤解したり），相手が了解不可能なしかたでフィードバックをするいわば受け手の「能動的な解釈行為」などは想定されていない。それは，たとえば前述の，フイ・オ・ラウリマのレシピ本の読者のなかの「目の肥えた」読者やUOAの *Uchinanchu* の読者のなかの「研究の進んだ」読者などはその好例である。

筆者はこれまで，S-M-C-R-E モデルのもつ，上記のようなメリット，デメリットを踏まえ，細心の注意を払いながらこれを利用してきた。本書でもこのモデルを念頭に置いて分析するが，ひとつだけ，前もってことわっておかなければならないことがある。先に筆者は表象を定義して，事物・事柄の本質や性格を"行動やモノ，シンボルなどによって他者に見て取れるかたち"で表すこと，また，表されたものをいう，とした。すなわち，筆者は本書では，メディアをマスメディアやインターネットのメディアに限らず，行動やモノ，シンボルなどメッセージの乗り物すべてをメディアとして捉える視点をとる。メディア（チャネル）を広く解釈するスタンスである。これは本書の特徴でもある。この視点に立つと比較的煩雑な表象行為も理解が簡単である。すなわち，博物館（組織）やイベントの主催者は表象コミュニケーションの「送り手」である。そして展示やパフォーマンスがメディアである。そのメディアに載せて示されるのがメッセージ（表象物＝表象アイテム）である。ただし，ここでも受け手の「能動的解釈行為」は想定しておく必要がある。たとえば，エスニック・フェスティバルなどのイベントで示されるエスニシティ表象の場合，メッセージは一般に展示場の各展示物で示されるが，受け手によっては展示場そのもの，もっといえば，イベント会場そのもの（耳に入ってくる複雑な音や参会者がつくり出す雰囲気など）がエスニシティ表象のひとつとして意識されるかもしれない。実際，ある学生は初めてオキナワ・フェスティバルの会場に行った時それを直感したという。

　このような複雑な過程を表であらわすのはやさしいことではないが，ひとつの作業仮説として一覧表にして示してみたい（表１参照）。

　メディア（チャネル）を広く解釈し，表象をメッセージと捉えたこの静態的な表を眺めていると，動的な疑問が湧いてくる。つまり，メッセージはどのようにして作られるのか，という疑問である。換言すれば，表象の形成過程の解明である。先ほどフイ・オ・ラウリマの女性たちがウチナーグチをはじめさまざまな沖縄的文化アイテムを取り上げて沖縄文化の表象としたと述べたが，彼女らはただやみくもにそれらを取り上げたわけではないはずである。そこにはなんらかのロジックなりセオリーがあるはずである。つまり，先の留意すべき契機の「時間の経過・過程」の項でもふれた表象の形成過程への動的かつミク

表-1　エスニシティ表象コミュニケーションの諸相

| | 送り手 | メディア | 受け手の反応・理解，共感の度合い | メッセージの具体例 |
|---|---|---|---|---|
| Ⅰ | イベントや祭の主催者 | Ⅰ-1　展示のみ | 表面的理解。情緒的共感度低い | 民族祭の文化紹介テントそのもの，および各展示アイテム |
| | | Ⅰ-2　パフォーマンス | 情緒的共感度高い | 民族祭のステージの歌舞音曲，料理の実習や製造販売 |
| Ⅱ | 博物館，展示場[4] | Ⅱ-1　展示のみ | 表面的理解。情緒的共感度低い | 展示のみの博物館の展示物品（標語，徳目フレーズ等の掲揚を含む） |
| | | Ⅱ-2　展示＋実践ワークショップ，ガイド付き | 展示の背景まで理解。情緒的共感度高い | 博物館の実践ワークショップ，ガイド付きツアーの説明内容 |
| Ⅲ | マスメディア，インターネットの送り手 | Ⅲ-1　新聞，雑誌，書籍，配布物，静止画等 | 理性的読み取り可能。情緒的共感度低い | 報道内容，特集記事内容，文化紹介本内容，レシピ本内容　展覧会ポスター内容，民族祭写真内容 |
| | | Ⅲ-2　映画，テレビ，動画等 | 情緒的共感度高い | ドラマ内容，プロパガンダ映像内容，エスニックチャンネル番組内容 |
| Ⅳ | 語り手 | Ⅳ-1　語りのみ | 情緒的共感度やや低い | 公民館等における語り部の語り内容 |
| | | Ⅳ-2　語り＋パフォーマンス | 情緒的共感度高い | 紙芝居や劇による語りの内容 |

ロな接近である。筆者は各表象アイテムの選別過程のロジックやセオリーにも注目したいと考えている。

## Ⅳ　本書の内容とその特徴

　編者とともに10年余りハワイ研究に勤しんできた共同研究者（寄稿者）たちは，本書でもマクロな視点とミクロな観察からなる論考を展開している。ハワイ研究の共著として3冊目となる本書では，先に示した編者の注文「留意すべき契機」を念頭に置きながら，さらに深く対象に迫ることになった。

　第1章：まず編者である白水はハワイにおけるさまざまなアイデンティティ表象のありかたを概観する。個人的な表象，集団的な表象，自己規定による表

象，他者規定による表象の実態を，留意すべき契機を考慮しながら記述し，説明を加えている。とくに博物館やエスニック・フェスティバルにおける展示による表象の諸相の項の記述・説明は，「時間の経過」と「ポリティクス」そして「準拠集団」というキーコンセプトに重きが置かれている。ハワイのオキナワンはナイチ（日本本土出身者およびその子孫）との差異を見出すこと，差異を強調すること，時としてナイチおよびその文化をネガティブモデルとすることで自らのスタンスを確認してきたところがある（表象形成過程におけるロジックとセオリー）。それが次第に変化しつつあるという興味深い実態とその背景を考察している。

　また，ハワイのオキナワンの自己規定については，30年におよぶ観察調査の結果をもとに，その変化を詳細に記述している。この項では，「時間の経過・過程」の相が重要視されている。コミュニティを挙げてのエスノカルチュラリズム普及運動，すなわちウチナーンチュ・ムーブメントの過程で，人びとのなかに単なる日系人からウチナーンチュへとエスニック・アイデンティティの変容を遂げる人が続出している。そうした現状に照らせば，ハワイのマスメディアが新しい州知事デビッド・イゲを「日系人で二人目」と呼ぶか「沖縄系として初めて」と呼ぶか迷っているのも無理からぬことである。かつてなら迷うことなく「日系人で二人目」と表象したであろうが，オキナワン（ウチナーンチュ）がひとつのエスニシティとして市民権を得つつある現在，メディアの編集者も受け手（読者）の顔いろをうかがいながらラベリングせざるを得ないのである。むろん，オキナワン・コミュニティでは「オキナワンで初の知事」という表象一色である。筆者のオキナワンの知人たちの心情を推察すると，日系人の代表がナイチである以上，イゲを日系人であると認めることはできない，というところであろう。ここにもナイチがネガティブモデルとして機能している一端が見て取れる。

　第2章：ハワイ先住民系の人びとや沖縄系の人びととの置かれた状況を広く深く探究してきた城田は，本書では先住民系の刑務所被収監者をとりまく状況について概観したあと，「プリズン・フラ」の具体例をとおしてマイノリティ集団内のさらなるマイノリティである「ネイティヴのアウトサイダー」のアイデンティティ表象を考察している。「太平洋の楽園」イメージの陰に隠され，こ

れまでほとんど記述されることのなかった「ダブル（または複合）・マイノリティ」とでも呼ぶべき人びとのパフォーマンス（「踊り」）に光を当て正面から取り組んでいるところに特徴がある。この章も大前提としての「関係性」，そして「ポリティクス」「越境性」「時間の経過」「演出」といった諸相が注意深く考慮された記述となっている。

　第3章：ハワイにおける中国系の人びとの文化活動を追い続けている中野は，本書ではとくに第二次世界大戦後に焦点を絞り，中国系と主流社会との対立，葛藤，妥協，協調といった複雑な関係を記述・説明している。そして，中国系がなぜ，どのように民族文化運動を展開したのか，またそれを通じて主流社会に対して自文化をいかなる形で表現するようになったのかを明らかにしている。中野は中国系の民族文化運動のうちでもとくに中国系学校復興運動とエスニック・フェスティバルとしての水仙祭に焦点を当てている。そして中国系学校復興運動が主流社会と鋭く対立したり交渉を繰り返す，一種の抵抗運動であったのに対し，水仙祭はむしろ祝祭と融和を強調する文化運動であったことを明らかにする。さらに，一見対照的にみえるこの二つの運動の背後にある戦略と戦術，すなわち中国系の人びとが自らの居場所を確保しようとするためにとった言説や文化表象についても詳述する。この章も主流社会との非対称的な「関係性」「ポリティクス」，出自国中国をはさんでの「越境性」，フェスティバルにおける「演出」といった諸相がビビッドに描かれている。

　第4章：ハワイにおけるコリア系の人びとの文化創生過程に注目してきた李は，コリアンのエスニック・フェスティバルの観察をとおして，伝統文化の展示やパフォーマンスのプレゼンスに注目する。たとえばカルチャー・テントでは，中央に伝統的な婚礼衣装が展示され，朝鮮の伝統衣装や仮面が韓流ドラマのポスターとともに並べられ，メインの舞台では，サムルノリやコリアン舞踊，テコンドーのパフォーマンスが続き，地元愛好会のメンバーが日々の練習成果を披露する。こうしたエスニック・フェスティバルのありかたはオキナワン・フェスティバルとほとんど同じである。両者の影響関係を類推させる。李は，フェスティバルなどで公開される「伝統」舞踊について，契機となった出来事，歴史を丹念にたどりながら舞踊がコリア系移民の文化を表すシンボルとなっていく「過程」を明らかにする。そしてこれまでのハワイのコリアン舞踊の研究

が，もっぱら戦後の移民によって発展してきたことを強調するのに対し，李はより長いスパンで，主流社会との関係性のなかで，すなわち多文化社会の「まなざし」のなかで移民が「伝統」を表象していくことの意味を考察する。李も主流社会等との「関係性」，そして「過程」，包摂と排除の「ポリティクス」，出自国とかかわる「越境性」といった諸相を考慮した記述・説明を展開している。

　第5章：沖縄におけるアメラジアン研究の第一人者である野入は，これまでもアメリカ人とアジア人のはざまで自らの生き方や居場所を模索する子どもたち，青年たちのアイデンティティ形成の過程を記述・説明してきたが，本書では「自分たちの表し方」というテーマに鑑み，自己表象という営みを，相互行為，とくにハワイ・ローカルと越境者との関係性の文脈に焦点をあてて分析する。ハワイにおけるローカルと越境者の関係性は，たとえば越境者をして素性を隠してマジョリティ（ローカル）の世界へ入り込むという戦略（パッシング）を選ばせるような，多分に非対称な関係にあるのが一般的であるが，野入は本書において，また別の生き方を試みる若者たちについての考察を展開している。そして，かれらの思考に影響を与えたのが大学の講義であるという事実の発見は，知的生活における大学の機能を考える上で大きな示唆を与えてくれるものである。この野入の章は「個人的な自己規定に基づく自己表象」について，まさに「越境性」「関係の非対称性」そしてディアスポラの戦略性という「ポリティクス」を正面から描いているし，加えて「時間の経過」「変化」という相からも記述・説明を加えている。

　第6章：フィールドにおいて，いつも筆者が感心するのは共同研究者たちの資料集めの手際のよさである。とくに中野のフットワークの軽さは傍目にも羨ましいほどである。自らのテーマに基づいて構成するインタビューデータなどの生データはむろんのこと，政府資料や公的・準公的機関，メディアなどの手になるデータをじつに効率よく収集するさまを見て，筆者は後進のために手の内を明かしてもらいたいと依頼した。それもできるだけ具体的に，率直に「技」を開陳してもらいたいと。氏は快くこれに応じて，主に文献資料の収集法について忌憚なく書いてくれた。氏の心意気に触発されて優秀なフィールドワーカーが続出することを期待したい。

## 注

1) エスニシティをはじめとする主要概念については I 項の最後に説明する。
2) 『移動する人びと, 変容する文化』2008 年と『多文化社会ハワイのリアリティー』2011。いずれも御茶の水書房刊。
3) 本稿の執筆に際して参照した先行研究のうち主なものは以下のとおりである。(Clifford 1997；Goffman 1963；Gilroy 1993；後藤 2011；Hall 1990；北島 2007；宮内 1995；毛利 2012；新嶋 2014；Shibutani 1955；白水 1988, 1993a, 1993b, 1998, 2004a, 2004b, 2006, 2007, 2008a, 2008b, 2011a, 2011b；Shiramizu 1990, 2000, 2013；白水・佐藤 2006；白水・田村 1982, 1984, 1985, 1986；竹沢 2009；田中 2014；矢口 2002；佐藤2008)
4) 文字を用いた説明の場合は受け手の了解可能な言語が用いられる必要がある。たとえば, 日本語のわかる人の間では第二次世界大戦後すぐから知られていた日系人の収容所（オアフ島内部のホノウリウリ収容所）の存在をハワイの一般の人が知ることになったのは, 近年, 英語でこの収容所のことがパネルなどを使って紹介されるようになってからだという。これまでこの収容所が「知られない」存在だったのは, 米政府をはじめとするマジョリティにとって都合の悪い史実だったため「表象されない事実」のひとつであったせいでもあるが, 収容されたのが日本語を母語とする人たちであり, もっぱら日本語で表象してきたせいでもあろう。

## 参考文献

Clifford, James. (1997) *Travel and Transition in the Late Twentieth Century*. Harvard University Press.（毛利嘉孝他訳 2002『ルーツ——20 世紀後期の旅と翻訳』月曜社）

Gilroy, Paul (1993) *The Black Atlantic: Modernity and Double Consciousness*. Harvard University Press.

Goffman, Erving. (1963) *Stigma: Notes on the Management of Spoiled Identity*. Prentice Hall.（石黒毅訳 1970『スティグマの社会学』せりか書房）

後藤明（2011）「序章「ハワイ」の誕生」後藤明・松原好次・塩谷亨編著『ハワイ研究への招待』（初版第二刷）関西学院大学出版会

Hall, Stuart (1990) Cultural Identity and Diaspora. Jonathan Rutherford ed., *Identity: Community, Culture, Difference*. Lawrence & Wishart.

北島由美（2007）「エスニシティ表象としてのミュージアム——ポスト・スハルト期インドネシアにおける華人アイデンティティの創成——」Kyoto Review of Southeast Asia. Issue 8-9（March 2007), Culture and Literature, http://kyotoreview.org/issue-8-9/2014 年 9 月 17 日閲覧

宮内 洋（1995）「繋がらない個人のために：ゴフマン『スティグマの社会学』再考」『北海道大教育學部紀要』65, pp.233-244

毛利嘉孝（2012）「表象」大澤・吉見・鷲田編『現代社会学事典』弘文堂

新嶋良恵（2014）「マイノリティ表象をめぐる知識社会学的アプローチ - アーティキ

ュレーション概念の再検討」『日本マス・コミュニケーション学会・2014 年度秋季研究発表会・研究発表論文』

Rogers, E.M. and F. Shoemaker.（1971）*Communication of Innovations*. Free Press.

佐藤万里江（2008）「ハワイのオキナワ料理の創造：女性団体出版のクックブックにみる文化変容」白水編『移動する人びと，変容する文化』御茶の水書房

Shibutani, Tamotsu.（1955）Reference Groups as Perspectives, *The American Journal of Sociology*, 60(6).

白水繁彦（1988）「家庭内の異文化摩擦：在米日系人の例」『海外移住』3 月号

Shiramizu, Shigehiko.（1990）Ethnic Press and Its Society: A case of Japanese press in Hawaii, *Keio Communication Review*, No.11.

白水繁彦（1993a）「ハワイ日系社会の文化変化：第二次大戦と米化運動」『コミュニケーション紀要』7 号

白水繁彦（1993b）「ハワイ日系二世の戦争協力」『移住研究』30 号

白水繁彦（1998）「エスニック・アイデンティティの覚醒運動」『武蔵大学総合研究所紀要』No.7

Shiramizu, Shigehiko.（2000）Global Migration, Ethnic Media and Ethnic Identity, *Asian and Pacific Migration Journal*, Vol.9, No.3, pp.273-285

白水繁彦（2004a）「エスニック文化とアイデンティティの世代間継承」『移民研究年報』第 10 号, pp.21-42

白水繁彦（2004b）『エスニック・メディア研究』明石書店

白水繁彦（2006）「ウチナンチュ・スピリットのゆくえ——エスニシティで繋がる世界——」『コミュニケーション科学』（東京経済大学）24 号

白水繁彦（2007）「フェスティバル，フード，そしてアイデンティティ——ハワイにおける「沖縄料理」の政治学序説」『武蔵大学総合研究所紀要』No.16, pp.43-63

白水繁彦（2008a）「移民周年祭研究序説 - ハワイ日系百年祭の事例から」『移民研究年報』第 15 号, pp.27-49

白水繁彦編（2008b）『移動する人びと，変容する文化』御茶の水書房

白水繁彦（2011a）『イノベーション社会学』御茶の水書房

白水繁彦編（2011b）『多文化社会ハワイのリアリティー』御茶の水書房

Shiramizu, Shigehiko（2013）The Creation of Ethnicity: Hawaii's Okinawan Community, *Japan Social Innovation Journal*, Vol.3, No.1. pp.19-35

白水繁彦・佐藤万里江（2006）「エスニック・コミュニティのリーダーシップ——ハワイ沖縄系社会にみるエスニック文化主義の普及活動——」『武蔵大学総合研究所紀要』No.15, pp.133-151

白水繁彦・田村紀雄（1982）「在米日系新聞の発達史研究序説」『人文自然科学論集』61 号

白水繁彦・田村紀雄（1984）「ハワイ日系プレス小史（上）」『人文自然科学論集』67 号

白水繁彦・田村紀雄（1985）「ハワイ日系プレス小史（中）」『人文自然科学論集』69 号

白水繁彦・田村紀雄（1986）「ハワイ日系プレス小史（下・前）」『人文自然科学論集』74 号
竹沢泰子（2009）『人種の表象と社会的リアリティ』岩波書店
Terrosi, Roberto（2006）「表象と文化」特別講演会「美学と文化研究」（京都大学大学院人間・環境学研究科，2006 年 3 月 9 日）（http://www.robertoterrosi.it/rtwp/?p=356　2014 年 11 月 4 日閲覧）
田中宣一（2014）『名づけの民俗学』吉川弘文館
University of Hawaii and United Okinawan Association of Hawaii（1981）*Uchinanchu: A History of Okinawans in Hawaii*. Ethnic Studies Oral History Project, Ethnic Studies Program, United Okinawa Association of Hawaii.
矢口祐人（2002）『ハワイの歴史と文化』中央公論新社

ハワイにおけるアイデンティティ表象

# 1章 自分たちの表しかた
### さまざまなアイデンティティ表象

白水　繁彦　*Shiramizu Shigehiko*

## I　問題の所在

　筆者はこれまでハワイの文化とコミュニケーションにかんするさまざまな論考を著してきたが[1)]，その間ずっと日系や中国系，コリア系といったエスニシティについて考えてきた。日本にいるとついぞ考えることのないエスニシティなのに，ハワイに来るとついつい考えてしまう。なぜなのか。筆者の場合，その理由は比較的簡単である。1978年の春に初めて渡航して以来，お世話になったのが当地のオキナワン・コミュニティのリーダーだった故S氏だったからである。州の民主党の重鎮で30年以上にわたって州下院議員などの要職にあったS氏は筆者をさまざまな会合に連れて行ってくれた。それは葬儀の場であったり，結婚式であったり，選挙対策本部であったりした。そして，それぞれの場はエスニシティの表象にあふれていた。新郎がコリア系の人の結婚式を覗けば，鮮やかなチマチョゴリなどの韓服を着飾った人びとが英語とコリア語を大声で叫んでいるし，沖縄系の男性の葬儀では，クブイリチー（昆布炒め煮）やラフテー（豚肉の角煮）やアンダーギー（沖縄ドーナツ）が振舞われた。中国系の弁護士カップルQ夫妻のホームパーティに連れて行ってもらったこともある。そのパーティは息子がカメハメハ・スクールというハワイ系の子どもしか入れない名門校に合格したお祝いの会だった。しかし，どこから見てもアジア系のカップルである（当然息子もアジア系の顔立ち）。聞くと，遠い先祖にハワイ系の人がいるということが判明したので早速入学の申請をしたという。「この子は優秀なのは確かだが，それにしてもQは本当にラッキーだよ」と私

のそばにいた日系人がもらした。彼の息子はやはり名門のプナホウ・スクールに行ったのだが，あまりの学費の高さに生活を切り詰めるしかなかったそうだ。それに対しハワイ王族の遺産で運営されているカメハメハ・スクールの学費は比較にならないほど安いという。30年前の筆者は先住民の子孫しか入れない名門校があるなど知る由もないから本当に驚いた。そしてもっと驚いたのはそんなQ夫妻が息子に中国語を習わせていたことだ。息子はたしか五世だったはずだ。

　見るもの聞くもの驚くことの連続だったが，なかでも最たるものは，S氏が連れて行ってくれたオキナワン・フェスティバルである。そこは沖縄を表象する文物であふれかえっていた。ひと所に沖縄からの輸入物資があふれ，琉球衣裳を着た人が行きかい，豚足スープや沖縄ソバ，アンダーギーなどの店が所せましと並んでいるのだから「沖縄より沖縄らしい」といわれるのも不思議ではない。1985年夏，初めてホノルルのダウンタウンのトマススクエアでのオキナワン・フェスティバルに参加して以来，しばしばアンダーギー作りを手伝いにハワイに通うようになった。沖縄系の友人も増えていき，しまいには「あなたはUchinanchu-at-Heart」だといわれるようになった。1990年代に入ったころだと思う。そうこうするうち県人会（ハワイ沖縄連合会）のG支部にadoptされて（「養子」になって）会員になった。そうなると，もともとUchinanchu-at-Heartという，県人会の人に名付けてもらった「他者規定」がとても気になるようになった。県人会やG支部の会合に出席する度に「あなたの名前はウチナーンチュではないね」と訝（いぶか）しそうにいわれた。嬉しい気持の一方で，なんだか偽物のウチナーンチュになったような気分というか，妙に落ち着かないのだ。

　そうなると，エスニック・アイデンティティとはなにか，という問題が他人（ひと）ごとではなくなる。オキナワンにかぎらず，他のエスニシティの人びとのアイデンティティにも強い関心がいくようになった。1990年代に入ると周りの沖縄系の友人のなかに，「自分はジャパニーズではない。オキナワン（ウチナーンチュ）だ」という人が出てきた。そしてかれらの多くが，琉球の太鼓を学んだり，ウチナーグチ（沖縄語）の単語を口にするようになった。つまり，自己規定にしたがって沖縄文化を自らのしかたで表象し始めたのである。筆者はというと，前述のようにUchinanchu-at-Heartという規定がまだしっくりこないせ

いか，なにかで表象しようという気はおきなかった（むしろ自分の家族・親族の由来や故郷である佐賀の言葉の急激な「標準語化」が気になるようになった）。しかし，沖縄県人会のなかにはナイチ系の人で沖縄文化普及の先頭に立っている人もいる。いよいよ，アイデンティティとその表象についての関心が強まった筆者は1990年代の終わり頃から少しずつ小規模な調査を繰り返すようになった。

　この間ずっと抱いていた筆者の基本的な問題意識は，序章でも述べたように，人びとは果たしてどのようにしてエスニック・アイデンティティを獲得していくのだろうかということである。さらに，個人を超えて集団のレベルで自分たちはこういう人間の集まりなのだという集団的自己規定はどのようにして行われるのか，そしてそれはどのように表象されるか，というものである。この章では，こうした問題意識のもとに筆者が行って来た調査や，このために新しく行った調査結果を吟味し，アイデンティティ表象の諸相を明らかにしたいと思う。

## II　変わる個人のアイデンティティ

### 1　「オキナワン」の増加

　本項では，個人の，エスニシティにかかわる自己規定すなわちエスニック・アイデンティティ獲得過程とその表しかたをみていく。筆者がこれまでさまざまなところで明らかにしてきたように（白水 2004a；2004b；2006；2007；2008b；2011a；2011b；2013），1980年代ハワイの沖縄系コミュニティにおいて大々的に展開された第二次ウチナーンチュ・ムーブメント[2]の結果，1990年代に入ると，それまで自分のエスニシティを日系人（ジャパニーズ）だと答えていた人のなかに，「自分はオキナワンである。ジャパニーズではない」という人や「私はジャパニーズとオキナワンのハーフです」という人が出てきた。それも年を追うごとに増えている印象がある（オキナワンとはウチナーンチュ〈沖縄の人〉の英語表現である）。

　筆者はオキナワンの自己規定について量的に把握しようと試みたことがある。2003年9月，オアフ島ワイキキのカピオラニ公園内で催されるオキナワン・フェスティバルの会場での半構造的質問紙を用いた調査である（その結果の一部

は，白水 2004b, 312-317 頁）。サンプル数があまり多くない上に，調査場所がオキナワン・フェスティバルの会場であるためサンプルに偏りがある可能性がある。すなわち，沖縄芸能を披露するパフォーマーや裏方のボランティアも回答する率が高いので，市中の一般的な沖縄系の人びとに比べればオキナワン・アイデンティティが高い人びとが多く回答している可能性が高いのである。そのため，この調査結果から一般化するのは難しい。しかし，ある程度の傾向は見て取れると思われるので検討してみたい。

　回答者数は49人。その内訳は一世5人（その多くが戦後の渡来。いわゆる新一世），二世7人，三世22人，四世10人，その他3人，無回答2人である。年齢層は14歳以下3人，15-18歳11人，19-22歳8人，23-29歳13人，30歳以上14人という構成である。男女比は21人対28人で，若干女性が多く含まれている。子どもの数は，1人が4人，2人が2人，そして全体の86パーセントにあたる42人が「子どもはいない」と答えている。オキナワン・フェスティバルに来場している人のなかでは比較的若い回答者が多いという特徴がある。

　さて，かれらへの質問は What do you identify yourself ?（複数回答可）で，これに選択肢を用意した。Japanese, Hawaiian, Chinese, Local, Others という5つのである（意図的に Okinawan をはずしてある）。このなかから選んでもらうという形式で行った。すると，結果は，Japanese 30人（61.2パーセント），Hawaiian 2人，Chinese 1人，Local は14人（28.6）となった。そして，われわれが用意した4つの選択肢を選ばず Others の自由回答欄にわざわざ Okinawan と答えた人が11人（22.4）いた。さらに追いかけて，全員に，自分を Okinawan であると思うか？と問うたら，35人が「そうだ」と答えた。じつに7割以上にのぼる。ともあれ，35人中11人（3割強）は，かなり明確に，「自分は Japanese ではなく Okinawan である」と自己規定しているわけである（こうした強いアイデンティティを示す人がどの程度いるかが知りたいために選択肢から Okinawan をはずしておいたわけである）。いっぽう，35人中の24人は，全部ではないにしても，自分を Japanese でもあり，Okinawan でもあると規定している人たちである。市中で大規模調査を実施すれば，この 'Japanese（日系人）でもあり Okinawan（オキナワン）でもある' という人が今でも最も多いと思われる。

さらに注目しなければならないのは回答者の 3 割近くが選んだ Local という選択肢である。エスニシティによる自己規定ではなく,「ハワイ育ち」という一種の地域性による自己規定を選んだ人たちである。これは,この調査が比較的若い層の回答者が多いことと関連していると思われる。ともあれ,自己規定自体が自分たちとは異なる人やカテゴリーを想定してはじめて成り立つ観念である。したがってたとえばエスニシティによる自己規定をする場合はどこかのエスニック集団を比較の対象としていることが多い。同様に,地域性による自己規定にも比較の対象となる地域社会があるはずである。この場合ヒントとなるのが,ハワイ・プランテーション・ビレッジ（後述）の E 氏の「アメリカはひどい（テリブル）。われわれと随分違う。アメリカ人と同一視されるととても気分が悪い。かれらはとても利己的で me, me, me ばかりである」という語りや（本章 55 頁），ハワイから日本に旅行で来る友人たちが筆者によくいう「どこから来られましたか？という質問に対してはハワイから,と答えることが多い。アメリカからというのは抵抗がある」という言説である。ハワイのイメージがアメリカ一般よりよいはずだという自負か,少なくとも「あんなところと一緒にされたくない」という人が多いということであろう。したがって,Local（ハワイ式の発音で「ロコ」）という自己規定は米本土との比較で生じる部分が大きいといってよいだろう。さらに,混血などが進むなか,エスニシティによるカテゴリー化には違和感をおぼえる人が増えてきているというのも筆者の実感である。2003 年調査から 10 年経った今日,オキナワンだけでなくロコという自己規定をする人の数はさらに増加していると思われる。

## 2　オキナワンになる――A 氏の場合――

　上記のように今日,自らをオキナワンであると規定する人は少なくない。そのなかで,人生の後半になってから変容をきたした人も少なくない。なにしろ沖縄系のイベントにおけるボランティアの一大勢力は定年退職者たちなのだ。具体的な事例の一つとして筆者の知人 A 氏（三世,70 代）のケースを取り上げよう。彼はハワイのオキナワン・コミュニティでも目立った存在のボランティアで,ここ 10 年あまり,沖縄県人会である HUOA[3]やローカリティ・クラブ[4]主催のイベントで彼の姿を見ないことはないほどである。今は退職して無職で

あるが，前は企業の財務を担当していた。彼とともにアンダーギーを揚げながら，HUOAでのボランティア活動を始めたきっかけを質(ただ)したことがある（2010年9月4日）。彼がいうには，退職の準備段階に入っていた60歳過ぎ頃，ハワイ大学時代の友人T氏（HUOAの幹部）に，そろそろ暇になったようだから手伝ってくれ，といわれて，「ま，たまにならいいか」というくらいの軽い気持ちで参加したという。行ってみたら次々と仕事を与えられ，いつの間にかどっぷりと浸っていた。とくに自分でも驚いたのは意識の変化であるという。

イベントの手伝いに行きはじめたら（1990年代末），周りのボランティアの人たちがさかんに"ウチナーンチュ"という言葉を口にするのに気付いた。自分は会社の仕事にかまけてローカリティ・クラブ（県人会傘下の支部）の活動などから遠ざかっていたこともあって，そんな言葉はそれまで聞いたこともなかった。もちろん自分がオキナワンであることは知っていた。小さいころ親や祖父母に連れられアラモアナのローカリティ・クラブのピクニックに行っていたし。でもオキナワンといってもジャパニーズなのだろうと思っていた。それが，様々な会合での耳学問やHUOA発行のパンフレットやフイ・オ・ラウリマ（後述）の出したカルチャーブックなどを読むうち，琉球の歴史や沖縄移民がハワイへ渡ってきた経緯などがわかってきた。すると，もしかしたらジャパニーズとオキナワンは同じではないかもしれないと思い始めた。それから10年近くHUOAにかかわってきて思うことは，ジャパニーズと呼ばれても別に問題ないけど，ジャパニーズかオキナワンか，どちらだ？と問われれば，オキナワンと答えるだろうね。

A氏は無自覚層の一人だった状態から，「立派な」エスノカルチュラリズムの信奉者になった典型的な例である。A氏はある時期から「自分はオキナワンである」という自己規定に基づいてローカリティ・クラブやHUOAのためにボランティアとして働いている。こうした行動こそが，A氏のアイデンティティ表象といってよいだろう。

なお，エスノカルチュラリズム（ethnoculturalism）とは，筆者の造語で，エスニック集団の成員は自らの出自を自覚し，確固たるエスニック・アイデンテ

ィティの形成に邁進すべきであるという思想のことである。そのために自らの民族文化を学ぶことが奨励される。筆者はかつてエスニック文化主義（ethnic-culturalism）と呼んでいたが（たとえば白水 2008, 6 頁），より英語的な表現であるエスノカルチュラリズムに改めた。

次に，A 氏とは異なるかたちの自己規定の変容をきたした事例をみてみよう。

## 3　もうひとつの自己規定の変化── B 氏の場合──

筆者の古い友人である B 氏は，ハワイで生まれ育ち，ハワイや米本土で高等教育を受けた沖縄系三世（50 代）の男性である。これまでウチナーンチュの視点から考察したエスニック・スタディーズ関連の論文をはじめ多数の論考を著してきた。先日（2014 年 11 月 14 日）氏の講演会に出席し，久しぶりに会うことができた。その講演の後で B 氏が以下のような趣旨のことを語った部分が強く印象に残った。

> 大学のエスニック・スタディーズの授業などをとおして沖縄系という出自を強く感じるようになった私は，懸命になって沖縄の文化や歴史を勉強しウチナーンチュであろうと努力をした。沖縄へ行き，サンシンも学び，弾けるようになった。当時は沖縄の文物のすべてが素晴らしいもので学ぶ価値のあるものだと思っていた。ウチナーンチュとしての気持が高揚していたころである。ところがその後（米沖関係，日沖関係，日米関係など）いろいろと学んだ結果，沖縄をさまざまな角度から見るようになった。沖縄のもつオモテの貌（かお）もウラの貌も見えるようになった。そして，それらをひっくるめて沖縄なのだと思うようになった。いまでも自分はウチナーンチュであるとはっきりといえるが，かつてのような自分（沖縄礼賛主義者）ではないといってよいかもしれない。

B 氏の語りは，ウチナーンチュということをさほど意識しなかった無自覚的な青少年期から，ウチナーンチュに目覚め無類のエスノカルチュラリズムの信奉者であった 20 代〜40 代，そして沖縄のウチナーンチュや海外のウチナーン

チュを客観的に見られるようになった今日と，いわばアイデンティティの変容を如実に示している。前述のA氏とは別のアイデンティティの変容を遂げている例である。

　ところで，「無邪気な」沖縄礼賛主義者ではなくなったB氏ではあるが，日本と米国という強国の間で揺れ動くウチナーンチュの心情をわれわれ聴衆に説明する際に，氏が取りだしたのが一丁のサンシン[5]であった。帝国日本の圧力に翻弄された琉球王国最後の王である尚泰の心情を楽曲にした名歌をB氏は自らのサンシンの音に合わせて朗々と歌いあげた。この歌は本来が本格的なウチナーグチ（沖縄語）による歌詞のため，きわめて難解な内容であったが，氏はわれわれ聴衆のために歌詞の要点を英訳してくれていたのでなんとか理解できた。はたせるかな，聴衆のほとんどが氏のパフォーマンスのあと感動的であったと称賛した。アイデンティティやそれにかかわる心情の表出にあたっては，論理だったことばより楽曲に載せたほうが受け手に大きなインパクトを与えることがあるが，B氏のパフォーマンスはそのよい例である。B氏が自らのアイデンティティについて多くを語らなかったにもかかわらず，その歌詩のせいもあって，われわれは氏のことを「ウチナーンチュではあるが，もはや無邪気なウチナーンチュではない」という印象をもった。ウタサンシン（歌とサンシン。本来サンシンは歌とともに弾かれるものである）という音楽メディアに乗せてメッセージを伝えるB氏のパフォーマンスは，変わりゆく自己を表出する一種のアイデンティティ表象といってよいだろう。

## III　他者による規定と自己による規定と

**新ハワイ州知事イゲの例——「マスメディア」による規定と自己規定の間**

　B氏との再会と前後してハワイの知事選挙があった。この選挙で民主党候補のデービッド・イゲ（Ige）が知事に選出された（2014年11月4日）。この選挙に筆者は強い関心をもっていた。なぜなら，イゲの民族的背景がマスメディアにどう報じられるかに興味があったからである。州の上院議員であったとはいえ，さほど有名ではなかったイゲが民主党から立候補表明した時点でさっそく注目した人がいた。米国ロサンジェルスで『五大洲』というウチナーンチュによる

ウチナーンチュのための手書き新聞を発行するタケオ・カネシロ氏（金城武男。帰米二世）である。『五大洲』は世界各地の読者に郵送されている。氏は候補者名がイゲというからには沖縄系ではないか，だれかイゲの民族的背景を知らないか，と紙上で問いかけた[6]。筆者はさっそく調査を開始し，ほどなくしてインターネット上でイゲに関する記事を発見した。それによるとイゲは三世で，父方の祖父母は沖縄県西原，母方の祖父母は山口県大島郡の出身であるとあった[7]。当紙の情報は信頼できる。というのは編集長が沖縄系三世のカーリーン・チネンだからだ。ちなみにチネンは前述のB氏同様ハワイ大学でエスニック・スタディーズの授業を履修し，自らの出自に目覚めた人である。筆者は早速『五大洲』に調査結果を報告した。

　知事選後，筆者に最初にメールをくれたのはハワイ在住の日系三世C氏である。氏のメールには「日系人二人目の知事が誕生してとてもよかった。沖縄系の知事が誕生してあなたも喜んでいることでしょう」とあった。C氏は筆者が30年余りにわたってハワイの沖縄系コミュニティの人びとと付き合って来たことを知っているので，このような内容のメールをくれたのである。この文面からわかるのは，C氏がイゲに投票したこと。投票の理由のひとつはイゲが日系人であることである。この後C氏に確かめたところでは，かなり多くの日系人がイゲを「日系人」と思って投票したのではないかという。むろん，その際イゲが沖縄系であるという事実は何の妨げにはならなかったとのことである。この事例からわかることは，日系社会の少なからぬ人びとがイゲを日系人と規定したということである。

　では，沖縄とナイチ[8]両方の血を引くイゲはマスメディアにどのように報じられたか（表象されたか）。1912年創刊というハワイでも長い歴史を誇る日刊日本語新聞である『ハワイ報知』は2014年11月5日の第4面で「イゲ氏が当選！州史上初の沖縄系知事に」という見出しのもと大々的に報じた。そして記事のなかで「アリヨシ氏が，ハワイで初めての日系人知事であるのに対し，イゲ氏は初の沖縄系知事となる」と書いている。すなわち，ハワイの日本語新聞を代表するエスニック・メディアである『ハワイ報知』は，この時点では，イゲの「民族的背景」を沖縄系と規定しているといってよいだろう。だが，同じ『ハワイ報知』が，イゲが実際に知事の執務室に入ったことを報じる記事では，

大きな見出しで「イゲ氏が知事に就任　日系人では州史上2人目」と報じ，今度は明確に日系人と規定しているのである（2014年12月2日）。揺れ動く他者規定といったところである。

　いっぽう沖縄出身の仲嶺氏が発行する月刊日本語新聞『Hawaii Pacific Press』は2014年11月15日の第1面で「新州知事に3世のデービッド伊芸氏　ジョージ有吉氏に継ぐ2人目の日系人」という大見出しのもと報じている。沖縄系の人が発行する新聞がイゲを「日系人」と規定しているのは注目に値する。ただ，記事の中身を詳しく見てみると，日系人が知事を務めるのは「ジョージ有吉氏以来のこととなる。また，沖縄系アメリカ人が，知事になるのは全米初めてのこと」とし，沖縄系ということにも言及している。同紙の忠実な読者は沖縄系に多いとはいえ，日系企業や日系人全体をターゲットにしているこのメディアの「バランス感覚」といったところである。

　では，ハワイの最大の英字紙で主流社会を代表する*Honolulu Star-Advertiser*はイゲの民族的背景についてどう報じたか。本紙（2014年11月5日）では文中で簡単に「イゲが勝利した背景には長年にわたって民主党を支えてきた日系人，高齢者，労働組合関係者の後押しがあったからだ」と分析して日系人であることを匂わせたあとで「アリヨシが日系人初の知事だとすれば，イゲはオキナワン初の知事だ」と述べており，日系と沖縄系との間で揺れ動いている感じがする。しかし，同紙の別の記事や電子版には「沖縄の新聞がウチナーンチュであるイゲの勝利を報道　全米初の沖縄系知事でプライドは沸き立ち各紙トップで報じる」という見出しのもと，沖縄の新聞（『琉球新報』と『沖縄タイムス』）のイゲの扱いを紹介するかたちでカバーしている[9]。その文中，『琉球新報』通信員の言葉を借りて，ハワイのオキナワンの一世は砂糖(さとう)きび耕地での暮らしのなかでルナ（現場監督）の鞭におびえるだけでなく，本土からの日本人による差別に苦しんだことや，ハワイの沖縄系コミュニティと沖縄県民とが長年にわたり密接に繋がっていることを紹介している。やはり，主流英字新聞においても，沖縄系はナイチ系とは別の民族的背景をもつということを読者が感じざるを得ない語りになっているといってよいだろう。

　ハワイのオキナワンの拠点ともいうべき沖縄県人会HUOAはこぞってイゲを応援しているようにみえた。とくに注目すべきはフェイスブック等のSNS

を用いた選挙キャンペーンである。HUOA自体もそしてイゲを応援するHUOAのメンバーたちも個人やグループで，民主党の予備選の段階からSNSを用いた大々的なキャンペーンを展開した。そして，当選したイゲが執務室に初出勤した12月1日，執務室前で出迎えたのはサンシン等の音曲付きで舞い踊るシーサーやエイサー隊であった。この有様はさっそくSNS等に掲載されたが，これを見たフォロワーたちは，イゲはオキナワンなのだということを強く印象付けられたであろう。

いずれにせよ，母親がナイチ系であるということが，ほとんどといってよいほどメディアの話題に上らない（メディアやSNSが表象しない）ということは注目すべきである。

では，イゲ自身はどのように振舞っているか。口下手だが誠実な人柄であるというのがイゲのキャラクターであるが[10]，そこは政治家である。自分をどのように見せるかというアイデンティティ・ポリティクスは心得ているはずである。ハワイで約5万人といわれる沖縄系コミュニティのなかでは彼はむろん正真正銘のウチナーンチュとして振舞っているようにみえる。じっさい彼はHUOAのガザ・ヨナグスク支部の熱心な活動家ということになっているし，HUOAのニューズレターに出した選挙広告には，自分は沖縄系の文化遺産を強く誇りに思っており，子どもを含めた次の世代に伝えていきたい，と語っている[11]。また県人会の次期会長H氏も「自分たちの中からハワイ州のリーダーが出るのは嬉しい」と，オキナワンの一人が知事になったことを喜んでいる（前出の *Honolulu Star-Advertiser* の記事）。

ちなみに，筆者が2014年のオキナワン・フェスティバルの会場でインタビューした20人あまりのウチナーンチュ全てが例外なくイゲに投票する，と答えている。その意味でイゲの最も忠実な支持母体はHUOAであるといってよい。だから，当選祝賀会をHUOAの本拠地ハワイ・オキナワ・センター（HOC=Hawaii Okinawa Center）で行ったらハワイのウチナーンチュは大いに喜んだに違いない。設備的にも申し分ない。なにしろ1,200人収容可能な大ホールが備わっているのだから。だが，実際は，日系人会のシンボルであるハワイ日本文化センターのホールで祝賀会が行われた。ハワイ人口136万人のうち約20万人を占める日系人は今日，白人系，フィリピン系に次ぐ大きな民族集団

である（米国商務省 2010 年センサス）。近年は凝集性が低下してきたとはいえ，まだまだ日系人の日系候補者への支持は高いといわれる。しかるに，先のＣ氏の例でもわかるようにナイチ系の日系人のなかには沖縄系を日系人だと捉えている人はきわめて多い。この人たちに対してはイゲは日系人なのである。祝賀会が日本文化センターで開催されたのも無理はない。しかし，イゲとしては沖縄系の人びとへの配慮は欠かせない。会場ではラフテー（豚肉の醤油煮），沖縄紅芋，アンダーギー（沖縄ドーナツ），ナントゥー餅などのオキナワン・フードが振舞われたという。すなわち，料理で沖縄系というアイデンティティが表象されたとみてよいだろう。イゲ自身の自己規定はオキナワンであると思われるが，「伝統的な」括りに従えば日系人（ジャパニーズ）ということになっているのだから敢えてそれを否定するものではない，というところではないか。

あらためてイゲの知事としてのアイデンティティ表象を考えてみると，理論的には，少なくとも３つある。まず，沖縄系として初めての知事，次に日系人として２人目の知事，さらに，アジア系としてはハワイで３人目の知事（ベン・カエタノ元知事はフィリピン系）という表象のしかたもある。しかしハワイのメディアは沖縄系初と日系２人目，という規定だけを行った。それは，アジア系というアイデンティティは，米本土の西海岸あたりでは意味があるが[12]，今日のハワイではほとんど意味をなさない。言い換えればハワイではほとんどの人が関心を示さないということを如実に物語っている。ともあれ，他者によるイゲの規定，つまり他者規定はここしばらく沖縄系と日系という二つが曖昧なまま通用することになろう。そうした規定が有利に続く限りイゲおよびその陣営は，時と場合に応じて，アイデンティティ表象を操作することになろう[13]。

## Ⅳ　エスニック集団のアイデンティティ表象
### オキナワン・フェスティバルにおける文化展示

本項の目的はエスニック集団（送り手）がエスニック・フェスティバルやエスニック文化の展示というメディアをとおして参会者（受け手）に伝えたいコンセプト（メッセージ）の表示的，暗示的意味を読み解くことである。事例は筆者が長年にわたり観察してきたオキナワン・フェスティバルおよび，その会場

における沖縄文化展示場である。

　オキナワン・フェスティバルとは，HUOA が 1982 年に創始し，毎年レイバーデイ週末（年によって異なるが 8 月末か 9 月初め）の 2 日間，ワイキキに隣接するカピオラニ公園で開催される沖縄系のエスニック・フェスティバル（以下フェスティバル）である。2014 年のフェスティバルで 32 回を数え，2 日間で 5 万人以上の観客を集めるハワイ最大の民族祭である。この成り立ちについては書いたことがあるので詳細は省くが，ステージ上では沖縄にかんする宮廷舞踊や民踊，サンシンなどの沖縄音楽，そしてアメリカでできあがった踊りやフラなど 2 日間で合計 30 余りの団体によって入れ替わり立ち替わり披露される（たとえば白水 2008b, 3-24 頁；2011a, 150-186 頁）。

　このステージを取り囲むように，沖縄料理や記念 T シャツ，沖縄物産などを商うテント（ブースと呼ばれる）や子ども向けのゲームブースなど 40 以上のテントが張られ，それぞれのブースの前には人びとがごったがえしているという状況が毎年繰り返される。これらのブースで働いたりステージ上でパフォーマンスを披露する人びと，救護班，オキナワン向けテレビ番組撮影チーム等々，ほとんど全てがボランティアで，総勢 2,000 人以上にのぼる。こうしたテントのなかでひときわ目立つ大きなテントがカルチュラル・テントと呼ばれる沖縄文化展示場である。

　カルチュラル・テントは 1982 年のフェスティバル開始時から毎年設置される最も歴史の古いブースのひとつである。主催は HUOA 傘下の女性ボランティア団体であるフイ・オ・ラウリマ Hui O Laulima（英語に訳せば club of many hands）が担当している。この女性団体はこれまでオキナワ料理[14]や沖縄文化を紹介する本を合計 4 冊発行するなど，食や文化紹介でハワイのウチナーンチュにエスノカルチュラリズムを普及してきた典型的エスニック・エージェントである（白水 2008b, 3-24 頁；佐藤 2008, 49-71 頁）。なおエスニック・エージェントとは，エスニック・コミュニティ内部や主流社会へエスノカルチュラリズムや自分たちの文化の普及・紹介を試みる文化変容促進者をいう。下位概念にエスニック・ジャーナリスト（例として前述のカーリーン・チネンなど）がある。

　このテントで紹介される項目は以下のようなものである。まずテントの中央を占めるのはその年の特別企画展示で，2014 年の場合，福を呼び邪を払うと

写真1　カルチュラル・テントの日本習字のコーナー
　　　　2008年8月31日　白水撮影

いわれるシーサー（現地ではlion dogと呼ばれる，日本本土の獅子舞いの獅子に似た形状をしている）の現物展示とそのパフォーマンスであった。ちなみに2013年の特別企画展示は沖縄相撲の紹介や琉球絣などの伝統織物，2012年は琉球焼きなどの陶芸，ガラス細工，漆器が展示されボードで説明がなされた。2011年にはイレズミ（入れ墨。沖縄語でハジチ）が初めて写真付きで紹介された。説明には「Tattooing of Okinawan women. Ancient Okinawan custom」とあり，希望者にはサインペンで手に描きこむ作業も行われた。これまでの特別企画展示には沖縄特産の泡盛の展示など，基本的には伝統工芸など自他ともに認める芸術・芸能，武道が沖縄文化として表象されてきた。

　なお，常設のコーナーにはハワイ盆栽協会が盆栽を展示し，ハワイ沖縄系図研究会（Okinawan Genealogical Society）が希望者の家系調べに協力したり，系図作成の手ほどきをする。ホノルル日本人商工会議所（Honolulu Japanese Chamber of Commerce）はハワイ日本文化センターと共催でコーナーを持っており，白地の布に日本的な絵柄のスタンプを捺し鉢巻にする実習などを行っている。ウチナーグチ（沖縄語）のコーナーではウチナーグチの単語やその意味が説明される。習字のコーナーでは「日本習字」という看板のもと現地の書道の教師やその生徒たちが希望者の求めに応じて名前を漢字またはカタカナで書いてくれる。四世や五世，それに他のエスニシティの人びとは自分の名前の書かれた半紙を手にして，とても嬉しそうに帰って行くのが印象的である。筆者も帰米二世の故ジュン・アラカワが習字コーナーを任されていた間は希望者の名を書くのを手伝っていた（2005年くらいまで）。その時の経験では，ミドルネームなどに日本的（沖縄的）な名前を持つ日系，沖縄系の人はその名前と姓の揮ごうを希望することが多かった。だだし，ほとんどの人がどういう漢字か知らなかった。その場合は発音が同じ漢字のうち，本人の希望の意味の字を書いたものである。他のエスニシティの人にはカタカナで氏名を書くことが多かった（写真1参照）。

2011年以降，華道の池坊の現地の教室のメンバーの生け花を展示している。

　また，2008年にハワイ大学に沖縄研究センターが開設されてからは同センターのコーナーが設けられていて，センターで出版された本の販売や研究内容が紹介されている。フイ・オ・ラウリマ自身もコーナーを設け，自分たちで編集出版した沖縄文化と料理を紹介する *Okinawan Mixed Plate*（2000年発行）や *Chimugukuru ─ the soul, the spirit, the heart ─*（2008年発行）などを販売してきた。

　このテントで最も人目を引くのは，なんといっても琉装をしての写真撮影である。宮廷舞踊の着物やパーランクー打ち（エイサーなどの小太鼓隊）の子ども向けの衣裳が用意してあり，それを着て子どもたちが記念写真を撮

写真2　パーランクー隊の衣裳のウチナーンチュ五世の Drew Akira (Sakima) Roberts。カルチュラル・テント内記念写真コーナーで
2010年9月4日　白水撮影

ってもらうコーナーで，このフェスティバルとしては珍しくプロのカメラマンが撮影する。したがって費用もかなりかかるが，孫の記念写真を撮りに来た祖父母（とくに祖母）が目立つ。衣裳を着るのを拒んで泣き叫ぶ幼児がいたり，伝統衣装を着飾った姿に歓声が上がるなど賑やかである（写真2参照）。

　2014年のカルチュラル・テントの展示で注目すべきは系図研究会のコーナーに展示してあった，その名も Hanabata Days というセクションである。ハナバタとはプランテーション時代の俗語で，当時の少年少女にしばしば見られた鼻水をズルズルする状態を指すらしい。強いて訳せば '洟垂れ小僧時代' とでもなろうか。ここには戦前から戦後期の子どもたちの遊び道具や今は見なくなった家財道具などが並べてある。とくに玩具などの遊び道具の多くが手作りで，たとえば木の枝を利用して作ったパチンコ（ゴム銃）や牛乳瓶の蓋のメンコ，おはじき，輪ゴムを動力にした糸巻きの戦車などなど，今はほとんど見られなくなったが，60歳代より上の年代には懐かしい道具が4，50点揃っている（写真3参照）。このような展示がなぜなされたのか。企画者のDさん（三

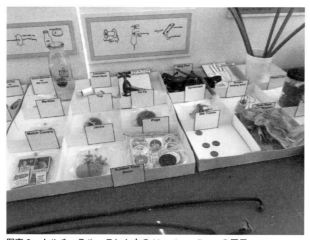

写真3 カルチュラル・テントの Hanabata Days の展示。
手作りの遊び道具などが並ぶ
2014年8月30日 白水撮影

世。1940年代生まれ）に訊いてみた。

　私（Dさん）は長い間，系図研究会のメンバーなのね。系図研究会では家系図作成の研究のほかに，これまで会員や会員の関係者に思い出話を書いてもらって本にしてきたわけ (*Short Stories*)。これまでに5冊は作ってきたと思うわ。この本は私たちの世代が自分たちの幼かったころのことを懐かしむだけでなく，次の世代の人たちに，二世や三世が少年少女期（その多くが1930年代から1950年代）にどんな生活をし，どんなことを考えていたか理解してもらいたいという意図で作り始めたの。そして若い人たちも読んでくれるようになった。ところが，その思い出話に頻繁に登場するさまざまな家財道具やおもちゃに，どんなものか想像がつかないものが多々あるというのね。その話を聞いた私は，それではその現物を見せて納得してもらおうと考えたわけ。それで会員をはじめ友人知人を頼って集め始めた。もちろん，自分たちで作れるものは作ったわよ。これを見て思い出話の理解が進むといいし，またこの展示を見た人たちが関心を刺激されて *Short Stories* を読んでくれると嬉しいわ。

　それと，これは本題と少しずれるかもしれないけれど，ハワイ・プランテーション・ビレッジの屋内展示館棟が長く閉鎖されているのが私としてはとても残念なの。この Hanabata Days を企画したひとつの理由は，少しでもあの展示館の代わりができればと思ったのね。

<考察>

　カルチュラル・テントがあるオキナワン・フェスティバル自体，膨大なエスニシティ表象の場である。ステージでは二日間，朝から夕方まで沖縄芸能が次から次に披露される。そのステージから大音響の音曲が絶えず流れるなか，豚足スープ（アシティビチ）やオキナワそば，アンダーギー，オキドッグ（ホットドッグの沖縄版），チャンプルー，チキン煮しめ，巻き寿司など10種類以上のオキナワ料理を中心とした食の製造販売があり，マチヤグァ（沖縄語で町の小さな商店というほどの意味）というテントでは膨大な量の沖縄直輸入のお菓子や食材が売られている。こうした料理や歌舞音曲のアイテムそれぞれがオキナワンのエスニシティを表象するメディアであるが，このフェスティバル全体，すなわち「賑やかで楽しくて」，という空間がすでにオキナワンの世界の表象のメディアなのだ。ここで働く2,000人以上のオキナワンのボランティアたちや多くの観衆はウチナーンチュであることの喜びや満足を身体を通して感じることができる。またオキナワンではない観衆やボランティアたちも沖縄文化の素晴らしさ，楽しさを体感することになる。

　こうした動的なエスニシティ表象の場がフェスティバルの会場全体だとすれば，そうした会場にあって，比較的静かで，知的な場がカルチュラル・テントである。静的なエスニシティ表象の場といってよいだろう。このテントを主催するフイ・オ・ラウリマは創立された1968年から沖縄料理や沖縄文化の研究に着手し，1970年代からさかんに沖縄文化展示を主としたイベントを催してきた。さらに，文化や料理を紹介解説する本も出版してきた。「彼女たちはオキナワ文化を積極的に評価し，ハワイのエスニック文化のひとつとして位置づけることにいち早く着手した」（佐藤 2008, 50頁）。その意味で，オキナワン・コミュニティ内外への沖縄文化普及のエスニック・エージェント集団だといってよい。初代会長の故O氏は沖縄系女性で初めてハワイ大学教育学部を出て教師になったという有名な女性だが，彼女を筆頭に歴代会長には教師をはじめ，国や市郡の公務員としてキャリアを積んできた人びとなどが，その高い資質を縦横に発揮して活動してきた。

　フイ・オ・ラウリマは1982年のフェスティバルの際，HUOA幹部に依頼されて沖縄文化展示部門で参加する。そしてついに翌年，HUOAはこの文化エ

写真4　イレズミの沖縄女性
（Hui O Laulima 2008）より部分的に引用

リート集団をその傘下に取り込むことに成功する。以来、フイ・オ・ラウリマはオキナワン・フェスティバルにおけるカルチュラル・テントの主催をはじめ、HUOAの文化担当として重要な位置を占めることになる。

このカルチュラル・テントの展示アイテムを見てみるといろいろと興味深い点がある。たとえば、2011年のフェスティバルで初めて写真付きで紹介された沖縄女性のイレズミ（ハジチ）の風習である。

これまでイレズミに言及することはタブー視されることもあった。イレズミはむしろ負の表象だったのではないか。じっさい、イレズミを手の甲や指に入れた一世の女性のなかには恥ずかしがって手を他人に見せないように気をつかった人もいたという（前出Ｂ氏談）。しかし、本来、その女性の出自や所属集団を表す慣習に過ぎないし、イレズミ自体、南太平洋をはじめ世界各地に見られる習俗である。それを隠さなければならないような気持にさせた権力機構が存在したわけだ。ともあれ、こうした展示を見ると筆者などは隔世の感がする。一世や二世、年長の三世のなかには複雑な思いを抱く人もいるかもしれないが、あえて展示に踏み切ったのはなぜか。ハワイでも若い世代などの間にタトゥーがファッションとして大いに顕在化してきたことと関係があるかもしれない。そして、イレズミも沖縄文化の遺産のひとつとして認める三世以降の世代のリーダーの確固たる自信の表れとみることもできよう（写真4参照）。

いまひとつ、興味深いのは、カルチュラル・テントが沖縄文化紹介の中枢でありながら、「日本文化」が混在している点である。「日本習字」の大きな看板を掲げたグループがコーナーを設けていたり、京都に本部のある華道教室（師範もナイチの人）のコーナーもある。さらに、ホノルル日本商工会議所のコーナ

ーまである。盆栽もどちらかというとナイチの文化というイメージが強い。フェスティバル発足から10年くらいはあまり日本的なアイテムをこのテントのなかで見なかった。習字のコーナーなど前の責任者は看板すら掲げていなかった。だから，徐々に日本的アイテムが目立つようになってきたといってよいだろう。なぜこうした日沖文化の混在がエスニシティ表象の場に見られるのであろう。かつては，沖縄文化を説明する際はナイチ（ヤマトゥ）の文化との差異を強調したし，今も必要に応じて差異を際立たせることが行われる。たとえば，HUOAが毎年夏に主催する子ども向けワークショップ「ワラビ・アシビ」（Warabi Ashibi）で使われるテキストを見てみよう。このテキストは子どものうちに沖縄文化の刷り込みをはかるための重要なメディアである。このOKINAWAN CULTUREという項に，日本語と沖縄語は似ているけれども非常に違うとし，例として日本語では1, 2, 3をichi, ni, sanというが沖縄語ではtiichi, taachi, miichiという，と書かれている。この沖縄語の語彙は本来は日本語の「ひとつ」「ふたつ」「みっつ」という語彙に対置されるべきところである。また，同じ項に，シーサーやサンシンを例に引き，沖縄文化が中国文化の影響を強く受けていることが謳われている（Warabinaa 2012）。日本文化との類似性を避ける工夫がなされている感じがする。

　こうした背景があるにもかかわらずカルチュラル・テントで日沖文化が今日混在しているのはなぜか。むろん，ひとつには日本発祥の生け花や習字の教室に通うウチナーンチュが少なくないし，ホノルル商工会議所の会員にもウチナーンチュが入っているというリアリティを反映しているにすぎない，という見方もできよう。さらに，前述と同様，リーダーたちの自信の表れとも考えられる。第二次ウチナーンチュ・ムーブメントを経て，ウチナーンチュ・スピリットを確立したフイ・オ・ラウリマのリーダーたちにとって，元来長い交流関係にある日本文化の一団が多少入って来てもエスニシティ表象上，大して痛痒を感じないほどの自信があるのではないか。

　さらに，2014年のカルチュラル・テントの展示で興味深いのは系図研究会によるHanabata Daysの展示である。この展示の場合，日沖文化の差異など微塵も感じられない。むしろ，この時代はナイチもウチナーンチュも同じような生活環境のなかにいたし，子どもたちも同じような遊びをしていたというと

写真5　マウイ砂糖博物館に隣接する往時の管理職の住居
2010年3月15日　白水撮影

ころにポイントがある。問題は次の世代がそのことを理解できないことである。したがってここでの課題は世代間のギャップをどう埋めるかということである。これまで，カルチュラル・テントの展示は，どちらかといえば，伝統文化によって日系など他エスニシティとの差異を見出し，そのことを梃子に沖縄文化を次世代に繋いでいくという側面が強かったように思われる。しかし，プランテーションがハワイの住民の共通の基盤ではなくなった今日，世代間のギャップのほうがよほど深刻になってしまった。したがって，ここカルチュラル・テントでも伝統文化の展示とならんで生活文化の展示が行われる段階にきたということであろう。なお，沖縄系の子どももナイチの子どもから日常的に差別されたはずだが，ここでは言及されない。そういえば，フイ・オ・ラウリマのテキストには日本文化との差異が強調されることはあっても，一世や二世が受けたナイチからの差別をあげつらうことはない。ふれられない事実のひとつといってよいかもしれない。

　これまで，オキナワン・フェスティバルを事例にエスニシティ表象のリアリティをみてきた。その結果，オキナワン・フェスティバルというイベントそのものが大掛かりなエスニシティ表象の場であることがわかった。オキナワン・フェスティバルはその初期段階からステージの演目にも，料理ブースにも，その他のコーナーにも，少々沖縄的でないものがまじっていた。たとえば，アンダーギーやアシティビチといったきわめて沖縄的なアイテムにまじってフリフ

リチキンやホットドッグといったアメリカン・フードがあり，琉舞やサンシンのパフォーマンスにまじってフラなどの先住ハワイアン文化やウクレレの演奏があり，さらには錦鯉の展示販売などまであるといったぐあいだ。ハワイのウチナーンチュはそれをひっくるめてオキナワン文化として表象してきた。元来，沖縄文化は東南アジアや中国，朝鮮半島，日本との交流の結果でき上がったチャンプルー（ハイブリッド）な文化ではないか，細かいことは気にしないということであろう。それでも，近年少しずつ沖縄的ではないアイテムが増えてきた感がある。

　それを端的に表しているのが，沖縄文化展示の総本山ともいうべきカルチュラル・テントであった。そこでは時代を経るにしたがい展示物が変化していた。展示物はすなわちアイデンティティ表象である。それが変化するということはウチナーンチュの自己規定も変化しているということである。1982年オキナワン・フェスティバルの発足から30年余り，第二次ウチナーンチュ・ムーブメントから20年余り，ウチナーンチュの自己規定も変化し，その表象も変化してきたのである。なお，ナイチによる差別や沖縄における米軍基地など，カルチュラル・テントで表だって言及されないアイテムがあることに留意する必要がある。

## V　多民族社会のアイデンティティ表象

　本項では多民族社会を前提に構成された博物館を取り上げる。その目的は，施設の運営主体（送り手）が博物館というメディアをとおして見学者（受け手）に伝えたいコンセプト（メッセージ）の表示的，暗示的意味を読み解くことである。

### 1　A&B砂糖博物館の事例
#### 砂糖会社と労働者がつくり上げた社会という表象のしかた

　かつてはハワイ諸島のほとんどに多数存在した砂糖きび耕地（プランテーション）も現在はマウイ島にあるアレクサンダー・アンド・ボールドウィン（Alexander & Baldwin, Inc.）傘下のハワイアン・コマーシャル・アンド・シュガ

一会社 HCSC[15]) の 1 か所を残すだけとなった。この HCSC は敷地内に A&B 砂糖博物館[16]) を開設している。当館には学芸員もおり，館内には往時の砂糖きび耕地の労働者の写真や作業着，生活用具から宿舎の配置図や航空写真までが要領よく展示される，小規模ながら専門的な博物館といえる施設である。筆者は当館に 2010 年と 11 年の 2 度にわたりそれぞれ 2 時間程度見学した。説明役の人を探したが見つからなかった。小規模のためかガイド付きのツアーにはあまり積極的ではないかもしれない。なお，隣接して往時の管理職従事者たちの住居なども残されている。管理職の住宅は大変立派なつくりで，これと，オアフ島のプランテーション・ビレッジに復元されている労働者の住宅と比較して見るとその違いを感じ取ることができる（写真 5 参照）。

　砂糖博物館のなかの展示の多くは労働者が実際に使用していたものであり，エスニック集団別の居住区の各戸の図などは旧住民たちの協力がなければ成し得ない大掛かりなプロジェクトである。じっさい，この博物館の発足にあたって熱心に協力したという旧住民の証言がある[17])。こうした開設のプロセスを考慮すると，この博物館が単なる企業のメセナ活動ではない，それを超えたところに設立の意図があることが窺い知れる。したがって，この博物館の展示からは企業と労働者双方のアイデンティティ表象が見て取れる可能性がある。

　そこで，それらを端的に表していると思われる展示物を探して見ると，展示室にあるいくつかの説明板のなかに，プランテーションの労働者や生活に関する記述がある。この記述からかれらのメッセージを検討してみたい。

プレート 1　プランテーションの生活
＜訳＞プランテーション（砂糖きび耕地）の居住区は一般にエスニック「キャンプ」といわれ，エスニック集団別に区画されており，それぞれが特有の名前で呼ばれていた。たとえば，「アー・フォン Ah Fong」は中国系，「ナシワ Nashiwa」は日系，「コッドフィッシュ Codfish（タラ）」はポルトガル系の居住区という具合である。

　このようにエスニック集団別の配置にしたのは 2 つの目的があった。ひとつは，労働者の不満に起因する騒乱等の際にエスニック集団間で連帯するのを妨げるためであり，いまひとつは，母国を同じくするものが一緒に住むことで新

天地への適応の過渡期（の困難）をやわらげるためである。

　こうしたエスニック集団別居住のあり方は，ハワイへの適応の最中にあっても自分たちの母語や慣習などの文化を永続させることにもつながった。

　とはいえ，居住区近辺だけでなく労働の場である砂糖きび耕地や学校においても労働者やその子弟はエスニック集団を超えて出会い，交流することが多かった。かれらは互いに食べ物を交換しあったが，そのなかにはたとえばポルトガル人の「ストーンブレッド」なども含まれていた。そればかりか，日本人の公衆浴場に他のエスニック集団の人も入りに来るなど固有の慣習までも共有されることが少なくなかった。こうして，ハワイのプランテーション・キャンプでは多文化が融合し合い共通の精神が育まれていったのである。

プレート2　プランテーション・コミュニティ
<訳>砂糖きび耕地は原野を開拓して造られたため，最初は人里離れたところに存在するのが常だった。したがってほとんどのコミュニティは自給自足的にならざるを得なかった。砂糖会社は住居，店，病院，社寺（の土地）といったかれらの生活に欠かせないものを与えたり，設置を支援したりした。時が経ちコミュニティが大きくなってくると，こんどは運動場や体育館，劇場といった娯楽施設が作られた。

　マウイの砂糖産業の全盛期には，マウイのほとんどの住民はいずれかのプランテーション・コミュニティのなかで暮らしていた。全島に点在していたプランテーション・コミュニティも，いまやその多くが消え去った。しかし，そこで培われた精神はいまも当時の住民の心のなかに生き続けている。

<考察>
　砂糖会社がエスニック集団別に居住区を設けた目的を，まず「分割統治」のためだったと断っている。すなわち耕地のエスニック集団が連帯してストライキなどを構えることがないようにという配慮がなされたと分析している。それに加えて，親しい者同士が固まり住むことのメリットもあったことを説いている。おかげで新天地適応の辛い時期も乗り越えられたし，固有の文化さえ維持できたというわけである。その一方で，人びとはさまざまな場で民族の垣根を

第1章　自分たちの表しかた

越えて交流したとしている。すなわち生活文化がしだいに融合し結果的にプランテーション文化とでも呼ぶべき文化を形成していったという。

このように，この砂糖博物館が伝えるメッセージは，砂糖会社が構える展示館にしてはリアルな分析をしているともいえるが，やはり会社が住居や病院，運動場等の娯楽施設などを提供したということを紹介し，労使が一緒になってプランテーションの生活向上に努めたという側面を伝えようとしているようにみえる。実際には，分割統治はかなり徹底したもので，各エスニック集団は居住区だけでなく差別的な賃金体系によっても集団間が分断されていたのである。そのため日本人労働者などは何度もストライキを起こしている。そうした会社側にとって都合の悪い部分は紹介されていない。総じてプランテーション生活の「明るい」面が強調されているようにみえる。それは，これが砂糖会社内に開設された博物館だから，という理由のほかに，困難な状況にあっても労働者は助け合い知恵を出し合って新たな文化を築いたのだというプランテーションのノスタルジックな物語を，いまや中流かそれ以上の暮らしを営んでいるかつての住民やその子孫が，多分に無意識的に望むからだ，と捉えることもできよう。

## 2 野外博物館 HPV ハワイ・プランテーション・ビレッジの事例
労働者がつくったハワイ社会という表象のしかた

**HPV の概略**

本項で取り上げる Hawaii Plantation Village（ハワイ・プランテーション・ビレッジ）は非営利教育団体 The Friends of Waipahu Cultural Garden Park（以下協会）がその主たる事業として展開するマルチエスニックな展示施設である。1992 年開館。同協会の公的な目的は以下のようなものである。

「本協会の目的は，栄えある多文化社会ハワイを築いたプランテーションの先達たちに感謝し，その経験や生活様式，努力，犠牲，革新，社会的貢献といったものを，目に見える形で広く知らしめるところにある。協会が運営・維持するのは HPV ハワイ・プランテーション・ビレッジ（以下ビレッジ）である。このビレッジは歴史的に貴重なプランテーション時代の建物の実物や複製の

数々をはじめ付属する土地，それにオカダ教育センターという歴史的資料の展示室と教室からなっている。」（ビレッジ発行のパンフレットより抜粋）

　ビレッジは1909年に建てられた中国系の会堂（実物）から1930年代のフィリピン系や日系の家屋（復元）まで，おおよそ1900年代前半の移民労働者の暮らしをイメージさせる合計21個の建造物から成っている。これらに加え，ハワイの礎を築いた先住ハワイアンに敬意を表して，1850年代の先住ハワイアンの家とカヌー小屋，計2棟が復元されている。

**開設関係者の言説から読み解くメッセージ**

　本項の目的は開設時からかかわった元職員（E氏）の語りからハワイ・プランテーション・ビレッジが博物館というメディアをとおして見学者（受け手）に伝えたいコンセプト（メッセージ）の表示的，暗示的意味を読み解くことである。州内外の観光客のみならず，校外活動の一拠点としてハワイ州全体の児童・生徒の教育に大きな影響力をもつこのビレッジがハワイ社会の生成をどう表現するか，言い換えればハワイ社会の核心をどう表象するか，重大な問題である。この表象行為の中心に存在するのがこのE氏なのだ。開設の準備段階では内外の錚々たる専門家を糾合してコンセプトが練りあげられたが，彼女はその段階から参加しているのでコンセプトの形成過程を知っているし，それをよく理解しているはずである。

　さらに重要なことは彼女が，周到に練り上げられたコンセプトを実際に見学者に伝える現場において中心的役割を果たしてきたことである。どんなによいコンセプトであっても実働部隊すなわち直接見学者に説明をしたりワークショップを運営するスタッフやガイドがそれを十全に受け手（見学者）に伝えなければコミュニケーションとしての意味をなさない。言い換えればコンセプトを生かすも殺すも実働部隊次第なのだ。筆者は10年以上にわたってビレッジに通って彼女の役割とその行動を観察してきたが，彼女はほとんど現場にいてガイドやスタッフを指導・監督してきた。現役を退いてからも見学者たちに園内で採れるフルーツを勧めるなどのボランティア行為をとおして自然な感じで交流している。コミュニケーションは受け手がメッセージを「誤解」することが不思議ではない人間の行為である。しかし，対等な権力関係にある送り手と受

け手であれば，頻繁にフィードバックを繰り返すことで共通の理解に至る可能性が増す行為でもある。彼女は実に20年以上にわたって見学者にフィードバックの場を提供してきたといえる。その意味で，彼女が考えるビレッジの成り立ちや彼女が解釈しているコンセプトが見学者にとってはこのビレッジで得る「事実」であるといっても過言ではないであろう。以上が筆者がここにE氏に登場願う理由である。筆者は幸運なことに，彼女に2度にわたり話を聞くことができた（2013年9月と2014年9月）。以下長時間にわたるインタビューのうち，主題にかかわる部分を抜き出して紹介する。

### 話者E氏

（本稿で紹介するのは2014年9月3日，ビレッジにおけるE氏の話の一部分である）

話者は1938年カウアイ島生まれ。父から見れば二世，母から見れば三世。ハワイ大学教育学部卒。1960年に教員を始める。幼稚園から小学校8年生まで受け持った。一般の授業のほか音楽も担当。1992年HPV開設とともに異動。1996年HPVを退職。学校とビレッジの教師として合計36年働いたことになる。

### 児童生徒へのワークショップ

私（E氏）はビレッジに移る前からクラスの授業だけでなく校外施設へ出かけて教育する役割を担うことが多かったし，そうした教育のしかたに意義を見出していた。だからビレッジの準備段階で教育カリキュラム策定要員の募集があったとき早速応募した。そしたら運よく採用された。1992年のビレッジ開設とともに教育担当の専任になる。4年間フルタイムで働き，それ以降ボランティアで働いている。

私にとって，ここがベストの授業の場である。しかし，仕事は楽ではない。（一般の学校の勤務時間は）午前8時〜午後2時だが，ここは，時として週7日間出ることもあるし，時間もいつ終わるかわからない。しかしおもしろい。教室の教育ではなく社会教育。子どもたちだけでなくおとなも，いろいろな世代，いろいろな国の人が来る。自分にとって，とても楽しいところである。

このビレッジをつくるとき，われわれはほかの博物館とは異なるものにした

かった。たとえばハワイ随一のビショップ博物館であっても（特別展を除いて）見学者はいつも同じ展示を見ることになる。ここでは違う。年齢に応じた活動ができる。幼稚園児には幼稚園児向けの活動がある。たとえば木の汁でシャボン玉を作ることもできるし、さまざまなゲームをすることもできる。

写真6　HPV内に復元された労働者の住宅
2013年9月3日　白水撮影

2年生だったら手動のかき氷器でかき氷を作る。4年生になるとハワイの小学校ではハワイアナ（ハワイに関する事柄）を学ぶことが必修になるので、ここに来ればタロ芋畑でタロ芋の栽培のしかたなどを学ぶことができる。要するにその学年に合った活動を用意しているのだ。

　ここには各エスニック集団の家が復元されており、内装や置物なども実際のものが用いられ、そのエスニック集団の生活がリアルに表現されている（写真6）。その家々やその周りの庭、木々を使ってさまざまな活動が季節に応じて展開される。このようにさまざまな活動があるので、子どもたちは毎年でも来ることができる。だが、児童や生徒に対しビレッジの全域を使って学ばせることはあまりない。その時々の活動に合わせて、ある特定の区画でそこに関係することを学ぶ。活動はすべてプランテーション時代のこと、「洟たれ小僧時代」（ハナバタデイズ）のことである。

　たとえば食べものにしても当時のことを再現する。かつてはこの地域は米も植えていた。餅米ももちろんあった。そこで餅米を使ったレシピを教える。簡単なのは餅粉を使った料理。たとえば沖縄のムーチー（餅）を作る。沖縄ではサンニン（月桃）の葉で包んで蒸すが、こちらでは形状もよく似ていて先住ハワイアンに魔よけの効用があると信じられているティーの葉で包む。ほんとうはアンダーギー（沖縄系のドーナツ）やマラサダ（ポルトガル系のドーナツ）も作らせたいが、揚げるのに高温の油を使うので小学生には無理なので断念せざるを得ない。この施設は安全を最も重んじているためだ。しかし、ボーイスカウトなど年長の見学者が来た時には作らせることもある。

第1章　自分たちの表しかた　　45

労働者の生活を理解するのに欠かせないものに民族衣装がある。ほんとうは各エスニック集団の区画（復元家屋とその周囲）にふさわしい衣裳を着たボランティアが見学者に説明をしたいが，たとえば，日本式の着物は着るのがむずかしい。帯や足袋，そして着てからの動きなど難しいことが多いので，あきらめざるを得なかった。そこで，プランテーションの典型的な労働着であるパラカを採用し，ボランティアガイドに着てもらうことにした。しかし，児童・生徒が見学に来た時は各エスニック集団の服装を着せることがある。たとえばオキナワンの区画では沖縄の着物を着てみることもあるし，日系の区画では日本の着物を展示することもある。

**ビレッジの成り立ち**

　私はカウアイ島の出身で，UH（ハワイ大学）を出て学校教師になった。しばらくホノルルで働いていたが家を買うことになり探したところ比較的職場に近く手ごろな家がワイパフで見つかった。最初はワイパフは気に入らなかった。なぜなら暑いし，埃っぽかった。砂糖きびを収穫した後は埃が舞う。しかし考えを変えて住むことにした。そのころ（1960年代）は，ちょうど砂糖会社が耕地の規模を縮小し，使わなくなった土地を宅地にして労働者などに売りに出していた。宅地化が進行するに従いプランテーションの生活様式も消滅しつつあった。

　この地区の学校で教えているころ，ワイパフで生まれ育った友人たちがワイパフ・カルチュラル・ガーデンパーク（前述の協会）の構想を持っていた。プランテーションの生活文化が消滅していくことに危惧を抱いた人たちである。そこでこの地の顔役（instigator 旗振り役）であるメイジャー・ヒデオ・オカダに相談した。ワイパフに関することでは多くの人が彼を頼りにしていた。彼はワイパフ砂糖会社で働いており，労働組合運動でも重要な地位にいた人で，幅広い人脈をもっていた。市長をはじめたくさんの政治家と知り合いで，どこをどう動かせばスムーズにことが運ぶ，ということを心得ている人だった。彼と友人はハワイ大学の教育学教授のドロシー・ハザマと会い協議を重ねた結果，まずハワイ大学でハワイの砂糖きび耕地（プランテーション）の生活史に関する授業を始めた[19]。学生を連れてワイパフへ出向き，まだそこここに残っていたエ

スニック集団のコミュニティを見て歩いた。フィリピン人地区では闘鶏を見て学生たちは興奮した。町なかに住む学生たちにとってプランテーションの実際の生活は印象深いものだった。ワイパフに通ったかれらは，それがいま消えつつあることを実感した。プランテーションが消滅し，社宅（砂糖会社が与えた各エスニック集団別に区分けされた家）にいる意味がなくなり，新しい家に移る人が続出した。新しい家に移る時，人びとは家財道具や衣類など古いもの，思い出したくないものは捨て去った。古い家は消防隊の消火訓練のために使われることさえあった。文字通りの消滅である。そうして歴史が消えていく。

　<u>ハワイの歴史を構成する重要なファクターであるプランテーション労働者の生活体験が消え去ることは，その存在証明，証拠が消え去るということ。これは労働運動の視点から見ると大きな損失である</u>。このままではいけないと，オカダらはかつてのプランテーション労働者住宅を復元し，そこに当時の家具や衣類を集め，そこで実際に人びとが暮らし，それを見学者に見てもらうという構想を持った。モデルはウイリアムズバーグをはじめ米本土にいくつかあるリビング・ヒストリー・ミュージアム（ある時代を再現した生活をしているところを見せる展示施設）である。しかし，昔ながらに炊事用の小屋で煮炊きをし，いつも家を掃除して見学者を待つという暮らしは，たとえ家賃無料だとしても，だれも希望しないだろうという結論に達した。そこで現在あるような形，つまり当時の家を復元し実際の家財道具を展示し，体験学習のワークショップではできるだけ史実に即したかたちを追求するということになった。こうしてビレッジの構想が明確になってきた。


**主導者たち**

　NPOを主導したのはメイジャー・オカダ，アラカワデパートのゴロウ・アラカワ[18]，車販売修理工場経営のサクソン，ジャック・リムジー，もうひとりビジネスマンがいるがいまちょっと名前を思い出せない。彼らが力を合わせて市から土地を獲得。その後，市民の支持を得るためいろいろな活動に乗り出した。たとえば，全島各所でこの計画の重要性を説く講演会をして回った。ハワイ大学の講堂などでも大きな集会を持った。こうした努力が実を結んでワイパフ・カルチュラル・ガーデンパークの基金の目途がついた。この団体が運営

する主たる事業がビレッジというわけである。

**応援団**

　かれらの趣旨に賛同した人びとのなかにはアーティストや学者などの専門家もいた。かれらはこの博物館のコンテンツの収集に貢献してくれた。たとえば音楽家のハリー・ウラタ[20]やハワイ大学民族関係学部教授フランクリン・オウドウ（王堂）などである[21]。オウドウがハリーに島々を回ってプランテーションの労働歌であるホレホレ節を集めるように助言。ウラタのおかげで多くのホレホレ節が収集された。ホレホレ節にはプランテーションの生活の哀楽が歌い込まれており，プランテーション生活のシンボル的価値があるといわれる。

　ほかにはピジン・コンフェランス（方言大会）も開催。各島，各地区の英語方言が集められる。たとえば，マウイでは何かにつけて some を付ける。some good, some happy……カウアイにも独特の言い方があった。

　訛りといえば，私は 1950 年代にカウアイ島から UH に入るためホノルルへやってきた。ホノルル市内のマッキンレー高校出身の「標準英語」を話す学生から，あなたの言葉遣いはなんだかへんだ，といわれた。同様にマウイ出身の学生の英語は自分たちにも明らかに違う言葉だとわかった。おたがいに冷やかして笑い合った。そうしたわれわれもだんだん「ハワイの標準英語」（マッキンレー高校出身者が話すような）に近づいていった。

　日本語にしても同様で，われわれが知っている日本語は古い時代の日本語。ビレッジの日本語ボランティアガイドは近年日本から移住した日本人が多いので，さまざまな家財道具にしても「新しい」日本語で説明しようとする。だから私は「自分たちはそのようには言わない。こうこうだ」と指摘することになる。つまり私たちは 1920 年代に住み続けているのである。

　それで思い出すのだが，面白い経験がある。UH 在学中，エスニック・スタディーズ学部は未だなかったので社会学の授業だったと思うが，ハワイに関する面白半分の「常識度テスト」（マナプア・テスト）があった。そのひとつが，「トウキョウハイ（東京高校）はどこにあるか」というものだった。私は「中部太平洋 Mid-Pacific」と答えたがもちろん間違いで，日本人（日系人）の子弟が多く通っていたのでマッキンレー高校がそのように呼ばれていたのである。こ

のような試みをとおして楽しみながらハワイでの「常識」を学んでいった[22]。

**ビレッジの展示の特徴**

　ビレッジで展示する住宅は，さまざまな労働者がやってきた1900年代から1930年代までのもの，日用品については，1950年代までのものを展示している。展示しているものは開館時から変わっていない。ほとんど同じだが，布製や金属製のものは破れたり錆び付いたりするので交換することがある。

　展示してある各エスニック集団の家には独自のストーリー（物語）がある。エスニック集団に関するものがなんでもかんでも展示してあるわけではない。たとえば，楽器が置いてある家があるが，それは労働者が単に身体と数点の家財道具だけを持ってハワイに来たわけではなく，その労働者が音楽の素養をもってやってきたことを示している。たとえばオキナワンの家にはサンシン（三線）が置いてあるが，それでその家の主がサンシンを弾く能力をもってやってきたことがわかるというわけである[23]。このようにここの展示はそれぞれの背後に物語があることが重要である。ある家の展示には遊具があるとすると，訪れた子どもたちは当時の子どもはどのような遊びをしたか想像して楽しむこともできるし，自分はこの家でどのようなお手伝いができるだろうとか，この小さな家で寝るとして自分はどのようにして寝床を確保するのだろう，（水道設備のない）この家で歯を磨くとしてどこで磨くのだろうなどと思いを巡らすかもしれない。

　このビレッジは，前述のように年齢に応じて異なるアクティビティをとおして学習することができると同時に，同じ展示でも，年齢に応じて異なる「解釈」が可能である。このことはとても重要であるが間違った解釈をしてほしくない。だから，われわれは見学客が自分だけで歩き回るのを奨励しない。ガイドが付いていくことを求めている。ガイドがそれぞれの展示（植えてある植物も含めて）の背後にある物語を説明する。特にプランテーション時代を知っているガイドの説明は貴重である。たとえば手動のキャッシュレジスターの前では，ある年配の三世のガイドは自分の少女時代の体験を語る。キャッシュレジスターを触っていたら突然引き出しが開いた。そこには現金がたくさん入っていた。あ，お金だと思った彼女は少しいただいてアイスクリームを買いに行った。家

第1章　自分たちの表しかた　　49

でアイスを食べている娘を見た親は娘が店で盗んだのではないか大いに心配した。しかし，その一部始終を近所の人が玄関先のポーチで見ていて，親に説明してくれた。彼女は昔のキャッシュレジスターを見る度にそのことを思い出すという[24]。

**ガイドの訓練**

　ガイドのためにはマニュアルがある。それを理解し，憶え，それに各自の体験や学習した事柄を付加して深い説明にしていく。若いガイドもいる。たとえばPさんはハワイ大学西オアフキャンパスの学生で，履修単位の必要からボランティアガイドとして毎週来ている（Pさんは，筆者が訪れた2014年9月3日，実習に来ていた学生）。彼女は父親がプランテーション労働者だったので，父親からプランテーションでの暮らしを詳しく聞いてそれを見学者への説明に役立てている。このように，彼女の履修しているクラスは両親や祖父母といった家族親族から生活文化知識を伝承すると同時にそれを他者に伝える（還元する）という，文化伝承の受け手と送り手の両方を体験するという貴重な機会を与えている。

　ガイドの訓練については，毎日4時間，2週間の学習コースを経てガイドになる。当初30人のガイドから始めた。ほとんどが無償ボランティアだった。しかしその多くが退職者だったため，次第に孫の世話や老親の介護などで，決まった日（たとえば毎週火曜日）に来ることができない人も出てきた。それで一部を有償のガイドにした。有償ガイドは規則に従わなければならないのでその日の担当者として勘定に入れることができる。いま有償と無償のガイドが混在している。

　訓練の最初のトレーニングはカピオラニ・コミュニティカレッジに協力を仰ぐ。そこでガイドとしての基礎的な訓練をしてもらう。ガイドたるもの，なにを，どのようにすべきかの訓練である。それにビレッジ独自の知識等を加えた訓練が上記のように行われるわけだ。訓練は無料だが，そのかわり訓練期間中は無給である。

**ガイドのストーリーテリングの根本精神**

このビレッジは移民労働者の生活文化の博物館だから先住ハワイアンの文化や歴史と直接の関係はないように感じられるかもしれない。しかし，ハワイの多文化社会の基本的部分には先住ハワイアンの文化がある。かれらとともに，またはかれらのおかげで移民たちは生き延びた部分が大きい。したがって先住ハワイアンの歴史や文化の知識は重要だと考えている。その基盤に立ってわれわれの今日のハワイ文化がある。そして好むと好まざるとにかかわらず，他のエスニック集団の文化を学ぶ必要がある。なぜならお互いがともに生きる社会が多文化社会だから，互いに認め合い，互いに寛容でなければならない。われわれは先住ハワイアンや労働者の文化には関心があり，次世代にその文化を伝えたい一心でこのビレッジを運営している。このビレッジではボスたち（経営者や管理者）のことにはあまりふれない。かれらは丘の上に住み，われわれを見おろす人たちであった。

**生まれ育ち　自分はハッパ（ハーフ）である　ナイチとオキナワンの摩擦**
　私は1938年カウアイ生まれ。父から見れば二世，母から見れば三世になる。
　父は沖縄系一世（沖縄県屋我地出身），母は二世ジャパニーズ（父は広島出身）。両者は21歳の年の差があった。母は父がハワイに来てから生まれたほどの差である。自分が生まれたのは父が50歳の時。当時日沖（日本と沖縄）カップルは非常に少なかった。彼はカウアイではナイチと結婚したオキナワンとして2番目の人である（それくらい少なかった）。それだけ母は「オープン」だったということだろう。年長の兄姉たち（3人）は日沖対立のなかでとても苦労したようだ。自分はまだラッキーのほうである。なぜなら戦争中多くの女性が軍人つまり「ガイジン」と結婚した。ガイジンよりまだオキナワンのほうがよい（ガイジンよりナイチのほうがよい）というわけで，日沖間がお互いに寛容になった，という経緯がある。自分の育った50年代，60年代は戦前に比べずっと「オープン」になっていた。
　兄姉3人は家では日本語を話し，学校では英語を話す暮らしだった。しかし太平洋戦争が始まって，日本語を話すことが禁じられて，全部英語になった。自分はすべて英語のなかで育った。そのうえ，戦後しばらくは日本語学校も再開されていなかった。再開されたのは自分が6年生になった時。親に日本語学

校に行けといわれたが，5歳児と同じクラスに行きたくないと泣いて拒否した。だから自分たちの世代は日本語学校に行っていない人が多い。とても悲しいことだ。

　両親は戦後も日本語を話さなかった。だから日本語は，聞くことはできるが話すことができない。兄姉たちも同様に日本語を話せなくなった。ジャパニーズ（日系）に比べ，チャイニーズ（中国系）は世代を超えて中国語を勉強する。他人からからかわれても中国語を学ぶ。それをとてもうらやましいと思う。コリアンもジャパニーズと同様，母語を簡単に捨てて英語だけになってしまう傾向にある。父祖のことばを忘れてしまうというのはとても残念なことだと私は思う。

**当初のビレッジのアイディア**
　現在は8つのエスニック集団の家が復元してあるが，当初は4つくらいのエスニック集団の予定だった。なぜなら，プランテーション労働者の生活を再現すること，ハワイの今日を築いたかれらがどのように生きていたかを示すことが目的だったからだ。最初の計画では，住んでもらうのはチャイニーズとフィリピーノの家族，そして後は多分ジャパニーズとスパニッシュに住んでもらうつもりだった。スパニッシュというのはポルトガル系とプエルトリコ系を一緒にしてそう呼んだ。

　それが変わったのは，主としてキャル・カワモトのアイディアによる。元軍人（パイロット）だった彼は州の上院議員で，このビレッジの事業主である協会の責任者（executive director）だった。彼はこのビレッジを低予算で運営することを託されて理事として入ってきた。彼はニューズレターを発行したり，協力してくれそうな人たちに会い，さらにプロの基金調達者を雇うなどさまざまな手を使って基金をつくった。広い人脈を持つ彼はカリキュラムを改定するために各界の主だった人たちを集め委員会を結成した。たとえばジョイス・ツノダ（カピオラニ・コミュニティカレッジのスタッフ），チャーリー・トグチ（市の教育局長），パッツィ・ミンク（連邦下院議員），ハワイ博物館協会のスタッフなどである。とくにトグチはカリキュラム作成の専門家たちを紹介してくれた。彼らはこのパークの将来計画を練った。さらに博物館学の専門家であるデイブ・ビューシ

―Bucyをオレゴンの大学から招聘して、このビレッジはどうあるべきかを質した。彼の指摘のなかでもみんなが注目したのは「多民族社会ハワイ」というアイディア

写真7　沖縄系労働者の住宅（復元）。先頭がボランティアガイド（日系二世）。パラカのベストを着ている。入り口の屋根の下に木彫りのシーサーが置いてある。
2005年9月6日　白水撮影

である。これほど多くのエスニック集団から成っている社会はないのではないかというのである。そこで、ワイパフ出身の委員たちは主たるエスニック集団を数え上げた。ハワイの基盤をつくった先住ハワイアン、そしてプランテーション労働者として最初にやってきた中国人、さらにポルトガル人、日本人、コリアン、ドイツ人、プエルトリコ人、スペイン人、ノルウェー人、フィリピン人などが比較的多く渡来した人びとである。このなかのスペイン人やドイツ人、ノルウェー人は気候や食文化が異なり過ぎるなどの理由で長続きせず、コミュニティを形成するところまで至らなかった。結果として残ったエスニック集団の家屋を復元しようということになった。こうしてハワイ系、中国系、ポルトガル系、日系、コリア系、プエルトリコ系、フィリピン系の7つのエスニック集団が選ばれた。問題は沖縄系であった。沖縄系は日系として移民してきたのだから日系で代表すべきだという意見があり、現に今も、沖縄系が独立のエスニック集団として扱われているのは違和感があると思う人もいる。しかし、沖縄系は大きな集団だし、とくに戦前は日系から差別され両者の間には摩擦・対立（friction）があったし、エスニック集団別に社宅を構えたプランテーション

では実際に日系とは別に沖縄系の居住区が設けられた例も少なくない。そのような理由から日系とは別に沖縄系の住宅も再現することになった（写真7参照）。（なお，沖縄系の家屋が追加された背景については後に検討する。）

　さらに，日系人は信仰の面でも一枚岩ではなかった。主として仏教系とキリスト教系に分けることができる。だから日系の家は2棟建てられており，聖書が置いてある家のほうは宣教師の住まいであり，そこに信者たちが集まって学んだり祈ったりしていた，という物語が背後にある。いっぽう，仏壇が置いてあるのが仏教徒の家である。

**ハワイ文化の共通点と、この施設のキャッチフレーズ**
　先住ハワイアンは自然崇拝だが，プランテーション労働者たちも日系や沖縄系のように自然崇拝をするエスニック集団は少なくない。自分たちと同じだ，とお互いが思うような共通点は多い。たとえば島国から来た人たちが多い。フィリピン，日本，沖縄，プエルトリコなどすべて島国の人たちである。ポルトガル系でさえ，ほとんどは大西洋に浮かぶアゾレス諸島やマデイラ諸島の出身である。それにすべての労働者がそれぞれの地から芋を持ってきた。先住ハワイアンはタロを，日系はサトイモを持ってきた。もっとも私たちはそれを（方言で）アライモと呼んだが。沖縄系は例外である。かれらは中国系と同じ芋を食べる。フィリピン系も中国系と同じ種類のサトイモを持ってきた。

　こう考えてくると，われわれはさまざまな共通項を持っているのではないか。これらを基金集めにどう生かすか。人びとの耳目を捉えるには印象的なフレーズが必要だ。助言者デイブ・ビューシーを中心にみんなで知恵をしぼった。そして出てきたのが<u>ハワイ住民の共通項4文字のキャッチフレーズAARCである</u>。

　Adapt：新しい環境に順応する。ハワイに来たすべての人がハワイの環境（自然環境，社会環境）に順応しなければならなかった。次にAdopt：導入・採用。異なる人種民族からさまざまな生きる術や文物を採用して生き延びた。Retain：維持・保持・記憶。すべての人びとがそれぞれの文化をさまざまな仕方で保持してきた。たとえば言葉。われわれ日系人の話す日本語は戦前の日本語である。しかも広島，山口，熊本，福岡といった移民の多数派の語彙や言い

回し，すなわち西部方言が多くまじる。しかし，それが現にハワイで話され，今日まで維持されてきた日本語である。日本からの見学者が，「日本ではそんな言葉は使わない」とハワイの日本語を嗤(わら)うことがある。それに対し私は「あなたがたは今ハワイに来ているのだから，まずハワイの日本語を勉強してください。わたしたちが東京に行った時にはあなたたちの日本語を教えてもらいますから」と冗談交じりにいうことがある。

　Contribute：貢献。ハワイへの貢献。すべてのプランテーション労働者の貢献がハワイの今日をつくりあげた。そしてこれからもハワイのために人びとは貢献するだろう。

**ビレッジの根本思想　メルティングポットではなくビーフシチュー**
　ハワイ社会は，すべてが溶けあって元の材料がわからなくなるメルティングポットではなく，煮ても材料は確かに存在がわかるビーフシチューであるというのがコンセプトである。人参がポルトガル系ならじゃが芋はフィリピン系である。それぞれが味を出し合ってとてもおいしい料理になる。それがハワイ社会である，とわれわれは信じている。

　アメリカはひどい（テリブル）。われわれと随分違う。アメリカ人と同一視されるととても気分が悪い。かれらはとても利己的で me, me, me ばかりである。日系や沖縄系などはみんなで力を合わせる，助け合うという美徳を持っている。日本のジャパニーズも先の地震の時，みんなで困難を乗り切ろうと励まし合った。

　私の父は夕食後6人の子どもたちに向かってお箸の話をしたものである。1本の箸は簡単に折ることができるが，2本になるとそうはいかない。3本，4本とさらに強くなる。同じようにおまえたち6人が力を合わせれば誰も折ることができない，だれも破壊することができない家族となる。この価値観，日本文化をアメリカ化が進行し過ぎている私の孫や曾孫に伝えたいと思い，事あるごとにかれらに伝えている。「ジジ（私の父のこと）はいつもいっていた。家族はみんなで結束し，力を合わせて生きていかなければならないと」。だからたとえば感謝祭のディナーの時も勝手気ままに外食をしないで，家で力を合わせて食事を作り，みんなでそれをいただく。連帯・協力，相互扶助，このことが

だいじだということを伝えたい。夫が沖縄系であるため私の子どもたちは沖縄的なものをより多く見てきた。たとえば沖縄系のピクニックに参加していた。かれらはジャパニーズというよりオキナワンというべきだろう。いずれにしろ日本の価値観は理解している。したがってその子どもたち（自分にとっての孫たち）も，少なくとも日系や沖縄系の年長者の前ではどのように振舞うべきかはわかっているようだ。もっとも，曾孫（上が10歳）になるとどうなるかはわからない。No, I don't want to do it というかもしれない。私の妹はというと，いろいろな血を引く中国系と結婚したので子どもたちはあまり日本的価値観を考えないようだ。

〈考察〉

　創設にかかわったビレッジの首脳たちがこの施設（メディア）に託した思い（メッセージ）は，先に引いたように同所発行のパンフレットに謳ってある。要は多文化社会ハワイを築いたのは移民労働者と先住ハワイアンである。それを目に見えるかたちで開示したいということである。このビレッジのコンセプトといってよい。しかるに，これまでの彼女の話からわかるように，彼女のメッセージの根本は「多民族（共生）社会ハワイはプランテーション労働者つまり移民労働者と先住ハワイアンがつくった社会である。ハワイ社会の主人公は移民労働者と先住ハワイアンなのだ」ということであるから，首脳たちがいわんとしていることと大差はない。では彼女はこのコンセプトをどのような語りで説明したのか。あらためて検討してみよう。

　先にマウイの砂糖博物館の項で見たように，ハワイは白人系の経営者と先住ハワイアンや移民労働者が互いに協力し合ってつくり上げた社会だという説を流布しようという勢力も当然ながら存在する。そのなかで，かれら（ビレッジ）ははっきりと「労働運動史観」による集団的自己規定を打ち出しているといえよう。それは彼女の語りのなかの「ハワイの歴史を構成する重要なファクターであるプランテーション労働者の生活体験が消え去ることは，その存在証明，証拠が消え去るということ。これは労働運動の視点から見ると大きな損失である。」という部分や「このビレッジはボスたち（経営者や管理者）は関係がない。かれらは丘の上に住み，われわれを見おろす人たち」という部分などに端的に

表れている。

　さらに，このビレッジのメッセージの根本のひとつは，「ハワイは多民族社会である」ということである。しかも，彼女の言によれば，ハワイはメルティングポットではなくビーフシチューなのだという。つまり多民族社会であるからこれまでもエスニック集団間で多少の対立や葛藤はあったが，各エスニック集団が互いの特徴を認め合い，助け合ってよい社会にしなければならない。なぜならわれわれはほとんどが島国の出身だし，同じような食物（芋など）を携えてこの島へやってきた。さらにAARCという決定的な共通項をもっているではないか。いがみ合ったり対立する必要はない。このように見てくるとビーフシチューという表象は，みんなでこの社会をよくしようという思いが込められた，どちらかといえば未来志向のメッセージを秘めているようにみえる。彼女の考えでは多民族社会は各エスニック集団が独特の文化を維持発展させる必要がある。それが切磋琢磨し，交流し，共有してこそハワイ全体の文化が豊かになる。だから，中国系の人びとが世代を経ても中国語の習得に熱心なのに対し日系やコリア系の人びとが比較的簡単に父祖の言葉を失っていく現状を「残念」に思うのである。

　労働者が懸命になってつくり上げてきたこの社会を多民族が互いに助け合ってさらによいものにしていこう，というメッセージをハワイ住民に確認させ，次世代にも伝えていこうというところにこの博物館のねらいがあると彼女は解釈しているといえそうである。とくに，次世代でも小学生，中学生にもわかるような形で伝えたいとさまざまな工夫をしてきたのは，公立学校教師であった彼女の面目躍如たる部分といってよいであろう。

**語られる事実と語られない事実**
　多民族を扱うマルチエスニック博物館にしろひとつの民族を扱うエスニック博物館にしろ，そこで発せられるメッセージは設置主体（送り手）が「送りたい」メッセージである。ハワイ社会にはおびただしい歴史資料があり，各エスニック集団には数え切れないほどの体験がある。それを細大漏らさず展示することは不可能である。当然取捨選択が行われる。コミュニケーション論でいうゲートキーピングである。ビレッジの場合は多民族社会での労働者の交流や共

同など明るい側面のみが語られる傾向がある。いわば労働運動史観に基づく明るい側面である。だからプランテーションのオーナーたちの貢献はあまり語られないし，1920年に初めて日系とフィリピン系の労働者が部分的に共闘するまでは賃金をはじめとする待遇の違いなどを巡ってエスニック集団間で激しい対立が続いたことも語られない傾向にある。

　語られない事実という点では，沖縄系の住宅の復元の過程も同様である。なぜ沖縄系の住宅がここにあるか，という点についてはE氏もいまひとつ明快に語らなかった。オキナワン・コミュニティの戦後の動きを研究してきた筆者は，この点に関して自分なりに推考してみた。

　沖縄系の家屋を日系とは別に作ることになったのは80年から90年代にかけて盛んになった第二次ウチナーンチュ・ムーブメントの影響があるのではないか。その点をE氏に質して見た。

　E氏の答えは「私も（ウチナーンチュ・ムーブメントと）関係があると思う」といってくれた。しかし，そのことに深入りしたくない，という雰囲気であった。ただ，以下の事実は明かしてくれた。ビレッジの助言者集団のなかに当時の沖縄県人会HUOA会長のT氏が入っていたし，彼の肝煎りで沖縄系の重鎮S氏（この章の冒頭で言及したように，民主党員として州下院議員を長く務めた沖縄系の大物）と，その妻も参加していたことである。そして，E氏の観察では，S夫妻はとりわけこのプロジェクトに積極的であったという。復元された沖縄系の家屋のなかの肖像画をはじめ多くのものが夫妻の寄贈によるものだし，沖縄系の家屋の設計にも注文を出した。それは台所である。計画書では台所が家のなかにあるが，本来沖縄系の家では台所は母屋の外にあったというのだ。養豚業者が多かった沖縄系の家では巨大な鍋で餌を煮炊きした。そのため大きな竈（かまど）が必要であり，台所を別に構える必要があったのである。また，S夫妻は沖縄系の家屋の前庭一面を芋畑にすることを主張し，それが受け入れられ芋畑になった。沖縄系では芋を植える家が多かったからである。その後，家屋の周りに生垣を設ける必要が生じ，芋畑だったところには沖縄を象徴する木々が植えてある。

　1980年代初期に始まる第二次ウチナーンチュ・ムーブメントをとおしてハワイのオキナワン・コミュニティに広められたアイディアがエスノカルチュラリズムである。その仕掛け人（筆者のいうエスニック・エージェント）の一人であ

るT氏やその顧問格のS氏らがこのビレッジの創設時の助言者集団にいたということは重要である。主要なエスニック集団の家屋を復元するというプロジェクトは，かれらにとってまたとないチャンスだった。ここで日系とは別に自分たちの家屋を構えることができれば，沖縄系は日系とは別の集団だということが公認されたに等しい。民主党系の労働運動をとおしてメイジャー・オカダらとごく親しい関係にあったはずのかれらは，沖縄系の家の復元に漕ぎつけることができた。建てたからには日系との違いを出さなければならない。だから室内に展示するアイテムは沖縄的なものを選んで自ら運んできたし，竈についても注文を付けた。沖縄といえば豚なのだ。そして庭に植えるのはこれまた沖縄のシンボル的存在である芋でなければならない。

　この事例は，第二次ウチナーンチュ・ムーブメントという波のなかで，1980年代，S夫妻をはじめ先覚者たちが涙ぐましい努力を続けていたということを教えてくれる。こうした諸活動の結果，ハワイのオキナワン・コミュニティが今日のようなプレゼンスを誇るまでになったのである。

## VI　結語

　これまで，個人と集団の自分たちの表しかたについてさまざまな角度からみてきた。それぞれの項で考察を試みたので，ここでは全体をまとめて考察をしてみたい。

　本章の冒頭で述べたように筆者の基本的な問題意識は，人びとは果たしてどのようにしてエスニック・アイデンティティを獲得していくのだろうか，というものであった。そして，他者との関係のなかでエスニシティを認識し，葛藤・希望・模索などさまざまな心的過程をへてエスニック・アイデンティティを獲得するのではないだろうか，と問題を提起した。この点に関してはA氏，B氏，イゲ氏（Ige）の心の軌跡をたどることでその回答のヒントがつかめるであろう。

　3者とも沖縄系三世であるが社会的属性が異なる。年齢的側面はA氏が70代，B氏が50代，イゲ氏が60代で，職業的側面はA氏が元サラリーマン，B氏が研究者，イゲ氏が政治家である。イゲ氏の心の軌跡はわからないが，A

氏とB氏は，ともにエスニシティについてあまり考えることがなかった段階から，徐々に意識し始め，ついに明確に自分のエスニック・アイデンティティを獲得する段階に至った点まではよく似ている。ただし，意識し始めた契機とその後が異なっている。A氏は定年真際の中年後期ともいうべき時にウチナーンチュ・ムーブメントの先達（エスニック・エージェント）から誘われてボランティアを始めた。そしてウチナーンチュの仲間と活動するうちにエスニシティに目覚めていった。いっぽう，若いB氏は大学生時代にマイノリティ運動の変容エージェント[25]であるエスニック研究学部の教授の授業でエスニシティに目覚める。A氏の頃はまだそのような講座はなかったから出会う機会もなかったが，もしあったとしても履修したかどうかわからない。なぜなら時代背景が異なるからである。時代の思潮が異なるといったほうが適切かもしれない。B氏が大学生の頃つまり1980年代はエスニック研究学部の活動が軌道に乗り，たくさんの講座が開かれており，ほかの学部にも多くの教授がハワイ文化（先住ハワイアンの歴史や文化の研究）やエスニック・マイノリティ論の授業を展開していた。前述のオウドウ教授がエスニック研究学部の主任として目覚ましい活躍ぶりを見せていた。一種のマイノリティ研究ブームであったといってよい。時あたかも第二次ウチナーンチュ・ムーブメントたけなわの頃である。後に全米屈指の大学院へ進むほどのB氏である。当時から知的好奇心が強かったに違いない。こうした時代思潮にも敏感だったはずだ。大学でマイノリティ論やエスニック文化論を熱心に学んだB氏は，*Hawaii Herald*編集長のチネンがそうであったように，しだいに「触発」されていったと思われる。そして絵に描いたようなエスノカルチュラリズムの実践者となった。研究の傍らサンシンをマスターし指導をするまでになったのである。

　A氏のほうはその後，さらに熱心なボランティアとして行動している。そしてその行動そのものが彼のアイデンティティ表象といってよいだろう。B氏のほうはその後，日本に長期滞在したり，沖縄へ足を運ぶうちに米軍基地をはじめ一筋縄ではいかない問題に直面する沖縄の現実をいやというほど見ることになる。むろんそれぞれの立場の人と交流し議論を重ねた。その後米本土に居を移したB氏はこんどは米大陸から沖縄，ハワイ（ここにも巨大な軍事基地がある），日本を見ることになった。ナショナル・アイデンティティの拠りどころ

であるアメリカとエスニック・アイデンティティの拠りどころである沖縄との間の矛盾に満ちた現実を前にして，B氏はもうロマンテッィクなエスノカルチュラリスト（エスノカルチュラリズムの信奉者）ではいられなくなった。もっと広く世界を見渡して，合理的に自らのエスニック・アイデンティティを考えるようになったのである。むろん氏は地元のエスニック・コミュニティで活動をしているし，ウチナーンチュであるという自覚に関しては変わりはないという。しかし筆者のみるところ，氏はアイデンティティとしては次の段階に達している。それを名付けるなら，成熟ウチナーンチュ（mature-Uchinanchu）といった状態ではないかと思われる。これを心の軌跡として図式化するなら，ウチナーンチュ以前（pre-Uchinanchu）→ウチナーンチュ（Uchinanchu）→成熟ウチナーンチュ（mature-Uchinanchu）ということになるだろう。もっとも，B氏自身は今の状態について自ら定義することはなく，ウタサンシンに託すという自己表象の仕方を採った。

政治家であるイゲ氏（Ige）の場合は自らの自己認識（自己規定）と他者による名ざし（他者規定）が時と場合によって揺れ動く典型的な例であろう。本人自身のオキナワン・コミュニティ内における言動から察するにどうみてもオキナワン（ウチナーンチュ）であるが，日系人全体のなかでは日系人として扱われ，本人もそれを否定しない。したがって，メディアによる規定も日系人であったりオキナワンであったりして定まらない。注目すべきは知事当選のパーティで数々の「オキナワ料理」が供されたことだ。イゲ氏もしくはその代理人はオキナワ料理で氏のエスニック・アイデンティティをさりげなく表象したのではないか。

次に筆者が提起した問題は，個人を超えて集団のレベルで自分たちはこういう人間の集まりなのだという集団的自己規定はどのようにして行われるのか，そしてそれはどのように表象されるか，というものであった。これに関しては，まずエスニック集団の自己規定とその表象の例としてオキナワン・フェスティバルおよびそのなかのカルチュラル・テントの展示を取り上げた。次に多民族社会ハワイについての自己規定とその表象の例としてマウイ島の砂糖博物館とオアフ島のハワイ・プランテーション・ビレッジという野外博物館を取り上げた。

オキナワン・フェスティバルについては，その巨大な装置そのものがハワイのオキナワンのプレゼンスを示す表象となっていた。すなわち「賑やかで楽しい」というイメージをこの空間にいる人びとに与えるのだ。そして沖縄ソバや足ティビチ，アンダーギーといったオキナワ料理の数々がウチナーンチュのソウルフードとして表象され，エスニック・アイデンティティの乗り物（メディア）の役割を果たしていた。このフェスティバルの目玉のひとつともいうべきカルチュラル・テントは，その名のとおりフェスティバルにおける沖縄文化の総本山として位置付けられている。

　この展示場の総括責任はフイ・オ・ラウリマという女性団体である。彼女らは1960年代から沖縄文化の研究を続けながら「誇るべき」文化項目を選び出し，それをコミュニティの内外に紹介してきた。その紹介文や説明のしかたを子細にみていくと，他の文化とくにナイチの文化との差異を見出し，自分たちを特徴付けるという方策がとられてきたことがわかる。むろん，こうした傾向はフイ・オ・ラウリマに限らず，HUOA全体にいえることだ。たとえばHUOAの会長が選ぶ標語（theme）は，及ぶ限り日本語や英語（とくに日本語）的表現が排除され，周到にウチナーグチの名句が選ばれる（白水 2004b, 318-323頁）。メディア社会学的にいえば表象の形成はメッセージの形成である。フイ・オ・ラウリマに代表される沖縄系のエスニック・リーダーは日本文化との「異化」によって自らの表象を形成してきたといえるだろう。しかし，フイ・オ・ラウリマも団体結成から40年が経過した。主力も二世から三世に交代し，彼女らが認識する「沖縄文化」にも変化が生じてきている。たとえば筆者らは料理やレシピの分野での変化を取り上げ，沖縄料理がオキナワ料理へ変化したプロセスを詳細に論じたことがある（白水 2008b；佐藤 2008）。それらの方向性をひと言でいえば現地化（localization）とでもいうべき現象であった。

　カルチュラル・テントの展示も変化してきた。ナイチ的な文化も部分的にではあるが展示されるようになった。沖縄文化とは直接関係ないプランテーション文化もHanabata Daysと銘打って展示された。さらに，これまで内輪の文化とされてきたハジチ（イレズミ）までが沖縄文化のひとつの表象として展示されるまでになった。これらは大きな変化といわなければならない。

　個人にも集団にも表と裏がある。他者に見せたい面と見せたくない面がある。

展示というものは，それが博物館の展示であれエスニック・フェスティバルの展示であれ，かれらが見せたいもの，見せてもよいものが選ばれて（価値判断されて）展示されている。見せて良いか悪いかという価値判断には個人なり集団なりの覚悟が示されている。自分とはこういう者ですよ，という，まさにアイデンティティの表象が展示だと考えてよい。

　その展示に変化が生じているということはアイデンティティにも変化が生じているということだ。ナイチ的な文化の展示も，ハジチの展示も許容してしまう。ナイチの文化といっても，それをオキナワンが生徒としてたくさん学んでいるのであれば展示していいではないか。ハジチだって，日本の権力によって不当に貶められただけで，本来は沖縄の伝統的な習俗ではないか，というわけだ。フイ・オ・ラウリマの女性たちは，こうした合理的で広量な精神からなる集団的自己規定の境地に至りつつあるのではないか。その意味で「成熟ウチナーンチュ」の段階に入りつつあるのではないかというのが筆者の仮説である。

　集団的自己規定についてはいまひとつ，多民族社会ハワイをどう規定するか，どう表象するかという問題についても考えた。例に挙げたのはマウイ島の砂糖工場に隣接する「砂糖博物館」とオアフ島のかつての砂糖きび耕地内に設置された「ハワイ・プランテーション・ビレッジ」（ビレッジ）である。両者とも砂糖きびプランテーション時代の生活とその意味を考えさせる展示である。ハワイが多民族社会になったのは実に世界各地からの砂糖きびプランテーションへの労働者の移入を契機とする。今日のハワイはプランテーションの生活を共通の体験として持っている人たちおよびその子孫が住民の大多数を占める。今日のハワイの住民の三世，四世，五世たちはプランテーション労働者であった一世や二世が農場で培ってきた生活様式や労働倫理や価値観を色濃く受け継いでいる。その点に関してはハワイの住民はエスニシティを超えた心的傾向を持っているといってよい。その意味で筆者はかつて，ハワイの住民（ロコ）は準民族集団すなわちセミ・エスニックな文化集団と呼んでよいではないかという議論をしたことがある（白水 2008b, 12 頁）。

　プランテーション時代（盛期は 1880 年代から 1950 年代。最初は砂糖きび栽培，後にパイナップル栽培が加わる）の生活や文化を表象する両展示館は，したがって，エスニシティに言及しながらも結局のところは，われわれはみんなプランテーシ

ョン育ちなのだと，いうことを謳っているといってよい。そこまでは同じだが，「われわれ」のなかに誰が入っているか（入っていないか）という点が違っていた。砂糖博物館の場合，われわれには労働者だけでなく支配層も入っているようにみえた。それに対してビレッジのほうは労働者だけ，もしくは少なくとも労働者が主役級の扱いを受けているようにみえた。そしてハワイの主役は労働者なのだ，という考え方（目標，理想）のまえにはエスニック集団の違いや確執など些細なことに拘泥すべきではない，みんながそれぞれの特長を認め合って新たな社会を創って行かなければならないという意図が読みとれた。

　こうみてくると，ビレッジの目指すところは，ハワイ全体のアイデンティティを示す概念であるロコ（Local）と似ているように思える。確かにエスニシティを超えるアイデンティティの志向という方向性は同じようである。だが，ロコが地域性によるアイデンティティの模索であるのに対し，ビレッジのそれは労働者主動主義とでもいうべき一種のイデオロギーによる集団的アイデンティティの模索であるようにみえる。

　一般に，アイデンティティの表象という行為は，それが個人であれ博物館であれイベントにおける展示であれ，個人や設置者や主催者といった送り手が見せたいものを見せる，見せたくないものは見せないというコミュニケーション行為である。いずれにせよ，あまたの事実をすべて見せること，語ることは不可能に近い。したがって，語られる事実と語られない事実があるのはある意味当然のことである。個人の自己決定過程においても集団の自己決定過程においても，試行錯誤や内なる交渉，成員との交渉を経るのが一般的である。そうした過程を経て確認されたその時点でのアイデンティティが行動やシンボルを用いて表出される。本章でみてきた個人や集団，組織はここで紹介した内容をはるかに超えるさまざまな排除と包摂の過程を経てそれぞれの自己決定，集団的自己認識に達し，それぞれの仕方でそれを表出していると考えてよいであろう。

　なお，筆者は博物館の表象の研究のケーススタディとして，太平洋圏の文化については最高レベルといわれるビショップ博物館と，民族文化展示館の代表的存在であるハワイ日本文化センターについても言及する予定であったが，紙幅の制限のため割愛せざるを得ない。他日を期したい。

［附記］本稿は，科学研究費補助金（基盤研究（B））「多文化社会の排除と包摂の論理：ハワイにおける文化創生をめぐる民族間交渉と戦略」（代表：駒澤大学　白水繁彦）の研究成果の一部である。現地ハワイではインタビューの際や資料の紹介等でひとかたならぬお世話をいただきました。厚く御礼申し上げます。

注
1 ）筆者のハワイ研究の公表は「在米日系新聞の発達史研究序説」（『人文自然科学論集』61 号，1982 年，田村紀雄と共著）「ハワイ日系プレス小史（上）」（『人文自然科学論集』67 号，1984 年，田村紀雄と共著）に始まる。その後の文献については参考文献一覧を参照されたい。
2 ）ウチナーンチュは沖縄の人という沖縄語である。第二次ウチナーンチュ・ムーブメントとは，1980 年から 1990 年にわたって展開されたハワイのオキナワン・コミュニティを挙げてのエスノカルチュラリズム（本文にて後述）の普及運動である。この間にオキナワン・フェスティバルの創始やハワイ・オキナワ・センターの建設という空前絶後ともいうべき大事業が遂行された。なお，第一次ウチナーンチュ・ムーブメントは 1940 年代後半から 50 年代前半にかけての「母県沖縄救援キャンペーン」運動である。ちなみに第三次ウチナーンチュ・ムーブメントは 2005 年から始まったオキナワ・プラザ建設計画を中心とする運動である（白水 2011a, 152-153 頁）。
3 ）Hawaii United Okinawa Association。なお 1995 年以前は UOA（United Okinawan Association, 後に United Okinawan Association of Hawaii）と称していた。本章では HUOA を用いる。
4 ）先祖の出身地の市町村単位で構成される任意団体（金武町人会など）と現在の居住地で構成される任意団体（マウイ・オキナワ・ケンジンカイなど）がある。2014 年現在 47 のローカリティ・クラブが HUOA の傘下にある。支部といういい方をする場合もある。
5 ）漢字では三線と書く。シャミセンと発音する人もいる。中国の三絃が起源といわれる。日本の三味線は琉球から伝わったとされる。
6 ）『五大洲』670 号，2014 年 8 月。
7 ）ハワイの日系人向け英語新聞 Hawaii Herald の電子版 2014 年 7 月。
8 ）ナイチとは沖縄系の人びとによる内地＝日本本土の人の呼称。ナイチと同じ意味でヤマトゥンチュ（大和の人）という，より丁寧な呼称もある。
9 ）POSTED：01：30 a.m. HST, Nov 06, 2014. LAST UPDATED：10：40 a.m. HST, Nov 06, 2014.
10）『ハワイ報知』2014 年 11 月 5 日の第 4 面。
11）*Uchinanchu* No.152, Sept/Oct 2014.
12）アジア系というカテゴリーはアメリカ本土では一般に用いられている。たとえば 2010 年のセンサス（国勢調査）にも，白人，黒人（アフリカ系アメリカ人），

アメリカ・インディアン，先住ハワイアンおよびハワイ太平洋諸島系などと並んで「アジア系」という区分がある。なおそれ以外は「その他」という区分になる。

13) 本稿を書きあげた後で届いた *Hawaii Herald*（日系人のための英語新聞を標榜）の12月12日号に，イゲ知事の文章（ハワイ全市民向け）が掲載されている。そのなかでイゲはエスニシティにはふれず，自分は移民であるということを強調している。知事となったからにはエスニシティのことにふれていられない。そこで（先住ハワイアンを除いて）ハワイのほとんどの人との共通項である移民（の子孫）という規定を持ち出して，全島の人びとに一致団結を呼びかけたと思われる。

14) 彼女たちが紹介してきた料理はハワイにおいてアレンジされた，いわば現地化（acclimation, localization）された料理なので沖縄の沖縄料理と区別するために「オキナワ料理」と呼んだほうが適切であろう（佐藤 2008, 49-71頁）。

15) Hawaiian Commercial & Sugar Company.

16) Alexander & Baldwin Sugar Museum

17) 2011年8月30日マウイ島カフルイにてヤマシロ夫妻。

18) ゴロウ・アラカワはワイパフ随一のデパート，アラカワストアー社長。東海岸の庶民生活博物館を見て歩き，庶民生活文化財保存の重要性を認識。プランテーション関連のグッズのコレクター。写真，新聞切抜きなどプランテーション生活関連のありとあらゆるものを収集。アパートの1フロアを満杯にするほどのコレクションがあったという。

19) ハザマ教授はハワイ日系人史の研究者としても著名である（Hazama and Komeji 1986）。

20) Urata（浦田）は帰米二世。第二次世界大戦中，オアフ島内のホノウリウリ強制収容所に収容された。戦後は歌謡教室を設け日本の歌を教えた。

21) Odo（王堂）は日系三世の学者で活動家。労働者の視点に立った研究活動が多い。（Odo et al 1985）など参照。ウラタとのホレホレ節研究には（Odo and Urata 1984）などがある。

22) E氏自身のこうした経験がビレッジでの教育にも生かされることになったと思われる。

23) それぞれの労働者は身体だけでなく目に見えない内なる力＝各種の能力・素養・価値観を持って移民地ハワイへやってきたということを示したいというわけであろう。

24) この話は近所の人たちが相互監視の状態にあったということを示している。家の造りがそれを可能にしていた。この博物館に復元されている家々にも玄関先に必ずポーチが付いているので見学者はそのポーチに立ちながらガイドの話を聴くことができる。エアコンのなかった当時，それぞれの家にはポーチがあり，家にいる時は必ずといっていいほどドアや窓を開け広げてポーチで寛いだ。だから必然的にお互いの家のなかや行動が見て取れたのである。現在の家はほとんどポーチがないし，あったとしても四六時中そこにいることはないし，用心のためもあってドアや窓を開けっ放しにしない。結果，お互いの行動は詳らかにしないという文化ができあがったというわけだ。プランテーション時代のコミュニティ生活

と現代との決定的な違いのひとつである。
25) 変容エージェント（transformative agent）とはコミュニティやその大社会の文化変容を目指して新しいアイディアの普及を試みる専門家もしくはそれに準ずる活動家のこと。下位概念にエスニック・エージェントがある。

**参考文献**

Hazama, D.O. and J.O.Komeji (1986) *The Japanese in Hawaii: Okage Sama De*. Bess Press

Odo, F. and H. Urata (1984) "Hole Hole Bushi," in *Humanities News* (Feb-March 1984) Vol. 5, No. 1, p. 4.

Odo et al. (1985) *A Pictorial History of the Japanese in Hawai'i* 1885-1924. Hawai'i Immigrant Heritage Preservation Center

佐藤万里江 (2008)「ハワイのオキナワ料理の創造：女性団体出版のクックブックにみる文化変容」白水編『移動する人びと，変容する文化』御茶の水書房

白水繁彦 (1988)「家庭内の異文化摩擦：在米日系人の例」『海外移住』3月号

Shiramizu, Shigehiko. (1990) "Ethnic Press and Its Society: A case of Japanese press" in Hawaii in *Keio Communication Review*, No.11.

白水繁彦 (1993a)「ハワイ日系社会の文化変化：第二次大戦と米化運動」『コミュニケーション紀要』7号

白水繁彦 (1993b)「ハワイ日系二世の戦争協力」『移住研究』30号

白水繁彦 (1998)「エスニック・アイデンティティの覚醒運動」『武蔵大学総合研究所紀要』No.7

Shiramizu, Shigehiko. (2000) "Global Migration, Ethnic Media and Ethnic Identity", in *Asian and Pacific Migration Journal*, Vol.9, No.3, pp.273-285

白水繁彦 (1993a)「ハワイ日系社会の文化変化：第二次大戦と米化運動」『コミュニケーション紀要』7号

白水繁彦 (2004a)「エスニック文化とアイデンティティの世代間継承」『移民研究年報』第10号, pp.21-42

白水繁彦 (2004b)『エスニック・メディア研究』明石書店

白水繁彦 (2006)「ウチナンチュ・スピリットのゆくえ――エスニシティで繋がる世界――」『コミュニケーション科学』（東京経済大学）24号

白水繁彦 (2007)「フェスティバル，フード，そしてアイデンティティ――ハワイにおける「沖縄料理」の政治学序説」『武蔵大学総合研究所紀要』No.16, pp.43-63

白水繁彦 (2008a)「移民周年祭研究序説 - ハワイ日系百年祭の事例から」『移民研究年報』第15号, pp.27-49

白水繁彦編 (2008b)『移動する人びと，変容する文化』御茶の水書房

白水繁彦 (2011a)『イノベーション社会学』御茶の水書房

白水繁彦編 (2011b)『多文化社会ハワイのリアリティー』御茶の水書房

Shiramizu, Shigehiko (2013) "The Creation of Ethnicity: Hawaii's Okinawan

Community", in *Japan Social Innovation Journal*, Vol.3, No.1. pp.19-35
白水繁彦・佐藤万里江（2006）「エスニック・コミュニティのリーダーシップ──ハワイ沖縄系社会にみるエスニック文化主義の普及活動──」『武蔵大学総合研究所紀要』No.15, pp.133-151
白水繁彦・田村紀雄（1982）「在米日系新聞の発達史研究序説」『人文自然科学論集』61号
白水繁彦・田村紀雄（1984）「ハワイ日系プレス小史（上）」『人文自然科学論集』67号
白水繁彦・田村紀雄（1985）「ハワイ日系プレス小史（中）」『人文自然科学論集』69号
白水繁彦・田村紀雄（1986）「ハワイ日系プレス小史（下・前）」『人文自然科学論集』74号
Warabinaa（2012）Warabi Ashibi "Children at Play" Okinawan Cultural Day Camp for Children. Hawaii United Okinawa Association.

ハワイにおけるアイデンティティ表象

# 2章 「プリズン・フラ」にみる社会的排除と文化的包摂
## 先住ハワイアン系の刑務所入所者たちの舞台

城田　愛　*Shirota Chika*

　ヨーロッパやアメリカ大陸部からの新参者である富裕層によって、ハワイに「欲望」がうえつけられ、屈辱がもたらされました。そうして、はじめに、わたしたちの言葉、つぎに、フラ、やがてハワイアン文化が滅ぼされてしまいました。——舞台『悲劇の女王リリウオカラーニ物語』（2006年）より

## はじめに

　「楽園ハワイ」で演舞されるフラは、たのしく陽気なイメージが強く、実際、観光客むけの多くのステージでは、明るい音楽にあわせて踊られている。しかし、近年、フラは、その「パラダイス」の社会的周辺部（あるいは底辺部）とされる刑務所に収監された先住ハワイアン系[1]を中心にした入所者たちによって、更生のためのプログラムとしても活用されている。
　冒頭の引用は、2006年、マウイ島の刑務所に入所する先住ハワイアン系を中心とした人びとによって上演された、フラやハワイアン音楽、物語や詩の朗読などから構成される舞台『悲劇の女王リリウオカラーニ物語』（以下、『悲劇の女王物語』）での、女王役の台詞である。この文言から、わたしたちは、どのようなメッセージを受けとることができるだろうか。そして、その「囚人たちによるフラ（inmates hula）[2]」の舞台から、舞台の裏側である入所者たちをとりまく社会的背景を、どのように理解することが可能だろうか。
　近年、フィリピンのセブ島の刑務所における「囚人ダンス」が、日米などの新聞やテレビ、ウェブサイト上で関心をあつめている（Seno 2008, website；和気 2013, website など）。セブ島もハワイ同様、観光地であり、月に1度、「囚人ダン

ス」の公開日があり，観光誘致にもなっている。しかし，セブ島の刑務所で踊られている曲は，マイケル・ジャクソンの「スリラー」や，K-POPのサイ（PSY）の「江南スタイル」などであり，フィリピンの伝統的な舞踊が披露されることはないようである。

　いっぽう，先住ハワイアン系の刑務所入所者たちは，マイケルの曲や，「ビリーズ・ブート・キャンプ」のような米軍における新人向け基礎訓練である「ブートキャンプ」がベースになったエクササイズなどではなく，フラを真剣におこなっている。ここに，「囚人フラ」の特徴がみてとれる。さらに，「囚人バレエ」や「囚人能」，「囚人歌舞伎」などの事例は，これまで調べた限りは皆無であり，先住ハワイアンのおかれてきた社会的状況およびフラの独自性を指摘しておきたい。

　ハワイ州全体の約20％をしめる先住ハワイアン系の人口は，刑務所における被収監者数では，60％にものぼる（Sonoda 2008, 108頁）[3]。また，観光地であるハワイの土地や物価は高く，ハワイよりも安価な経費で運営されるアメリカ大陸部の施設に，ハワイの受刑者たちが送られて収監されるケースが増えてきている。そして，近年，ハワイから地理的にも隔離された入所者たちは，アリゾナの砂漠などに設置されている刑務所内でも，ハワイとの文化的・精神的なつながりを確認するためにフラを舞っている[4]。

　このようなハワイ内外の刑務所におけるフラの事例は，ハワイやアメリカの主流社会から排除された人びと自身による，文化的包摂にむけてのとりくみの一例といえる。そして，この「プリズン・フラ（prison *hula*）」が実演される場では，単に入所者たちの「フラ・セラピー」としてだけでは，とらえきれないような文化的・社会的な動きもおきている。先住ハワイアンにルーツをもたない日系・沖縄系などの関係者たちも，支援者や脚本家・舞台監督などとして参与し，地元紙上でも報道されて注目をあつめている。

　以上のことをふまえながら，本章では，まず，先住民や移民といったマイノリティ集団内における，さらなるマイノリティとされる人びとによる唄や踊りの実践について，「社会的排除」と「文化的包摂」に関する近年の議論にてらしあわせながら，文化人類学的な視点からみていく。つぎに，ハワイの刑事司法制度下における先住民系の刑務所被収監者をとりまく状況について概観する。

さらに,「プリズン・フラ」の具体例をとりあげて,考察していく。そうして,先住民と移民の末裔たちが暮らす多文化社会ハワイにおける,排除と包摂に関する実態の一面をあきらかにすることを本章の目的とする。

## I　先住ハワイアン系アウトサイダーたちのパフォーマンス

### 1　本章の視座

　ハワイのフラやウクレレ音楽,沖縄や移住先でのエイサーや唄三線,または,アイヌの舞踊や彫刻,さらにはアフリカのダンスや仮面。これらは,ある特定の地域や人びとに固有とされる無形または有形の文化遺産として,人類学的な研究対象になってきている。これらのパフォーマンスや手工芸品は,先住民や移民,エスニック・マイノリティとしてのアイデンティティを喚起する実践や実物として論じられることも多い。

　しかし,先住ハワイアン系受刑者たちのフラや,沖縄の人（ウチナーンチュ）で「しょうがい者」のエイサーといった,マイノリティ集団内のさらなるマイノリティである「ネイティヴのアウトサイダー」や「エスニックなアウトサイダー」などといった「ダブル（または複合）・マイノリティ」とされる人びとのパフォーマンスなどがとりあげられることは少ない。

　「アウトサイダー・アート（outsider art）」や,「アール・ブリュット（生の芸術,仏語で art brut）」とは,心身しょうがい者などによって創られる,いわゆる伝統的な手法や枠組にとらわれない芸術・美術のジャンルである。アウトサイダー・アートへの関心は,近年,日本でも高まってきている。そして,それらに関する人類学的研究もおこなわれてきている（中谷 2009, 2013 など）。しかし,日本の人類学や隣接する学問領域において,先住民や移民などのマイノリティで,かつ,刑務所などの入所者たちや,発達や心身しょうがい者のアートやパフォーマンスに関するものは,調べた限りでは存在しない[5]。

　英語圏の欧米系（いわゆる「白人」）のアート関係者のなかには,アウトサイダー・アートと民俗芸術（folk art）を同列にあつかう場合がある（Maizels 2003 など）。また,アウトサイダー・アートは,「しょうがいや精神疾患をもつアーティストにくわえ,今日では,アートと社会の周辺部にいるホームレス,エス

ニック・マイノリティ，移民，民俗芸術家（folk artist）」も含むようになってきていると論じる芸術評論家もいる（Gruber 2014, website）。

　このように，マジョリティ側にいる「白人」で「健常者」の「インサイダー」たちは，しょうがい者や先住民，移民などのマイノリティの創作活動を積極的に評価しつつも，「アウトサイダー」（非白人，非健常者）と，ひとくくりにしてとらえる傾向がみうけられる。ここに，排除と包摂は，「コインの表裏」であるという問題点がうかびあがってくる。主流社会やメイン・ストリームから，排除されてきたマイノリティの人びとの芸術的な実践を，「アウトサイダー・アート」として包摂することによって，そのアーティストたちの「アウトサイダー」としての側面が，よりいっそう強化されてしまうのである。

　音楽や舞踊のパフォーミング・アーツの場合も，非西洋・非白人のものは「民族（民俗）音楽」や「民族（民俗）舞踊」として分類され，それらの学問領域においてとりあげられてきている。また，非健常者とされるしょうがい者や，刑務所や精神病棟などの入所者たちが実践するものは，音楽療法やダンス・セラピーなどと関連づけられて，臨床心理や精神医療，特別支援教育，福祉などの分野においてとりあつかわれてきている。

　文化人類学的な観点からすれば，上述のような，マジョリティ側が，メイン・ストリームの枠組でもって，マイノリティの人びとやパフォーマンスを，主流社会において包摂（内包）していこうとする企てだけを視野にいれるのではなく，マイノリティの人びとのあいだにおけるつながりの創出，そして，マイノリティ側からマジョリティ側との接合や交渉などの実態を具体的にみていくことに，より強い関心がある。

　これらのことをふまえ，本章では，先住ハワイアン系を中心にした刑務所の入所者たちによるフラとハワイアン音楽の舞台を具体的にとりあげていく。そして，唄や踊りの実践の場における，へだたり（排除）とつながり（包摂）のダイナミズムに注目し，「囚人フラ」にみる受刑者たちのマジョリティ社会からの隔離と，マイノリティたちの連帯の実態をあきらかにしていく。

　なお，フラを含むパフォーマンスの特性として，演じる者の諸属性（ジェンダー，年齢，出身地，エスニック背景，「しょうがい」の有無など），演目・演出内容（衣装，化粧，言語，音楽，身体動作など），演じる場所・機会，観客層などにおい

て，ある特定の人や内容に限定する「排除的な動き」と，多くの人びとをひきつけていく「包摂的な動き」の双方をそなえもつ点がある。このパフォーマンスの特徴に留意しながら，マイノリティ，さらには「マイノリティのなかのマイノリティ」，アウトサイダーとされる人びとによる自己および集団の「あらわしかた（あらわされかた）」の多様性について論じていく。そうして，音楽と舞踊にみる地域性と普遍性を考えていく。

## 2　フラ・セラピーとは

2010年以降，「フラ・セラピー」に関して調べてきたが，フラを大々的に療法としてもちいている事例は，意外とすくない[6]。

そもそも，ハワイにおいて，フラは，セラピー（療法）として認識され，実践されているのだろうか。

ハワイ大学マノア校エスニック・スタディーズおよび人類学部教員で，自称「ハワイアン・オキナワン・ポルトガル・ドイツ系」のタイ・カヴィカ・テンガン（Ty P. Kāwika Tengan）によると，「通常，『フラ・セラピー』とは，あまり言わないし，聞かない。『セラピーとしてのフラ』も，ハワイの文脈上，一般的には，普及していない。フラは，個人的な問題に対応する『セラピー』というよりも，より文化的でスピリチュアルでコミュニティに根ざした『ヒーリング』と密着したものである」という。そして，「西洋的な『セラピー』の枠組そのものを，再検討する必要があるのでは」と指摘している（Tengan 2011，インタヴュー）。

クム・フラ（*kumu hula*，フラの師匠）であるメルヴィン・ランタカ（Melvin L. K. Lantaka）は，「心身のバランスをととのえてくれるフラは，『セラピーそのもの』であるが，『西洋的なセラピー』の概念や，『商業的なセラピー』とは異なる」と規定する（Lantaka 2011，インタヴュー）。

『悲劇の女王物語』が上演された当時，出演者たちが所属するマウイの刑務所での更生プログラムのディレクターで，自身もフラを習ってきたキャリー・アン・ヨシコ・シロタ（Carrie Ann Yoshiko Shirota）も，フラにはセラピー的な価値と効果はあるものの，「セラピー」は西洋的なものであり，やはり，「フラ・セラピー」という言い方は控えるという。セラピーは，困難をかかえてい

る人にたいして，第三者が療法をほどこすものであり，フラは本来，クム・フラの家系で，代々，継承されてきたものであるという。そして，自分たちは，西洋的と非西洋的な両方の世界観にまたがった生活をおくらなければならないという（Shirota 2014, E-mail）。

このように，非西洋的なフラと西洋的なセラピーが融合する「フラ・セラピー」は，まだ，ハワイ社会においては，それほど受容されていないといえる。

ハワイにおいて，フラが，運動療法として注目されはじめたのは，最近のことである。2012年，ハワイ大学マノア校医学部の先住ハワイアンのための保健学科（Department of Native Hawaiian Health，2002年設立）とクィーンズ・メディカル・センターの共同研究によって，フラの機能が，初めて医・科学的に検証され，心臓疾患のリハビリ用セラピー（運動療法）として有効的であるという結果がもたらされた（Rulona 2012, website）[7]。

同保健学科の地域参画促進ディレクターであるメレ・ルック（Mele Look）によると，フラは，世界的に知られ，ハワイのアイデンティティに深く結びついたものであるが，そのフラが健康促進のためのプログラムとして，科学的に評価されたのは初めてのことであった。そして，先住ハワイアンたちにとって，心臓疾患はとくに深刻なものであり，その致死率は，他のエスニック集団の2倍近く高くなっていると強調している（Rulona 2012, website）。

この研究では，フラの有酸素運動としての効果以上に，フラをとおして精神的（mental and spiritual）な安らぎがえられるという効能があることが判明した。本研究でのリハビリのためのフラ教室においては，大きな社会的支援が創出されたとされる。参加者たちは，精神面および社会生活をいとなむうえにも改善がみいだされたと報告している。あわせて，被験者たちは，「フラの文化的な側面がセラピーを向上させ，とりわけ，フラをとおして，心身，スピリット，そして文化をつなぎあわせることができた」，「参加者全員で一緒になって何かをなしとげるということが，改善へとむかわせてくれた」などと語っている（Media Production 2012, website；Rulona 2012, website）。

この研究報告書によると，参加者たちは，からだと精神をともに意識しながら演舞するフラの練習を，グループですることによって，ハワイアン文化にたいする敬意と親密さを深めることとなったと記されている。このことは，先住

ハワイアン系の参加者にとっては，まさに，自分たち自身の文化遺産へのつながりを再認識する契機となったという。あわせて，先住ハワイアンにルーツをもたない参加者にとっても，かれら・かのじょたちが生活するハワイというホスト社会で周囲にある文化的伝統にたいする意識を高めることにつながったと報告されている（Maskarinec et al. 2014, website）。

　以上のことをふまえ，同報告書では，フラは心臓の機能を改善するための安全な運動であるだけではなく，フラの社会的・文化的側面の特徴は，先住ハワイアンにルーツをもたない被験者たちにとっても，フラの価値と意義を理解するのに効果的であったと述べられている。ハワイ社会において，ひろく知られているハワイアン・ソングの歌詞について学び，おぼえることは，参加者たち自身がセラピーを「自分のものにできた」という達成感を強め，これから先もその曲が健康の指針となると思われる，と同報告書は続けている。そして，運動をすることの重要性を習慣的に思い出させてくれ，さらには，社会環境へのあらたな精神的な結びつきを意識させてくれるといえる，と結論づけている（Maskarinec et al. 2014, website）。

　なお，この研究費用は，米国マイノリティ健康是正機関（The National Institute on Minority Health and Health Disparities）からの提供による（Maskarinec et al 2014, website）。ハワイ大学医学部やアメリカ政府の機関が，フラを，「先住ハワイアン，マイノリティのための健康増進としてのツール」として活用している点が，非常に興味深い。

　上述の心臓疾患からのリハビリ療法としてのフラの事例は，アメリカ政府から支給されたマイノリティの健康増進対策費をもとに，ハワイの大学と総合病院という場において，西洋近代医・科学的な管理体制下，「体重過多はよくない」という枠組のもと，実施されているといえる。つまり，社会的に排除してきた先住民系の人びとを，ハワイアンの文化的シンボルであるフラを活用することによって，社会的，文化的，そして「（西洋近代医・科学的な概念での）健康的」に，マイノリティたちを主流社会に包摂していこうとするマジョリティ側からの企てにみえる。

　後述する先住ハワイアン系の刑務所入所者たちによるフラも，ハワイ，アメリカをとりまく司法制度のもと，刑務所という近代システムの管理体制下，

「社会的な更生」プログラムの一環として演舞されているものである。

　これらの疾患や服役からの「リハビリ・フラ」に共通しているのは，マジョリティ側からの，つまり先住民たちにとっては外在的な西洋近代的な価値や規範から，マイノリティ側に内在するとされる先住民文化の中核をなすフラを活用するというこころみにもみえる。しかし，このような見方からは，ドミナントなシステムに「踊らされている先住民」としか，とらえることができなくなってしまうおそれがある。

　本章では，先住民系の人びとが排除されてきた・されている社会構造上のシステムを念頭におきながら，「プリズン・フラ」などの事例から，その限られた枠組や管理体制下における，マイノリティの人びとが創出するつながりの実態や，個人および集団のアイデンティティ表象などについて，できるだけ具体的に視ていくことをめざしていく。

　以上，フラは，フラ・カヒコ（*hula kahiko*, 古典フラ）のように，神々や歴代の王族たちをテーマにしたものから，フラ・アウアナ（*hula 'auana*, モダン／現代フラ）のように観光用やエンターテインメントに特化したもの，そして刑務所での「囚人フラ」，さらにはハワイやアメリカにおける先住民やマイノリティの健康管理という枠組での「フラ・セラピー」（運動療法）などとして活用されている。つまり，フラの舞台は，先住ハワイアン系の人びとが暮らす現代ハワイ（そしてアメリカ）社会の縮図ともいえる。

## II　先住ハワイアン系の刑務所入所者たちが舞う「プリズン・フラ」

### 1　先住ハワイアン系の刑務所入所者たちをとりかこむ社会的背景

　2010年度のアメリカにおけるセンサス・データによると，ハワイ州全体の居住人口は約136万人である。そのうち，「単一のレイス（race）」を「先住ハワイアン（Native Hawaiian）」と申告した人数が8万337人（5.9％）で，「複数のレイスをあわせもつ先住ハワイアン」と申告した人数が28万9,970人（21.3％）であった[8]。

　しかし，前述したように，先住ハワイアン系の住民は，ハワイ州内の刑務所の40％から60％，多い所では80％をしめ，少年院に収監される人口の半数が，

先住ハワイアン系とされる。ちなみに，日系の住民たちもハワイ全人口の約20%をしめるが，刑務所における被収監者人口比率では，男性が6%，女性が4%となっている (Sonoda 2008, 102 頁)。

なお，先住ハワイアンが検挙される項目は，2009年のデータでは，他のエスニック集団と同様，酒気帯び運転，ギャンブル，保護観察中・仮釈放中の違反などを含む「その他 (other)」が72%と最も高く，「殺人，強姦および強盗などの粗暴犯罪 (violent)」によるものが12%，「各種窃盗などの財産犯罪 (property)」が11%，「ヘロイン，LSD，大麻等の麻薬・覚醒剤の製造，販売，所持 (drug)」が5%となっている[9]。

2009年のデータによると，ハワイの居住者で12歳以上の約8万人が違法ドラッグに関与したとされ，そのうちの2,097人が検挙されて，762人が刑務所に収監されたが，その246人 (32%) が，先住ハワイアン系であった[10]。

先住ハワイアン系の被収監率の高さと，先住ハワイアン系の経済的・社会的地位の低さは関連しており，先住ハワイアン系住民の失業率は，日系の3倍，欧米系の2倍となっている。そして，先住ハワイアン系住民の45%が，貧困層とされる (Sonoda 2008, 102-103 頁)。

ハワイの刑務所における収容規模には限りがあり，囚人ひとりあたりにかかる維持費・諸経費も，大陸部では58ドルにくらべて，ハワイでは105ドルと高くなっている。そこで，1992年以降，大陸部の民間刑務所などに，受刑者たちが移送されるようになった[11]。そうすることによって，ハワイ州政府は，年間，200万ドル以上の経費が削減できているという。また，刑務所内での受刑者たちの労働賃金は，ハワイ州内では時給38セントから99セントだが，大陸部では14セントから38セントとなっている。このような「刑務所産業複合体 (prison industrial complex)」[12]という刑事司法制度を批判し，ハワイの受刑者たちの大陸部への移動は，「安価な労働力の輸出」であり，アメリカにおける植民地主義やハワイの欧米系や日系をはじめとするアジア系移植者たち (settlers) による，先住ハワイアン系にたいするレイシズムであるという指摘があがっている (Sonoda 2008, 108 頁)[13]。

以上，先住ハワイアン系の刑務所入所者たちがかかえる問題は，当事者たちひとりひとりの個人的な要因だけによるものではなく，刑務所入所者たちの家

庭環境，コミュニティ，そしてハワイ州やアメリカ全体をおおっている刑事司法システムにおけるさまざまな権力や資本が複雑にからみあって起因しているといえる。

## 2 「プリズン・フラ」にみる先住ハワイアン系の入所者たちの文化的実践

本章を執筆するにあたり，2000年以降，ハワイ州内外における「プリズン・フラ」の事例を調べた。刑務所内でのフラに関して公開されている情報は，非常に限られており，主に，ハワイで刊行された新聞，雑誌，ハワイ先住民局 (Office of Hawaiian Affairs;OHA) の刊行物などの文献資料，そしてウェブサイトなどを参照した。

2003年のハワイ州公共安全局の年間報告書によると，州立の刑務所内で提供されているプログラムには，コンピューターや自動車整備などの就労トレーニングの他に，ハワイアン・スタディーズ，ハワイ語，そしてフラもある[14]。ここに，先住民系の被収監者数が高く，ハワイアン文化が更生プログラムとして活用されているという，ハワイ特有の状況がよみとれる。

本章では，これまで調べたハワイ州内外における「プリズン・フラ」の詳細をすべてとりあげるのは，紙面の都合上，無理があるため，ここでは主に，マウイ島の刑務所でのユニークなとりくみを紹介する。そして，他の事例については，別稿で論じたい。

さて，2004年11月19日（金）と20日（土）の19時半から，マウイ・アーツ＆カルチャー・センターの劇場にて，「こころの声 (Na Leo I Ka Puʻuwai: Voices of the Heart)」が上演された。これは，マウイ経済向上機構 (Maui Economic Opportunity;以下，MEO) が，先住ハワイアン系が大半をしめるマウイの刑務所 (Maui Community Correctional Center;以下，MCCC)[15] の入所者のために提供する社会復帰プログラムの成果を発表する舞台であった。この公演では，入所者たちが，更生プログラムで創作したモノローグ（独白）やグループ作品，詩などが朗読され，ラップ，そしてフラが，かわるがわる披露された (Wilson 2004, website)。

『ホノルル・アドヴァタイザー』の記事によると，この特別なプロジェクトには，24人の入所者たちが参与した。この公演の目的は，入所者たちがコミ

ユニティとつながりをもち，できるだけ再犯をおかさないようにすることであった。舞台に登場する入所者たちは，服役期間が残り1年未満の者たちで，定期的に刑務所を出所して，他のプログラムに関与することが認められていた（Wilson 2004, website）。

　本プロジェクトは，後述する2006年上演の『悲劇の女王物語』と同様，MEOが主催する「ともにエンパワーと安心安全をもとめる更生プログラム（Being Empowered and Safe Together; B.E.S.T. Reintegration Program）の一環であった[16]。B.E.S.T.プログラムは，ハワイ先住民局から2万5,000ドルの活動資金をえて，マウイのアレキサンダー＆ボールドウィン財団からも資金援助をうけていた。劇の監督は，2006年同様，ハワイ出身でカリフォルニア在住の日系の戯曲家・映像作家のレーン・ニシカワ（Lane Nishikawa）がつとめた（Wilson 2004, website）。

　マウイのこの刑務所には，「忠実な囚人たち（Na Pa'ahao Maoli, The True Prisoners）」というハーラウ（hālau, フラの教室）があり，B.E.S.T.プログラムのトレーニング・文化担当者で先住ハワイアン系女性のデビー・カマリイ（Debbie Kamali'i）[17]が指導にあたっている。窃盗罪で服役中のオアフ島出身の31歳の男性は，所内でのハーラウは，ポジティヴなことへ関われる機会であるとし，「これまでは，何度もネガティヴなことをくりかえしてきたが，ここでフラを実践することは，原点というべきところへ立ち戻る機会となり，自分たちが誰であるかを証明することであり，自分たちには，あやまち以外のものもあるのだということを表明できる」と記事は紹介している（Wilson 2004, website）。

　また，違法ドラッグの罪で服役中のモロカイ島出身の25歳の女性入所者は，「このハーラウは，ヒーリングであり，コミュニティに再び戻れるきもちにさせてくれるもの。たとえ個人的な語りを観客たちと舞台上で共有できるのには限度があるにしても，自分には囚人とは違った姿があるということを見てもらいたい」と話している（Wilson 2004, website）。

　この舞台での語りは，家族，仮釈放を決定する組織，神（God），さらにはアメリカの人気トーク番組の司会などをつとめるアフリカ系女性のオペラ・ウィンフリー（Oprah Winfrey）宛に書いた手紙を読みあげるというスタイルがとら

れた。たとえば，ある女性の入所者は，慈善家でもあるウィンフリーに，義母が，大陸部の連邦刑務所に収監されている夫に面会に行くための飛行機代を要求する手紙を音読した。また，違法ドラッグで服役中の女性入所者の語りでは，幼い息子に，なぜ，自分が一緒にいられないのかを説明している。ある男性入所者のモノローグでは，自分がおこした交通事故の犠牲者の遺族から許しをえたが，良心の呵責に耐えきれない思いと遺族への感謝の意をあらわしている。別の女性は，かつて母親からうけたネグレクト（育児放棄）に起因する苦悩を克服しようとつとめ，自分自身の問題としてうけとめて，責任をもたなくてはと思いなやんでいる。これらの入所者たちのそれぞれの思いが，この劇のテーマである「こころの声」となっている（Wilson 2004, website）。

このプログラムのディレクターは，オアフ島出身の中国系・欧米系・先住アメリカン系とされるヴァーディーン・コン（Verdine Kong）である。かのじょは，この舞台上演をとおして，観客たちに，入所者たちは社会に復帰するために努力している点を認識してもらい，刑務所の内側にいる人びとは，わたしたち外側の人間とは，大きな差があるわけではなく，それぞれが悩みも夢ももっているということをわかってもらいたい，ここでの公演は，わたしたちが暮らすコミュニティの片側を，もう片方の側に認知してもらうこころみである，という（Wilson 2004, website）。

あわせて，コン・ディレクターは，このような実践は，先住ハワイアンをはじめとする入所者たちにとっては，自尊心を高め，文化的な価値観とプライドを再認識させる良い契機になると話している。この劇の脚本を書いたり，演じたりする体験は，入所者たちにとって，自身の過去をふりかえり，出所後の計画を実際に紙に書いて，人びとの前で語るという作業は，今後の準備をするきっかけにもなる，とディレクターはいっている。また，このように，過去や感情，経験をふりかえるということは，感情を浄化させていく（cathartic，カタルシス的）体験であり，入所者たちが，これらの創作活動をとおして，自分自身を表現するのに，より，言葉たくみになっていくプロセスを目にすることができるとも話している（Wilson 2004, website）。

このプログラムのディレクターの見方は，個人の思いや過去を言語化することを積極的に評価するという西洋近代的なものといえる。このような個人の語

りにくわえ，先住ハワイアン系のクム・フラが，先住民系の入所者たちに集団で舞う古典フラを伝授し，日系の舞台監督が主に英語でまとめあげていく。つまり，この舞台上には，先住ハワイアン系，欧米系，日系などの人びとによる，それぞれの価値や文化的実践がパフォームされているといえる。

## III　舞台『悲劇の女王リリウオカラーニ物語』で舞われる「プリズン・フラ」

### 1　舞台の背景

本節では，マウイでのB.E.S.T.更生プログラムでの「プリズン・フラ」について，より，詳しくみていく。

冒頭で述べたとおり，2006年9月29日（金）と30日（土），そして10月1日（日），マウイ島のイアオ劇場（Iao Theater）にて，舞台『悲劇の女王リリウオカラーニ物語』が上演された。この舞台には，マウイの刑務所（MCCC）に入所する先住ハワイアン系を中心にした男女24名，クム・フラやハワイアン音楽のミュージシャン（Kevin Brown and Ola Hou）たちが出演した。演目内容は，入所者たちによる詩の朗読，朗誦（*oli*），古典と現代フラ，ハワイアン音楽などで構成された。1895年，欧米勢力によって宮殿に幽閉・監禁された「悲劇の女王リリウオカラーニ」[18]と，刑務所入所者たち自身の被収監体験を重ねた詩が朗読され，舞台全体の演出と監督は，前述の2004年の事例と同様，日系のレーン・ニシカワによるものであった（Office of Hawaiian Affairs 2006, 18頁）。

オリとフラは，先住ハワイアン系女性のクム・フラであるウアラニ・スミス（Ualani Smith）[19]の指導によるもので，このクムは，「フラは，わたしたち自身の文化的ルーツへと導いてくれるルートへつうじるひとつの扉」であるという。刑務所入所者たちは，週に2日，2から3時間，フラの稽古を重ねてきた。入所者たちによって構成されるハーラウの名称は，「マウイの地にしっかりと立つカナカたち（Hālau Nā Kanaka Kūpaʻa a Maui, The Standing Firm People of Maui）」である。これは，2004年の舞台当時の「忠実な囚人たち」という名称から，2005年に改められた。クム・スミスによると，「『囚人』であることは現状をしめしているだけであって，フラを舞う人びとの真の姿や，生きる目的を象徴しているわけではない」ためであり，「ハーラウにいる時には，囚人あつかい

はされないから」であった。そして，あたらしい名称は，英語には直訳しづらいが，「目の前の誤った道にたやすく行けようとも，正しい選択をして，困難があっても，しっかりとマウイの地に立つ人びと」を意味するものとなった (Smith 2006a)。

　この公演については，『ホノルル・スター・ブリテン』の紙面上でも，出演する入所者女性6名とニシカワ監督が打ち合わせしている様子のカラー写真が，名前入りで紹介された。この記事によると，入所者たちは，同年の1月から6月にかけて，所内の読書サークルで，女王の自伝書を読みあってきた[20]。そして，ニシカワ監督と一緒に，11週間かけて，舞台の上演にむけて準備をすすめてきた。舞台では，入所者たちによる，神にゆるしを乞うカトリック教的な「告解（confessional）」のような口調で詩が朗読される。演目の主題となっているのは，入所者たちが共有している孤立感，孤独感，監視下での不自由さ，そして収監される結果をもたらした行動にたいする責任感についてである (Kubota 2006, website)。

　出演者たちは，刑務所の広い面会室で，ミーティングとリハーサルを重ねてきた。「パート・ハワイアン」のこどもをもつ女性入所者は，自分が劇に出演するとは，今まで考えたこともなかったが，「このようなポジティヴな体験は初めてです。他の人びとと，劇を共有することができることは，良い経験です」という。この女性と他の入所者たちが，劇中において共有するのは，刑務所にいることにたいする感情であり，恥や自責の念，孤独感，そしてハワイ最後の女王が幽閉されたことへの共感と理解である (Kubota 2006, website)。

　ニシカワ監督は，『悲劇の女王物語』は，女王の苦境を，同情しながら，文化的に包含していく良いプロセスだとする。取材にたいし，監督は，先住ハワイアン系の刑務所入所率が高くなっている現状を指摘し，「ハワイの出身であるということの本当の意味は，［このようなハワイの刑事司法制度の状況をふまえ］より深くハワイの現状を理解することから始めなければならない」とこたえている。また，刑務所入所者たちが，演劇療法のグループで，ともに執筆活動や演技，作業をすることをとおして，自分たち自身の感情について探求していく成長のプロセスを実感することが，監督にとって，最大のやりがいだとも話している (Kubota 2006, website)。

そして，この記事は，出演するすべての入所者たちは，セキュリティ上，問題が少ないとされ，多くが服役期間終了も近く，私服のガードたちが，上演中の警備にあたるとしめくくっている（Kubota 2006, website）。

　マウイの地元紙『マウイ・ニュース』も，本公演についてとりあげている。その記事によると，ニシカワ監督は，女王が直面した悲劇にあわせて，劇のストーリー展開を，「裏切り，裁判，監禁，釈放」の4場面にわけている。女王の自伝を読んだあと，入所者たちは，収監されることについて，日記や詩として，感想をつづっていった。そして，それらを監督と入所者たちが，独り芝居（モノローグ）というかたちにしあげていった（Wind 2006, website）。

　この記事では，刑務所入所者たちのエスニック構成は，まるで，「人種（レイス）のレインボー」のようであり，出演者の多くは，先住ハワイアンにルーツをもっているとある。そして，担当記者は，舞台の上演前に訪問した刑務所で，舞台のリハーサルを取材し，そこの入所者たちは，自分のコミュニティに暮らす隣人であり，「マウイアンズ（Mauians）」であるということを実感したと述べている（Wind 2006, website）。

　ニシカワ監督は，リハーサルの後，彼自身のモノローグを，迫力ある演技で記者たちに披露した。それは，ブルース・リーが，初のアジア系アクション俳優として映画に登場したことによって，当時の日系やアジア系アメリカ人の少年たちに多大な影響をあたえ，アジア系アメリカ人の若者が，自分自身をみる見方を変えたというものであった。そして，自分たちのアイデンティティを反映しているロール・モデルとして，ブルース・リーをとらえていた，という独白であった。監督は，今回の舞台が，先住ハワイアン系の出演者と観客にとって大きな影響力をもたらすことを期待している。また監督は，「この劇の影響力は，劇が創られてきたプロセスのなかにあり，プロダクト（作品）のなかにあるわけではないのです」という。この舞台で語られるストーリーのちから。言葉がもたらすちから。リハーサルを見学した記者は，この『悲劇の女王物語』の舞台は，神聖かつ感動的であると紹介している。そして，「これは，女王の物語であり，刑務所入所者たちの物語でもあり，そしてわたしたち自身のストーリー」でもあるという。さいごに，マウイに暮らすわたしたちが観るべき物語である，と記事を結んでいる（Wind 2006, website）。

なお，劇が上演された当時の B.E.S.T. 更生プログラムのディレクターは，マウイで生まれ育ち，父方が沖縄系で母方がポルトガル系のキャリー・アン・ヨシコ・シロタ（Carrie Ann Yoshiko Shirota）であった。かのじょは，ハワイ大学マノア校の法学科大学院（Law School）でまなんだのち，主に先住ハワイアンが直面する刑事司法制度下での不平等是正のための法廷代理人（弁護士，attorney）として，アメリカ大陸部に移送された先住ハワイアン系の入所者たちを家族が暮らすハワイに連れ戻すための支援活動などをおこなってきた（Shirota et al. 2002; Shirota 2006; Janes-Brown 2009, website）。

キャリー・アンは，わたしとは遠戚にあたり，祖父の祖父，つまり，わたしたちの四世代上が兄弟となる。2009 年，初めて，実際に会ったとき，かのじょから，「ぜひ観てほしい」とうけとったのが，この舞台の公演場面を収録した DVD で，「ぜひ聴いてほしい」ともらったのは，イズ（IZ, Israel Ka'ano'i Kamakawiwo'ole）の CD アルバムであった。沖縄系四世のかのじょは，エスニック的な背景では，先住ハワイアンのルーツはもたないが，クム・スミスからフラを習い，「両親も祖父母たちもこの島で生まれ，ハワイこそがわたしの『ホーム』。先住ハワイアンたち（Kanaka Maoli, the indigenous people of this 'aina）と同様，この神聖な地（'aina）にたいする責任（kuleana）を感じている」という。また，「［日本に統治された］沖縄と［ポルトガルの属領になった］アゾーレス諸島（Azores）の祖先たちの代からはぐくんできた価値観，食べものをめぐんでくれる島への感謝のきもち，年長者たちや家族を思いやるきもちは，きっと，［アメリカに統治された］先住ハワイアンたちにつうじるものだと確信している」とも語ってくれた（Shirota 2014, E-mail）。

かのじょは，次のように，この劇についての感想を述べてくれた：

この劇は，わたしの人生においても，もっとも影響力をもち，これまでの経験に大きな変化をもたらした出来事のひとつです。じつに多くの人が一緒になって，この劇をこの世に誕生させたのです。そして，わたしたちの刑事司法制度にまきこまれてしまった，兄弟姉妹的な存在である刑務所入所者たちの個人的な苦悩や希望を共有するプロセスでした。この劇は，刑務所の壁のむこうにいる兄弟姉妹たちの人間性を主題にしたもので，かれら・かのじょたちを沈黙させ，堕落させ，

そしてオハナ（家族）とアイナ（土地）から切り離されてしまった司法制度のもとにいる入所者たちに声（voice）をあげるきっかけとなったのです。ある意味，このプロジェクトは，主権，土地，言葉，そして他の文化的実践が失われてしまうという結果をまねいた，近代以降のハワイがかかえる問題を強調することになったのです。(Shirota 2014, E-mail)

以上，概観したように，『悲劇の女王物語』は，主に先住ハワイアン系の刑務所入所者による出演者たちやクム・フラとミュージシャンたち，日系の舞台監督，そして沖縄系・ポルトガル系の弁護士でもあるプログラム・ディレクターなどが恊働して創作した舞台であった。このようなエスニック構成は，まさに，現代ハワイ社会のエスニシティ構成を反映しているともいえる。

## 2 『悲劇の舞台』を観る
### (1) 舞台の概要

本節では，上述のとおりに入手した『悲劇の舞台』を撮影して編集した，約2時間のDVD[21]の視聴から，フラとモノローグなどの内容をとりあげていく。

まず，セッティングは，舞台にむかって左手側に，階段があって少し高くなった所に，女王役[22]が座る椅子とその両側に王家をあらわす赤と黄色の羽でできたトーチ（Kāhili）が置かれている。舞台中央の奥側には4人のミュージシャンたち，むかって右手側にはクム・フラが座ってイプ（*ipu*, ひょうたん製の打楽器）やパウ（*pau*, 太鼓）などをたたきながらオリとチャントを唱える。舞台中央前側で，入所者たちが詩を朗読したり，フラを舞うようになっている。

物語は，女王役の語り，入所者たちのモノローグ，そしてフラがかわるがわるパフォームされていく構成になっている。前半に古典フラが4曲，後半に現代フラが3曲，披露された。古典フラは，フラの演じ手たちとクム・フラによるチャントとイプやパウを手で打ちつける音にあわせて舞われる。現代フラは，ミュージシャンたちが，ウクレレ，ギター，スチル・ギターを演奏しながら歌う曲にあわせて踊られる。

### (2) 結束のためのチャント「イ・クー・マウ・マウ (I Kū Mau Mau)」とハワイ併合への抗議のフラ「カウラナ・ナー・プア (Kaulana Nā Pua)」

劇の中で，観客からの歓声がもっとも多く会場に響きわたったのは，冒頭に引用した女王役の「ヨーロッパやアメリカ大陸部からの新参者である富裕層によって［(中略)］，わたしたちの言葉，つぎに，フラ，やがてハワイアン文化が滅ぼされてしまいました」という語りに続く男性6名による力強いチャント「イ・クー・マウ・マウ (I Kū Mau Mau)」の場面である。男性入所者たちは，素足で床を強く打ち鳴らし，両手で勢いよく胸をたたきながら，リズム音を奏でていく。かれらは，上半身には何もまとわず，オレンジ色に茶色の幾何学模様がはいった先住ハワイアン男性の伝統衣のマロ (malo, 腰布) を巻き，頭と首には濃い緑色のティー・リーフで編まれたレイ，手首には黒のククイ・ナッツ[23]で編まれたレイという衣装である。6名ほぼ全員が，ポリネシア固有の幾何学模様のタトゥーを腕や脇腹，足などにいれている。

この男性たちによるチャントは，「結束にむけて (Stand Up Together)」と訳され，200年以上前に作詩されたとされるものだが，今日においても，人びとが共通の目的にむかって力をあわせていく際に唱えられるものであり，1960年代から高揚したハワイアン・ルネッサンス以降，先住権と主権回復を求める運動の集りの場などでもよく登場する[24]。

「イ・クー・マウ・マウ」のあとには，ミュージシャンたちが，明るく歌い奏でる「カウラナ・ナー・プア (Kaulana Nā Pua)」の曲にあわせて，女性4名と男性2名によるフラ・アウアナ[25]が続く。女性たちは，王朝時代の正装を模したように，白い丸首シャツに紫色のサテン調のロング・スカートをはき，頭にティー・リーフで編まれたレイ，首に黒いククイ・ナッツがつらなるレイを身につけている。男性たちは，白の長袖ワイシャツに黒の長ズボンをはき，女性と同じ布の帯ベルト，頭と首には女性同様のレイをつけている[26]。

ミュージシャンたちは，パラカ (palaka)・シャツを着ていて，これは，プランテーション時代，農園で働く男性労働者たちが着用していた作業着用の開襟シャツで，もともと，ヨーロッパの船員たちが着ていた上着がその起源といわれている。

この曲は，「すばらしき花たち (Famous Are the Flowers)」と訳され，「花

(*pua*)」は「こども」のたとえである。踊りのスタイルは，フラ・アウアナ（モダン・フラ）であるが，この曲ができたのは 1893 年で，欧米勢力によるハワイ共和国が樹立し，先住ハワイアンたちの不満が高まっていた時代にさかのぼる。王党派が武力決起したが鎮圧され，リリウオカラーニ女王が逮捕，幽閉された 1895 年に，この曲は発表された。120 年ほど前に創られた曲は，今日，ウクレレとスチル・ギターなどで演奏され，この実に陽気なメロディーからは想像がつきにくいのだが，ハワイがアメリカに併合されたことへの異議申し立てを，以下のようにうたったものである[27]：

　ハワイが育んできた，すばらしきこどもたちよ
　自分たちの土地に忠誠をちかう
　そこへ邪悪な使者が，やってきた。
　ハワイを強奪するための貪欲さに満ちた書類を手に

　[中略]

　署名をする者など，いない。
　敵がもってきた書類には。
　ハワイ王朝が併合され，
　先住ハワイアン（*kanaka*）たちの権利が売りわたされてしまった。

　[ハワイ王国を倒した]新政府の金などに，価値をみいだしたりはしない。
　[神聖な力や貨幣的価値がある]石で，じゅうぶんなのだから。
　島からとれる驚くほどの食べものの恵みが，あるのだから。

　ハワイの主権をかちとってきたリリウオカラーニ女王が
　再び王位につくことを願いましょう。
　（女王は，再び王位に就くでしょう。）
　伝えていきましょう，
　ハワイを愛する人びとの物語を。

『悲劇の女王物語』の舞台では，「イ・クー・マウ・マウ」のチャントのあとに，この「すばらしき花たち」が続いたが，この二つを融合させたアレンジは，

日系三世でシンガー・ソング・ライターのアウディ・キムラ（Audy Kimura）が，1999年にプロデュースし，彼と仲間たちによって自主制作されたシングルCD『I Kū Mau Mau (Stand Up Together) : An Anthem of Unity［結束のための讃歌］』によるものであった（Kimura & Goto 1999, CD）。この勇ましいチャントと，やわらかなメロディーによるハワイ併合への強固な抵抗をしめした歌は，今日，ハワイの主権回復や先住ハワイアンたちの権利主張のためのシンボルとなっており，この場面では，盛大な歓声と拍手が会場全体に響きわたった。

　「すばらしき花たち」が演舞されているあいだ，フラ・アウアナの踊り手たちの後ろで，マロ姿の男性入所者たちが「イ・クー・マウ・マウ」のチャントをバック・コーラスのように続け，さいごには，踊り手たち全員で，「結束力」をあらわすかのように，人差し指1本を立てた右腕を上に伸ばし，天井を見上げるポーズをとる。そこで，カメラ・アングルもゆっくりと天井へうつっていき，この場面はとじる。

　このように，わずか4分間のあいだに，200年前の古典チャントと120年前のアメリカ併合への抵抗フラが，マウイの刑務所に収監されている入所者たちを中心に演じられた。出演者の衣装も，伝統的なマロ姿に，ハワイと西洋が融合した王朝スタイル，そしてプランテーション時代の作業着と，ハワイが経てきた変遷過程が舞台上の衣服にも反映されている。

　この場面の前後では，違法的にハワイが併合されて幽閉された女王の物語と，違法行為の罪で収監された入所者たちのモノローグが，時に平行線状に，時に重なりあいながら読みあげられていく。舞台上では，ハワイ社会がへてきた歴史的な出来事と，入所者ひとりひとりが直面してきた出来事とが交錯されながら，「悲劇の物語」が織りなされていく。そして，この場面のさいごの指1本をポイントさせながらしっかりと立って天を見あげる入所者たちの姿勢には，さまざまな事情をかかえている踊り手たちをひとつにまとめていく演出効果があり，舞台と観客席をつなぎ，会場に一体感をもたらしている。さらには，入所者たちが，また，コミュニティへと再統合されていくことを強くのぞんでいることの象徴にもみえる。そうして，そのポーズでわきおこる会場からの拍手は，排除されてきた入所者たちを，再び包摂していこうとするマウイ社会側からの応答のようにうけとれる。

(3) アフリカ系男性のモノローグ

出演する入所者たちの中には，一名だけ，舞台俳優の経験をもつアフリカ系男性が含まれていた（Wind 2006, website）[28]。この男性は，女王の自伝を読んで共感したことを，雄弁につぎのように語る：

　刑務所での最初の晩，わたしは怯え，心配し，怒り，そして空腹でした。このことを，わたしたちは，「刑務所でスピンのように考え続ける」といいます。自分は誰なのか，何なのか，ここはどこなのか，とくに，なぜ自分の世界は壊れてしまったのかと，たえず悩み続けるのです。家族や仕事のことが気になります。舎房で座りこみました。将来のことなど，考えられません。だって，わたしは，ハワイにいる黒人（black man）ですよ。

　では，女王様，あなたの置かれた状況とは？わたしには，あなたの痛みが，手にとるようにわかるのです。わたし自身，［アフリカから奴隷として連れてこられた］何世代にもわたって続くアフリカン・アメリカンのひとりです。わたしも，かつてのあなたの戦士たちのよう誇り高く，強い血が流れています。しかし，兄弟姉妹たちは，まともに教育をうけられず，ホームレスで，不当な扱いをうけてきています。身内がギャングになり，学校はそれこそ，「ストリート」です。わたしたちアフリカ系住民たちには，つい50年前まで，公民権が認められていませんでした。片手には自由の権利をつかみましたが，もういっぽうはドラッグや絶望感に染まってしまっています。怒り，怒り，怒りの連続です。現在のような社会システムによって，怒りはますます増えていってしまうのです。

　ああ，女王様。あなたのために，涙します。この涙が，あなたのなぐさめになりますように。わたしの祖先は，［奴隷として］自分たちの国から連れ去られてしまいました。あなたは，あなたから，ご自分の国が奪われてしまったのです。

このアフリカ系男性は，フラは舞わずに，この場面とエンディングの合唱にのみ登場する。彼の語りから，ハワイもアメリカのひとつの州だということが，再認識されていく。

ちなみに，2006年当時，アメリカの人口の約70％は，いわゆる白人系であるが，刑務所人口の70％近くは非白人であり，とくにアフリカ系男性が刑務所に入れられる率は白人系男性の7倍であり，3人に1人がその生涯に一度は

刑務所に収監される計算となる。公民権運動のあと，多文化主義が高まったにもかかわらず，アフリカ系住民が投獄される率は，1974年以降，2倍以上も上昇している。奴隷制が廃止され，140年以上たっても，刑務所や拘置所に入れられているアフリカ系アメリカ人男性の数は，大学に通っている者の数よりも多くなっている（パーキンソン2006, 262頁）。

『悲劇の女王物語』では，アフリカ系男性の語りをとりいれることによって，アメリカ史全体において，アフリカ各地から奴隷として強制連行された人びととその子孫たちが直面してきた社会的不平等と，アメリカ併合後におけるハワイの問題が重ねられていった。

(4) 女性入所者たちが語るハワイの歴史と刑事司法制度下の不平等

アフリカ系男性の語りの後には，女性入所者たちの語りが続く。まず，3名の女性たちが，3色の囚人服を着て，モノローグを読みあげる。そのなかで，中央の女性は，2人の息子を預け，妊娠5ヶ月目に収監された時のことを，涙声で，次のように回想する：

*2人の息子がいて，妊娠5ヶ月目の母として・・・ひとりになって初めて泣き崩れました。おおきくなったおなかをなでながら，「刑務所なんかには行けない，面倒をみなければならない家族がいるのに」と思いました。[刑務所に着くと]服をすべて脱がされ，からだじゅう身体検査をされ，恥ずかしく，屈辱的なおもいをさせられました。服役中，病院で美しい娘を出産し，3日間だけ一緒にすごしました。そして，生まれたばかりの娘を施設に預け，再び刑務所へ戻らなければなりませんでした。[アルコールまたは薬物]依存症がわたしに与えたもの，そして依存症がわたしから奪ったもの。本日，こうやって，いつわりなく，依存症について語る責任が，わたしにはあるのです。*

つぎの場面になると，「すばらしき花たち」のフラを舞った女性のひとりが，その衣装のままで，ハワイが併合されてから，今日にいたるまでの歴史について，以下のように語る：

*100年前，ハワイ諸島においてもっとも人口の多かったハワイアンたちは，もっと*

も少なくなってしまいました。外国から来た人間たちが，世界中からプランテーション労働者を連れこみ，サトウキビ産業が王に，パイナップル産業が女王に君臨しました。わたしたちの言語，文化，権利は消滅しました。今日，わたしたちの土地は，もはや，わたしたちのものではなくなってしまいました。経済的利潤が富裕層の手に握られ，外国からは観光客がひっきりなしに押し寄せ，楽しんでは去って行きます。わたしたちはアイデンティティをもって生まれますが，社会のどん底に追いやられ，ドラッグと暴力が若者たちに破壊をもたらします。この100年間で，ハワイアンたちが刑務所に収監される率が，もっとも多くなってしまいました。

この後，フラ・アウアナが1曲，舞われ，9年間の服役後に出所した男性のモノローグが続く。そして，既述の3名の女性入所者たちが，今度はジーンズに白いTシャツ姿であらわれ，「自由になったらしたい1000万リスト」を，軽快なリズムで楽しげに，次々と紹介していく：

　巨大ステーキに，スラッピー・ジョー（Sloppy Joe）の特大ビーフ入りパンに，マクドナルドのビッグ・バーガーを食べたい！こどもたちをビーチに連れて行きたい。ベイビイを抱きしめたい。独身生活をおくりたい。地元名物のかき氷（Snow Ball）に，砂糖がたっぷりのクッキーを食べたい。アルコールぬきのBBQパーティーを盛大にしたい。避妊用ピルをゲットする。自分の毛布にくるまれて眠りたい。ネイル・サロンに行ってマニキュアとペディキュアをしたい。［囚人服の］オレンジ色とカーキ色以外の服を買いたい。バス・タブにどっぷりとつかりたい。窒息するほど，タバコを吸いたい。あたたかい海で泳ぎたい。一日中，ずうーっとテレビを見ていたい。

　フクシマ・ストアで名物のホット・ドッグを食べたい［会場から歓声］。モチがたべたい。ドラゴン・ドラゴン［中国料理店］で日本料理を食べたい。そこは中国料理でしょう？今は，日本料理もやっているのよ。へぇ，知らなかった。［会場から笑い］

　とにかく，うちに帰りたい。そう，うちに戻りたい。

ここで興味深いのは，タロイモやその葉で肉や魚を包んで蒸したラウラウ

（*laulau*）などの先住ハワイアン料理には言及されず，マクドナルドのハンバーガーや，日本からの移民がもちこんだ日本食や餅，かき氷，そして日系人が経営する食料雑貨店のホット・ドッグなどが話題にされている点である。この舞台は，日系の舞台監督が起用され，日系の音楽プロデューサーがアレンジした曲がもちいられ，ハワイ風にアレンジされてマウイのローカル・フードとなった日本食を先住ハワイアン系の入所者たちが欲しているのである。

(5) フラ・アウアナ「わたしは，ハワイアン（He Hawai'i Au）」

舞台のラストを飾った踊りは，男女8名ずつによるフラ・アウアナの「わたしは，ハワイアン（ヘ・ハヴァイイ・アウ，He Hawai'i Au, I Am Hawaiian）」[29]という曲である。女性の踊り手たちは，頭にはティー・リーフのレイ，黒のノースリーブのトップに，トロピカルな模様の巻きスカート，男性たちも頭にはティー・リーフのレイ，女性のスカートと揃いで色違いのアロハ・シャツに黒のサテン地のズボンをはいて演舞する。

これは，1969年に，ピーター・ムーン（Peter Moon）率いる，メンバーにロバート＆ローランド・カジメロ（Robert & Roland Cazimero）兄弟たちをむかえた，ザ・サンディ・マノア（The Sunday Manoa）というバンドが，発表した曲である。この曲は，ハワイアン・ルネサンスの引き金となったといわれるほど影響力があった『グアヴァ・ジャム（Guava Jam）』（レーベル：Hula Records）というアルバムに収められていた。歌詞は，以下のようになっている：

　今宵，ここで，あなたとすごす。
　今やっと，あなたのもとへ戻ってこれた。
　自分の居場所を求めて，あちこち探しまわってきた。
　でも，今，ようやく，はっきりとわかった。
　求めている場所は，自分の心の中にあることを。
　このことがわかったから，帰ってこれた。
　もう二度と，迷うことはないだろう。
　ハワイアンである意味が，わかったのだから。[30]

「わたしは，ハワイアン」という曲名と，「今宵，ここで，あなたとすごす」

から始まり，最後にうたわれる「ハワイアンであることの意味が，わかった」という歌詞は，まさに，『悲劇の女王物語』が上演された晩のクライマックスを飾るフラの演目には，最適といえる。

ハワイ大学マノア校音楽学部の民族音楽学専門のジェーン・フリーマン・モーリン（Jane Freeman Moulin）も，上記のアルバムは，当時，ハワイ語でうたうミュージシャンがいない中，ハワイ語でうたい，伝統的なハワイアン音楽に，流行していたロックやジャズというハワイ以外の要素もとりいれることによって，結果的に，ハワイアン・ルネサンスを先導したと指摘している。さらに，このバンドの中心人物で，「わたしは，ハワイアン」の作詞と作曲を担当したのは，コリア系のムーンであり，それに「パート・ハワイアン」のカジメロ兄弟が加わり，ハワイの多文化的状況を反映している点も強調している（Moulin 2014, 533-534頁）。

また，モーリンは，伝統的な文化をもっとも効果的に視覚化する象徴的なアイコンとして，言語，音楽，ダンス（フラ）の3点セット，および伝統的なハワイアン文化とそれ以外のエレメントを融合させたことが，ハワイアン・ルネッサンスにとって，大きな原動力となったと論じている（Moulin 2014, 534頁）。

『悲劇の女王物語』は，「わたしは，ハワイアン」が発表されてから37年がたっており，出演者の中には，この曲が登場した後に誕生したと思われる者も含まれていた。しかし，この曲の認知度と支持率は高く，曲の最初の部分の歌詞がうたわれると，すぐに，この曲を知っている観客からも，大きな歓声と拍手がわきあがった。つまり，この曲も，上記の「イ・クー・マウマウ」のチャントや，「すばらしき花たち」と並んで，先住ハワイアンの文化復興や主権回復運動における，集団表象をになう歌と踊りなのである。

**(6) 最後のモノローグ「ハワイアンであるわたしたちの祖先と未来について」**

最後に，この舞台は，ひとりの先住ハワイアン系男性の入所者による，次のようなモノローグで結ばれる：

*100年ではなく，200年，300年，500年以上前のことを考えてみましょう。ハワイアンたちは，海を渡ってやってきました。もっとも優秀な海のナヴィゲーター*

で，すぐれた農民，漁師，建築家でもあり，もっとも勇敢な戦士で，もっとも偉大な人間でした。このような人びとが，わたしたちの祖先で，あなたのヘリテージなのです。あなたの前の世代の人びとを，忘れてはなりません。未来を見すえ，こどもたちに恵みを。こうした責任を選び，けっして過去にもどらずに。これは，あなた自身，わたしたち自身の問題なのです。

このように，「わたしは，ハワイアン」の集団舞踊の直後に，ハワイアンの祖先と未来に続くリネージ（系図）とヘリテージ（文化遺産）について語られるような構成，演出となっている。この語りでは，500年前までにさかのぼる視線と，収監される結果をまねいた過去には立ちもどらないという姿勢がうかがえる。

（7）フィナーレ　出演者全員による合唱「アロハ・オエ（Aloha O E）」

フィナーレは，出演者全員による，「アロハ・オエ（Aloha O E）」の合唱である。観客たちも総立ちで，互いに手をつなぎながら，歌は会場に響きわたっていく。この曲こそ，リリウオカラーニ女王によって創られ，イオラニ宮殿に幽閉中に，譜面にしたといわれている（矢口 2005, 26頁）。

以上のとおり，『悲劇の女王物語』の舞台は，刑務所入所者たちによる「プリズン・フラ」や，入所者たちによるモノローグという，ある種，特異な内容で構成されているが，随所，随所に，代表的なチャントとフラ・アウアナが演舞され，フィナーレには，定番の「アロハ・オエ」で幕を閉じた。

## 3　エンドロールと制作クレジット

DVDの最後のエンドロールには，以下の情報が明記されている：

出演者とハーラウ・メンバー合計31名の名前
ビデオ制作：カメレオン・タレント（Chameleon Talent）
ビデオ制作のための主たる資金提供：
　アレキサンダー＆ボールドウィン財団（The Alexander & Baldwin Foundation）
その他のスポンサー

ハワイ観光局（The Hawai'i Tourism Authority）
　マウイ郡経済向上局（The Maui County Office of Economic Development）
　マウイ郡住居・人的資源局（The Maui County Department of Housing and Human Concerns）
　ハワイ女性基金（The Women's Fund of Hawai'i）
　著作権：マウイ経済向上機構（Maui Economic Opportunity, Inc.）

　ここで特記すべきは，ビデオ制作のための主な資金提供は，アレキサンダー＆ボールドウィン財団という，キリスト教の宣教師にルーツをもち，マウイのサトウキビ・プランテーションで多大な財をなした財団となっている。また，その他のスポンサーには，ハワイ観光局も含まれている。つまり，劇中で批判されていた資本家たちや観光局から，舞台の映像を保存し，共有していくためのDVD-Rの制作費用の支援をえているのである。


### 4　舞台の反響

　2006年の11月17日付けの『マウイ・ニュース』には，出演した刑務所入所者の女性が，マウイ刑務所のフラ・ハーラウの代表として，謝辞を述べている。舞台を実現可能にしてくれた関係組織やクム・フラたちへの感謝に加え，「わたしたちのパフォーマンスが，コミュニティの多くのみなさんの，［入所者にたいする］きもちをやわらげ，感動をあたえる機会となったことをのぞんでいます。わたしたちの体験談を共有することで，わたしたちは悪い選択をしてしまったけれども，今は，前向きな姿勢で，次のステップを歩もうとしていることを，社会が理解してくれると幸いです。想像以上の良い反響をたくさんいただき，コミュニティからのサポートに，あつく御礼もうしあげます（much mahalo）」ともいっている（Armitage, 2006, website）。

　公演時，肩書きがB.E.S.T.プログラムの開発者となっていた既出のコンは，『悲劇の女王舞台』は，3夜とも，すべてチケットは完売で，出演者の家族，友人・知人たちで会場は満席であったと述べている。そして，会場の反応からよみとれたのは，舞台上であらわされた入所者ひとりひとりの誠実さと，刑務所とは別の世界にはいっていきたいという出演者たちの希望にたいする，観客

たちからのはかり知れないほどのあたたかい理解であり，この舞台は，入所者たちからコミュニティへの「恩返し」であり，ここに刑務所入所者と社会との相互関係をみてとれた，ともコンは感想を記している（Kong 2006a, 1頁）。

　クム・スミスは，「満席となった『悲劇の女王物語』では，出演者たちは，女王とかれら・かのじょたち自身の物語，うた，そしてチャントに，活気をもたらしてくれました。観客たちは，出演者たちのこころの内を垣間みることができ，舞台から感動をうけた感謝のきもちをこめて，総立ちになって拍手，歓声をおくってくれたのです」と回想している（Smith 2006b）。さらに，なぜ，刑務所入所者たちにフラが必要なのか，次のように述べている：

> フラは，忍耐力，責任感，そして自身の文化を敬うことについて教えてくれます。フラは，さまざまな機会へとつうじる扉を開いてくれます。こころを，やわらげてくれます。フラは，わたしたちにいろいろなことをもたらしてくれると同時に，多くのことを要求します。いったん，フラにたいして愛着がわくと，フラをもっと踊りたい，上手になりたいという渇望（hunger）がなくなることはありません。事実，このような前向きな要求をもつことが，刑務所入所者たちには必要なのです。（Smith, 2006b）

　『マウイ・ニュース』には，舞台を鑑賞した読者からの感想が，以下のように掲載された。その中で，刑務所入所者たちの更生プログラムで，フラを伝授し，今回の舞台を成功させたクム・フラの偉業もたたえている：

> フラも音楽も，とても良かったのですが，刑務所入所者たちのチームワークの良さと，コミュニティからのたくさんの支援があってこそ舞台が実現可能になったのだという点に感心しました。とても，洗練されていた舞台でした。しかし，鳥肌がたち，涙したのは，入所者たちひとりひとりによって語られた真実の物語でした。自分たちの行動にたいして真面目に責任をとる姿勢，そして，二度と同じあやまちをくりかえさないと真剣に誓う姿が，はっきりと舞台にあらわれていました。さらに，既に出所した元服役者たちでB.E.S.T.プログラムの修了者が，数名，この公演を支援していたことも，このような更生プログラムが，再犯防止になっていることを実証してくれているのだと思います。クム・スミスは，本当に

見事な仕事をなしとげてくれ，ミラクルです。更生プログラムのすべての関係者のかたに御礼もうしあげます。マハロ，そしてアンコール公演（hana hou）を期待しています！（Joiner 2006, website）

　この再演の希望どおり，『悲劇の女王物語』は，2007年4月6日（金）に，ラグジュアリー・ホテルで世界的に有名なリッツ・カールトン・カパルア（Ritz-Carlton Kapalua）の750席ある大広間で公演された。これは，当ホテルが主催する，先住ハワイアンの伝統的な手工芸やパフォーマンスを大々的にとりあげる「芸術の祭典（Celebration of the Arts）」の第15回目のエンターテインメントの演目の一環としてであった。このイベントは，1993年以降，毎年，開催されてきている。舞台は，再びニシカワ監督によるもので，あたらしい入所者や，既に出所した者も含む35名が出演し，あらたなモノローグが追加され，ハワイの歴史についてのフィルムも上映され，合計で3時間におよぶ公演となった（Barnhart 2007, website）。

　実は，この高級ホテルの当初の建設予定地であった海辺沿いは，ホノカファ（Honokahua）という先住ハワイアンの埋葬地であった。ここは，先祖たちの遺骨が眠る神聖な場所であるという先住ハワイアンの団体（Hui Malama）から抗議の声が1988年にあがり，当時の先住民系の州知事であったジョン・デイヴィッド・ワイヘエ三世（John David Waihee III）は，ホテル側に，掘り起こされた1,100以上あったとされる遺骨を元の場所に戻し，建設予定地であったオーシャン・フロントの沿岸部から，もっと内側へ建物の建設を移動するよう変更を命じた[31]。つまり，高級リゾート・ホテルの大宴会場で披露された『悲劇の女王物語』の舞台の「底」には，観光によってもたらされた先住ハワイアンたちの悲劇もよこたわっているといえる。

　このような経緯から，当ホテルでは，先住ハワイアン文化を尊重し，上記のようにハワイアン文化に特化したアート・イベントを展開し，先住民系の男性（Clifford Nae'ole）を文化アドヴァイザー兼イベント責任者として起用している。

　刑務所から始まり，観光地（Kapalua）に続く3番目の「K（ケイ）」は，カホオラヴェ島（Kaho'olawe）である。更生プログラムでクム・スミスにフラを習っていた男性入所者たちの何名かは，出所後も，かのじょのハーラウ（I Kona

Mau Lima) の正式メンバーとして，活動を続けていった。そして，2008年のマウイでのフラの競技会（Ku Mai Ka Hula International Hula Competition）に出場し，この島についてうたったフラ・カヒコとフラ・アウアナを舞った。特筆すべきは，元服役者のフラ・ダンサーのなかには，カホオラヴェ島を訪れ，フラでとりあげられている内容を実際に見て，その島から持ち帰った土で，古典フラの衣装であるマロを染めるという経験をして，大会にのぞんだということである（Enomoto 2008, website; Anderson 2009）。

カホオラヴェ島は，マウイ島の沖合13キロメートルほどのところに位置し，カメハメハ三世の時代には，流刑地として利用されていた。その後，欧米系の資本家の手にわたり，第二次世界大戦以降は，1991年まで，アメリカ軍の演習場であった。ハワイアン・ルネッサンス運動の中で，この島に残る聖地（*heiau*）などの調査や保存のため，島の返還運動が活発になり，1993年にハワイ州に返還された。その際，島全体が「先住ハワイアン系の人びとの文化的・宗教的活動にのみ使用される」ことも決まり，この島での営利活動は，一切，禁じられている[32]。

以上のとおり，『悲劇の女王物語』は，2006年の初演後も，注目をあびているリゾート・ホテルでの芸術祭で再演され，地元紙でもとりあげられて認知度が高まっていった。出演した刑務所入所者の中には，出所後にカホオラヴェ島で入手した土で衣装を染めてフラの競技会に登場するほど，フラの技術を磨きあげていった者も出てきた。しかし，このB.E.S.T.という更生プログラムは，2009年6月，州の予算削減によって，19名の雇用スタッフ中，10名が解雇され，フラを含む各種の文化プログラムも中止されてしまった（Tanji 2009, website）。

この更生プログラムは，開始されて6年で，文化的なプログラムは消滅することになった。州全体における予算の都合上，真っ先に削られるは，このような社会の末端におかれている場所での文化的なとりくみなのかもしれない。先住ハワイアンをとりまく「悲劇の物語」は終演をむかえることなく，今日のハワイにおいても，さまざまな形でもって，くりかえされているといえる。はたして，このドラマは，ハッピー・エンドを飾ることができるのだろうか。

## おわりに

　本章でとりあげてきた「プリズン・フラ」の観客は，刑務所入所者たちの家族や，関係者がほとんどである。このような限られたスペースの，限られた場での包摂は，かれら・かのじょたちをとりまく，大きな社会的構造への包摂となりうるだろうか。「刑務所フラ」，「囚人フラ」といった括りは，社会的排除をさらに強める結果をまねいてしまうおそれがあるかもしれない。しかし，本章では，公開されている情報が非常に限られた「プリズン・フラ」の事例を探しだし，そのごく限られた場における動きから，入所者たちが，家族や社会とつながりながら，生活を再スタートさせていくための原動力をみいだしたい。
　「プリズン・フラ」の舞台は，物理的に刑務所の分厚い壁で分離され，特例として，刑務所の外の公の場での公演が許可される際でも，私服の看守たちによる監視下で舞われた。このように，『悲劇の女王物語』は，限られた場での上演ではあったが，その上演場所は，先住ハワイアンの遺骨が眠る埋葬地に隣接する観光地ハワイの高級リゾート・ホテルであったり，演目にはハワイアン・ルネッサンスを象徴する曲やチャントがもちいられた。出演した大半の刑務所入所者たちやクム・フラは先住ハワイアン系であり，更生プログラム担当者は沖縄系や中国系で，舞台の監督や使用曲の作曲や編曲は日系やコリア系であった。このような「プリズン・フラ」の舞台は，先住民と移民の末裔たちが暮らす現代のハワイ社会を端的にあらわしている。
　今回，注目してきたフラのように，神々やかつての王朝文化を主題に設定し，社会の底辺・周縁部とされる刑務所入所者たちが演舞するような事例は，他の地域や他のダンスでは，類をみないのではないだろうか。ここに，「プリズン・フラ」の特徴をみいだせる。
　また，先住ハワイアンとしての権利や，生活の質の向上を要求するために，アメリカ的な手段をとらざるをえないという矛盾もよみとれる。伝統的なハワイの価値観やフラなどは，アメリカ的なもの，西洋的なものとは異なるといいつつ，西洋近代が造りだしてきた本質主義でもって応えてしまっているともうけとれる。先住ハワイアンであるということを，フラをとおして表現し，フラ

に先住ハワイアンとしての本質性 (authenticity) をみいだし，自己 (self) を取り戻し，自己を肯定し，社会に更生する手段としてフラを選ぶ。近現代的な刑事司法制度に，近現代的な本質主義で応じてしまっている。

しかし，『悲劇の女王物語』を詳しくみてみると，「出所したら，［ハワイ化された］日本食を食べたい！」と語るなど，「プリズン・フラ」の演じ手たちは，先住ハワイアンであり，アメリカ市民であり，そしてハワイ住民（ローカル）であることが伝わってくる。舞台と観客席とのあいだでは，ローカルとしての習慣や文化が共有されている。ここでは，オリジナリティが跡形もなくなって，異種雑多なものがハイブリッドに混じりあったり，異なるエスニック・アイテムが衝突するのではなく，「日系人が経営するフクシマ・ストアのアメリカン・ホット・ドッグ」，「中国料理店が最近はじめた日本料理」といったように，複数の味（もちろん，マクドナルドのハンバーガーも）がうまく共存している。これは，ハワイのローカル文化に特有の現象といえる。

本章でとりあげてきた「プリズン・フラ」で，もっとも興味深い事例は，『悲劇の女王物語』で舞われた「わたしは，ハワイアン (He Hawai'i Au)」である。本章をしめくくるにあたり，ここでいう「ハワイアン」とは，いったい，どのような人びとなのだろうか，考えてみたい。

ウェブサイト上で，「He Hawai'i Au」の動画を調べると，ハワイの沖縄系三世，四世たちを中心に結成された「御冠船歌舞団 (Ukwanshin Kabudan)」が，2013年11月7日（木），沖縄県の那覇市ぶんかテンブス館のテンブスホールで開いた「I am 島ん人（しまんちゅ，島の人）」の舞台を撮影した映像に遭遇した。舞台のエンディング近くになり，アロハ・シャツを着たオキナワンたちが，ウクレレとギターを奏でながら，ハワイ語でこの曲をうたう。そして，琉球舞踊の衣装を身につけた踊り手たちも一緒になって合唱する。うたの最後には，舞台背景のスクリーンに「I am 島ん人」という文字が映し出される[33]。

パフォーマーたちは，オキナワンたちが中心であったが，フィリピン系やポリネシア系のメンバーも参加し，「太平洋で結ばれる島々という意味」が，ここでの「島ん人」には含まれていた（那覇市ぶんかテンブス館 2013, 中頁）。

本章では，主に先住民系によるフラやハワイアン音楽の実践についてみてきたが，「わたしは，ハワイアン」という曲は，既述のとおり，コリア系のピー

ター・ムーンたちによって創られ，ハワイアン・ルネッサンスの象徴となり，今日では，ハワイ生まれのオキナワンたちが，祖先の出身地である沖縄で，「わたしは，島ん人」という意味でもうたっているのである。つまり，このような「ハワイアン」とは，先住民だけではなく，「ハワイの島々に暮らす人」というようにその範囲を広げ，沖縄系，フィリピン系，サモア系などの移民の末裔たちも含まれている。ここでは，先住民と移民が，二項対立的に分離されているのではなく，アメリカという大国に併合，統治されてきたハワイと沖縄，フィリピン，サモアなどの島々の歴史が重なっていく。

このように，「わたしは，ハワイアン」という曲は，ハワイ内外において，先住ハワイアン系とそれ以外の演じ手たちによって，うたい，踊られてきている。本章でとりあげたように，「プリズン・フラ」として舞われることもあれば，名門カメハメハ・スクールズの生徒たちが合唱して演舞することもある[34]。カリフォルニアで「世界中どこにいても，ハワイアンはハワイアン。ハワイに住んだことのある人は，皆，ハワイアン」としても踊られる[35]。さらには，日本のフラ教室の踊り手たちによっても，熱心に演じられている[36]。

つまり，フラというパフォーマンスは，時に，演じ手たちのジェンダーやエスニック背景などの諸属性を，先住民系の男性のみに限定したり，演目内容や，演じられる機会や場所も固定的なものになる。パフォーマンスをクローズドにさせることによって，フラのもつ特性（ユニークさ）や，いわゆる「伝統」や「本質性」が継承されているのも事実である。いっぽうで，それらの制限をとりはらいオープンなものにし，エスニック背景や，言語，国籍などの違いをこえて，ユニヴァーサルなコミュニケーションのツールともなる。このように，フラには，パフォーマンスを閉じていく動きと，開いていく動きとがそなわっている。本章でとりあげた事例では，「わたしは，ハワイアン」という曲に，このフラの特性が，もっともあらわれている。

「わたしは，ハワイアン」という「プリズン・フラ」にあらわれている社会的排除と文化的包摂のとりくみは，「コインの表裏」である。しかし，そう言いきってしまうだけではなく，そのコインの表側と裏側の「あいだ」にあるものや人びとの動きに着目し，表と裏を往来する人びとの営為のプロセスをより具体的に視ていく。さらに，「ハワイアン」と「非ハワイアン」という固定化

されたカテゴリーの「あいだ」を行き来するムーブメントにも着目していく。これらの作業にこそ，悲劇を悲劇でおわらせないための術をみつけだせるのかもしれない。

［附記］本稿は，科学研究費補助金（基盤研究（B））研究課題「多文化社会の排除と包摂の論理：ハワイにおける文化創生をめぐる民族間交渉と戦略」（代表：白水繁彦駒澤大学教授，課題番号 23402045, 2011 年度から 2013 年度）での研究成果の一部であり，通称「ハワイ科研」の代表をつとめてくださった白水先生とメンバーのかたがた，調査・執筆協力者のかたがたに，記して御礼もうしあげます。

## 注

1 ）「先住ハワイアン」（ハワイ語の *Kanaka ʻŌiwi*, 英語の indigenous Hawaiian, Native Hawaiian など）の定義は複数あるが，本章では，1778 年のジェームズ・クックが率いるイギリス船がハワイに到着する以前からハワイ諸島に暮らしていた人びと，およびその人びとにルーツをもつ人びとのことをさす。2010 年のセンサス結果によると，エスニック背景を「Native Hawaiian」と申告した 37 万 307 名のうちの 28 万 9,970 名（78％）が複数のルーツをもつ（山本・山田 2013, 376 頁）。先住ハワイアンと移民などにもルーツをもつ人びとを「パート・ハワイアン」，「先住ハワイアン系」，「先住民系」とも表記する。他の章では，「先住ハワイ人」や「先住ハワイ系」とも表記している。なお，今日のハワイでは，エスニック背景を「ハワイアン」といった場合，先住ハワイアンのことをさし，「ハワイ地元の」という場合には，「ローカル，ロコ（local, loco）」と表現することが一般的である。

2 ）文中，ハワイ語（人名，地名，組織の名称などは除く）は，イタリック体で表記する。なお，子音の一種である声門閉鎖音につける記号のオキナ「ʻ」や，長母音の上につける記号のマクロン（ā, ē, ī など）は，引用文の場合，参照したオリジナルでの表記に準じる。

3 ）文中，英語の参考文献，ウェブサイト，インタヴュー，E-mail からの引用は，日本語訳のものが参考文献などのリストに含まれているもの以外はすべて，筆者の翻訳による。

4 ）アリゾナの刑務所内における先住ハワイアン系の入所者のフラに関しては，Meronek（2013, website）などがある。アメリカ大陸部へ移送された先住ハワイアン系入所者たちのフラのとりくみに関しては，「ネイティヴ・ディアスポラ」の観点から，別稿で論じたい。

5 ）わたし自身，2010 年以降，「発達障害」や「自閉症スペクトラム障害」とされるこどもや人びとによるアートやパフォーマンス，このような「障害児・者」を支援するための芸術・音楽療法やダンス・セラピーなどに関する調査研究を重ねて

きている。とくに，その「スペクトラム」の概念や，「白（非障害）に近い黒（障害）」，つまり「グレー」に位置するとされるような「広汎性発達障害児・者」の「白でも黒でもある」，「白にも黒にもなる」というその「あいだ性」，つまり，「障害」と健常の境界性に着目した「あいだの人類学」について，日々，実践中であり，今後，別の機会に詳しく論じたい。

6）フラに関する拙稿には，城田（2011）がある。また，日本におけるフラをもちいた運動療法に関しては，高齢者のためのフラ教室の指導もおこなっている循環器内科医の原久美子による著作（原 2008）などがある。

7）この調査研究の名称は，HELA（The Hula Empowering Lifestyle Adaptations，「ヘラ」はフラの基本ステップのひとつ）という。5年間にわたって実施され，その研究プロジェクトが開始する時点において，またはその2から12週間前に，心臓発作や心臓疾患，心臓手術を経験した60名を対象におこなわれた。60名の被験者のうち，半数は従来の治療を，残りの半数は，フラの講座を1時間ずつ週に3回を12週間（3ヶ月間）にわたって受講した（Media Production 2012, website; Rulona 2012, website）。

　フラの指導を担当したマプアナ・デ・シルヴァ（Mapuana de Silva）は，古典フラのスタイルを継承・重視し，かのじょのモットーは，「フラをおこなうには，フリフリした衣装の飾り，斬新なもの，あたらしいステップは不要（No frills, no innovation, no 'new' steps.）」である（Cook 2005, website）。

8）Hawai'i State Department of Business, Economic Development & Tourism (2012, website) 参照。

9）Office of Hawaiian Affairs（2010, 28 頁），犯罪内容の日本語訳は，外務省（2014, website）を参照した。

10）Office of Hawaiian Affairs（2010, 46 頁）を参照。

11）2002 年，先住ハワイアン系男性の刑務所入所者全体の 32% にあたる 1,169 名が，アリゾナを含むアメリカ大陸部の民間刑務所（Corrections Corporation of America, CCA）に収監されていた（Sonoda 2008, 108 頁）。また，米司法省のデータによると，ハワイから大陸部へ移送された刑務所入所者数は，1995 年には 300 名だったのが，2008 年には 2,050 名となり，2006 年中には 1,774 名が移送され，この数は，刑務所入所者を他の州の施設へ移送することを実施している 13 の他州にくらべ，2 倍以上の数になっている（Janes-Brown, 2009, website）。

12）「刑務所産業複合体」とは，世界でも最大規模のアメリカにおける巨大な刑罰制度をさし，主にアメリカの刑事司法制度に批判的な者がつかう表現である（パーキンソン 2006, 261 頁）。

13）ヘアラニ・ソノダ（Healani Sonoda）は，先住ハワイアン系・日系であり，執筆当時（Sonoda 2008）の肩書きは，「ネイティヴ・ハワイアンのナショナリストでハワイアンの刑務所入所者たちの代理人，先住ハワイアン系入所者たちの問題への関心を高めるための組織である Protect Our Native 'Ohana（PONO）の共同設立者，ハワイ大学太平洋研究所の大学院生」となっている。かのじょは，筆者がハワイ大学マノア校に留学していた時のクラスメイトでもある。

14) State of Hawai'i Department of Public Safety（2003, 6 頁）参照。
15) 施設区分としては jail であるが，日本では「プリズン」のほうが目にすることが多いため，文中，MCCC でのフラを，「プリズン・フラ」と表記することもある。
16) 2003 年，米連邦司法省から，Serious and Violent Offender Reentry Initiative Grant の 200 万ドルが，州公安省保安局に支給され，MEO が，MCCC の被収監者を対象に開始した更生プログラム。社会復帰，再犯防止，アイデンティティの取得・回復，セラピーのための文化的復帰プログラム（Cultural Renewal Program）として，刑務所内でのフラやハワイ文化の伝授がおこなわれた（Maui Economic Opportunity, Inc., no date, website）。
17) クム・カマリイは，惜しくも，2005 年，重篤な感染症で他界。以降，この更生プログラムのディレクター自身の師であるウアラニ・スミス（Ualani Smith）が，引き継ぐこととなった（Loomis 2005, website）。
18) Lydia Kamaka'eha Kaola Mali'i Lili'uokalani（1838-1911）。兄のカラーカウア王（David La'amea Kamanakapu'u Mahinulani Nalaiaehuokalani Lumialani Kalākaua）が死去したのち，1891 年，ハワイ王国第八代目の王として就任した。
19) 婚姻後に改姓し，現在は，Ualani Makaike-Calleja。当時，このクムは 26 歳で，その前年，乳がんをわずらっている。2007 年時点では，一児の母で，観光地ラハイナの潜水型海中観光船「アトランティス号」のチケット予約のマネージャーとしてフル・タイムで働きながら，多忙な合間をぬって，フラ伝授にたずさわっていた（Enomoto 2008, website）。
20) 女王の自伝書とは，Liliuokalani ［1990（初版は 1898）］。
21) Maui Economic Opportunity's BEST Reintegration Program（produce）（2006, DVD）。
22) 女王役は，ハワイアン文化の伝承者である Hōkūlani Holt-Padilla がつとめた。
23) ククイはハワイの州木で，その実には「魔除けの力」があるといわれ，フラを舞う人びとは，ククイ・ナッツを数珠状につなげ，首や手首，足首に飾る。
24) このチャントは，1793 年頃に生まれ，マウイ島で暮らしていた David Malo が創ったとされる（Reppun & Kanoa-Martin 1997-2012b, website）。かつて，カヌーを作るための大木を，森から海岸へ運ぶ際のかけ声としてもちいられ，コール＆レスポンス形式で，先導者と残りの者たちが交互に唱えていく（Silva 2004, 28 頁）。
25) この「すばらしき花たち」でうたわれる内容と曲ができた背景から，本来，この曲は「ダンスのための曲ではない」とされ，特別な機会に舞われる際であっても，踊り手たちは，［抗議の意を表明するために］黒の衣装をまとい，ステップはふまず，手の動きと顔の表情だけで，歌詞の意味を表現することもある（Nordyke & Noyes 1993, 30 頁）。また，民族音楽学者の Amy Stillman によると，この曲は，「フラ・クイ（*hula ku'i*）」に分類される。フラ・クイとは，伝統的なハワイアン音楽に，西洋からもたらされたワルツやポルカなどの外来的要素がとりいれられている（同上，34-35 頁）。フラ・クイは，「創作フラ」とよばれ，フラ・アウアナの源流とされている。『悲劇の女王物語』でも，踊り手たちは，立ち

位置からは動かず，上半身だけのモーションで演舞した．
26) 出演者たちの衣装は，クム手製のものや，MEO のスタッフたちが，Maui Academy of Performing Arts から借用し，スタッフの手によってアイロンがけされたものがもちいられた．舞台の衣装の調達，管理には，コミュニティからの多くの支援と協力が必要とされた（Kong 2006b）．
27) 歌詞は，オリジナルのハワイ語を英訳したもの（Nordyke & Noyes 1993, 28-30 頁）を日本語に訳した．この曲は，女王の親友であった Ellen Keho'ohiwaokalani Wright Prendergast によって創られた．もともと，「石を噛みしめて（Mele 'Ai Pohaku, The Stone-Eating Song）」とよばれ，「ハワイの土地を愛でる謡（Mele Aloha 'Aina）」または「秘密裏のハワイ国歌（"underground" anthem of Hawai'i）」ともよばれていた（同上，33 頁）．現在のメロディーは，オリジナルの楽譜が消失したため，1950 年代に Maddy Kaululehuaohaili Nicholas Lam によって作曲された（同上，27 頁）．
28) アフリカ系のハワイ住民数は，2010 年のセンサス結果によると，「単一エスニック帰属」で「アフリカ系（Black or African American alone）」と申告したのが 21,424 名，「複数エスニック帰属のアフリカ系」と申告したのが 38,820 名となっており，コリア系と近い数になっている（山本・山田 2013, 376 頁）．
29) ハワイ語による作詞は Ron Rosha & Peter Moon，作曲は Peter Moon，曲の英訳は Alice Nāmakelua による．
30) Reppun & Kanoa-Martin（1997-2012a, website）参照．
31) Hui Malama I Na Kupuna O Hawai'i Nei（no date, website）参照．2006 年の調査時，ホテルの敷地に隣接する埋葬地は，「HONOKAHUA BURIAL SITE Registered as a State Historic Place Deeded to the State of Hawaii. Public Entry is Prohibited. Please Kokua [cooperate]」と刻まれた複数の石碑が置かれ，石塀や植木によって囲まれていた．しかし，この石碑や埋葬地の存在に気付く宿泊客は，ほとんどいないようであった．
32) Protect Kaho'olawe 'Ohana（2013, website）参照．
33) ingb73（2013, website）参照．沖縄系四世の Keith Nakaganeku をリード・ボーカルに，Norman Kaneshiro，Fred Oshiro たちが演奏している．御冠船歌舞団やナカガネクたちの活動に関しては，拙稿（城田 2010）で論じている．
34) rmf362（2013, website）参照．
35) markwitz（2010, website）参照．
36) たとえば，ichiba（2012, website）によると，「八景島フラ・パラダイス 2012 Spring」で，日本のフラ・ハーラウが同曲を舞っている．

## 参考文献（英語）

Anderson, Tiffany（ed.）（2009）"Kumu's Corner" in *The BEST News Yet*, Maui Economic Opportunity, Inc. B.E.S.T. Reintegration Program（発行）［ニュースレター］, 2009 issue, January 2009, p. 2.

Kong, Verdine (2006a) "The Queen's Story: Sold Out Performances at Iao Theatre" in *The BEST News Yet*, issue 3, July, August, September 2006, pp. 1-2.

----- (2006b) "The Queen's Story Was a Testament of Community Support" in *The BEST News Yet*, issue 3, July, August, September 2006, p. 4.

Liliuokalani [1990 (1898)] *Hawaii's Story by Hawaii's Queen*. Hawai'i: Mutual Publishing, LLC.

Maizels, John (ed.) (2003) *Outsider Art Sourcebook: International Guide to Outsider Art and Folk Art (Raw Vision)*. Radlett, UK: Raw Vision.

Moulin, Jane Freeman (2014) "Trailing Images and Culture Branding in Post-Renaissance Hawai'i" in *The Oxford Handbook of Music Revival*. Caroline Bithell and Juniper Hill (eds.), pp. 530-550, New York: Oxford University Press.

Nordyke, Eleanor C.; Noyes, Martha H. (1993) "Kaulana Nā Pua: A Voice for Sovereignty" in *The Hawaiian Journal of History*, 27: 27-42.

Office of Hawaiian Affairs (2006) "Diary of a Royal Prisoner" in *Ka Wai Ola: The Living Water of OHA*, September 2006, vol. 23, no. 9, p. 18 [http://www.oha.org/pdf/kwo06/0609/18.pdf].

----- (2010) *The Disparate Treatment of Native Hawaiians in the Criminal Justice System* [http://www.oha.org/sites/default/files/ir_final_web_rev.pdf].

Shirota, Carrie Ann Yoshiko; Yamamoto, Eric K.; Kim, Jayna Kanani (2002) "Indigenous Peoples' Human Rights in U.S. Courts" in *Moral Imperialism: A Critical Anthology*. Berta Esperanza Hernandez-Truyol (ed.), pp. 300-319. New York: New York University Press.

----- (2006) "We're All in This Canoe Together: So Let's 'Go the Distance'" in *The BEST News Yet*, issue 1, January, February, March 2006, p. 12.

Silva, Noenoe K. (2004) "I Kū Mau Mau: How Kānaka Maoli Tried to Sustain National Identity Within the United States Political System" in *American Studies*, 45: (3): 9-31.

Smith, Ualani (2006a) "The Thought Process Behind Na Kanaka Kupa'a Maui" in *The BEST News Yet*, issue 1, January, February, March 2006, p. 2.

----- (2006b) "Cultural Corner: Touching Hearts and Reconnecting Through Cultural Traditions" in *The BEST News Yet*, issue 4, October, November, December 2006, p. 2.

Sonoda, Healani (2008) "A Nation Incarcerated" in *Asian Settler Colonialism: From Local Governance to the Habits of Everyday Life in Hawai'i*. Candace Fujikane and Jonathan Y. Okamura (eds.), pp. 99-115. Honolulu: University of Hawai'i Press.

State of Hawai'i Department of Public Safety (2003) *Annual Report 2003* (http://dps.hawaii.gov/wp-content/uploads/2012/10/PSD-AnnualReport-2003-final).

## 参考文献（日本語）

城田愛（2010）「踊りと音楽にみる移民と先住民たちの文化交渉の動き──多文化社会ハワイにおけるオキナワン・アイデンティティ創出の揺らぎ」（石原昌英・喜納育江・山城新編『沖縄・ハワイ　コンタクトゾーンとしての島嶼』，95-125 頁，彩流社）。

――（2011）「フラにみる多文化社会ハワイのポリフォニー──聖地，観光地，主権回復運動で共振する祈りと踊り」（白水繁彦編『多文化社会ハワイのリアリティー──民族間交渉と文化創生』，49-86 頁，御茶の水書房）。

中谷和人（2009）「『アール・ブリュット／アウトサイダー・アート』をこえて──現代日本における障害のある人びとの芸術活動から」『文化人類学』74（2），215-237 頁。

――（2013）「芸術のエコロジーへむけて──デンマークの障害者美術学校における絵画制作活動を事例に」『文化人類学』77（4），544-565 頁。

那覇市ぶんかテンブス館（2013）『テンブススマイル──那覇市ぶんかテンブス館月刊情報誌』2013 年 11 月号。

パーキンソン，ロバート（Perkinson, Robert）佐原彩訳（2006）「刑務所産業複合体 Prison Industrial Complex」（矢口祐人・吉原真里編『現代アメリカのキーワード』，261-265 頁，中央公論新社）。

原久美子（2008）『フラダンスによる健康運動教室──楽しく継続できる効果的な運動プログラム』ナップ。

矢口祐人（2005）『踊る東大助教授が教えてくれたハワイとフラの歴史物語』イカロス出版。

――（2011）『ハワイ王国──カメハメハからクヒオまで』イカロス出版。

山本真鳥・山田亨編（2013）『ハワイを知るための 60 章』明石書店。

## 参考ウェブサイト

（上記文献リストに含まれていないもの。執筆時に，ウェブサイト上に掲載されなくなったサイトには，閲覧日を明記した。）

Armitage, Melonee (2006) "Performing Original Play a Rare Opportunity for Maui Inmates" in *The Maui News*. Posted on Friday, November 17, 2006, http://www.mauinews.com/page/content.detail/id/25282.html?showlayout=0（閲覧日：2010 年 5 月 20 日）。

Barnhart, Sky (2007) "Backstage: A Touching 'Queen's Story' Comes to This Year's Celebration of the Arts" in *The Maui News*. Posted on Thursday, April 5, 2007. http://mauinews.com/page/content.detail/id/29245.html?showlayout=0 （閲覧日：2010 年 5 月 21 日）。

Cook, Lynn (2005) "Lessons of the Kumu" in *Hana Hou: The Magazine of Hawaiian Airlines*, vol. 7, no. 6 December 2004 / January 2005. http://www.hanahou.com/pages/magazine.asp?Action=DrawArticle&ArticleID=117&Maga

zineID=6.
Enomoto, Kekoa (2008) "The Kane Are Special: I Kona Mau Lima Halau of Formerly Incarcerated Men Wins Contest, Praise" in *The Maui News*. Posted on Wednesday, September 24, 2008. http://mauinews.com/page/content.detail/id/508914.html?showlayout=0（閲覧日：2010 年 5 月 21 日）.
Gruber, Fiona (2014) "Australia Culture Blog: Outsider Art and Why the Mainstream Always Wants a Piece of It" in *The Guardian*. Wednesday, October 1, 2014, 05.09 BST. http://www.theguardian.com/artanddesign/2014/oct/01/outsider-art-melbourne-mainstream-moment.
Hawai'i State Department of Business, Economic Development & Tourism (2012) "Table 6. Ranking of Selected Races for the State of Hawaii: 2010" http://files.hawaii.gov/dbedt/census/Census_2010/SF2/Data_Summary_for_Summary_File_2-DBEDT.pdf.
Hui Malama I Na Kupuna O Hawai'i Nei (no date) "Home" http://huimalama.tripod.com（閲覧日：2006 年 9 月 20 日）.
ichiba, yuka (2012) "Noho Paipai & He Hawai'i Au" https://www.youtube.com/watch?v=wVPpP_r3SrI（公開日：2012 年 5 月 14 日）.
ingb73 (2013) "He Hawai'i Au: Ukwanshin Kabudan" https://www.youtube.com/watch?v=QBkyudrc5q8（公開日：2013 年 11 月 25 日）.
Janes-Brown, Paul (2009) "An Advocate for Justice: Maui Resident Is on a Mission to Reform the Criminal Justice System" in *The Maui Weekly*. December 17, 2009. http://www.mauiweekly.com/page/content.detail/id/500758/An-Advocate-for-Justice.html?nav=11（閲覧日：2012 年 6 月 27 日）.
Joiner, Buck (2006) "'Queen's Story' Illustrates Positive Approach by Inmates" in *The Maui News*. Posted on Sunday, October 15, 2006. http://mauinews.com/page/content.detail.id/24256.html?showlayout=0（閲覧日：2010 年 5 月 21 日）.
Kubota, Gary T. (2006) "Jailed Hawaiian Queen for a Day: Maui Inmates Tell Their Story in a Play They Developed Around the Story of Liliuokalani" in *The Honolulu Star Bulletin* vol. 11, issue 254. Monday, September 11, 2006. http://archives.starbulletin.com/2006/09/11/news/story08.html.
Loomis, Ilima (2005) "Dance: Inmates I Mua Prisoner-Dancers Take Their First Steps Forward After Loosing a Kumu Hula" in *Honolulu Magazine*, November 2005. Published on November 1, 2005. http://www.honolulumagazine.com/Honolulu-Magazine/November-2005/Dance-Inmates-I-Mua/#.VBZ3P0s7Has.
markwitz (2010) "'He Hawai'i Au' Sung by Ho'omana Plus Hula" https://www.youtube.com/watch?v=TbThHznq1cE（公開日：2010 年 7 月 3 日）.
Maskarinec, Gregory; Look, M.; Tolentino, K.; Trask-Batti, M.; Seto, T.; de Silva, M.; Kaholokula, JK. (2014) "Patient Perspectives on the Hula Empowering Lifestyle Adaptation Study: Benefits of Dancing Hula for Cardiac Rehabilitation" in *PubMed: the National Center for Biotechnology Information*.

http://www.ncbi.nlm.nih.gov/pubmed/24677383.

Maui Economic Opportunity, Inc. (no date) "Background, B.E.S.T. Staff" http://meoinc.charityfinders.org/Best_staff（閲覧日：2010 年 5 月 23 日）.

Media Production (2012) "Healing Power of Hula Shared at Smithsonian Festival" in *University of Hawai'i System, News*. http://www.hawaii.edu/news/2012/06/22/healing-power-of-hula-shared-at-smithsonian-festival/（公開日：2012 年 6 月 22 日）.

Meronek, Toshio (2013) "How Hula Dancing Came to Arizona Prisons" in *Hyphen Magazine: Asian American Arts, Culture, and Politics*. April 8, 2013, 10:20 am. http://www.hyphenmagazine.com/blog/archive/2013/04/how-hula-dancing-came-arizona-prisons.

Protect Kahoʻolawe ʻOhana (2013) "Kahoʻolawe: History" http://www.protectkahoolaweohana.org/history.html.

Reppun, Eric S. (design) ; Kanoa-Martin, Kaiulani (compile) (1997-2012a) "He Hawai'i Au" in *HUAPALA: Hawaiian Music and Hula Archives*. http://www.huapala.org/He/He_Hawaii_Au.html.

----(1997-2012b) "I Ku Mau Mau: Chant" in *HUAPALA: Hawaiian Music and Hula Archives*. http://www.huapala.org/Chants/I_Ku_Mau_Mau.html.

rmf362(2013) "He Hawai'i Au" https://www.youtube.com/watch?v=q8VG9WgjRGc（公開日：2013 年 5 月 20 日）.

Rulona, Mark (2012) "Hula Found to be Promising Cardiac Rehabilitation Therapy" in *University of Hawai'i System, News*. September 6, 2012. http://www.hawaii.edu/news/2012/09/06/hula-found-to-be-promising-cardiac-rehabilitation-therapy/.

Seno, Alexandra A. (2008) "Dance Is Part of Rehabilitation at Philippine Prison" in *The New York Times*. Published on Tuesday, January 15, 2008. http://www.nytimes.com/2008/01/15/world/asia/15iht-inmates.1.9223130.html?_r=0&pagewanted=print.

Tanji, Melissa (2009) "Inmate Reintegration Program Loses Funds: BEST to Lose More Than Half of Staff" in *The Maui News*. Posted on Friday, June 19, 2009. http://mauinews.com/page/content.detail/id/519946.html?showlayout=0（閲覧日：2010 年 5 月 21 日）.

Wilson, Christie (2004) "Inmates Share Lives on Stage" in *The Honolulu Advertiser*. Posted on Thursday, November 18, 2004. http://the.honoluluadvertiser.com/article/2004/Nov/18/ln/ln33p.html.

Wind, Jule (2006) "Backstage: 'The Queen's Story'" in *The Maui News*. Posted on Monday, September 28, 2006, http://www.mauinews.com/page/content.detail/id/23758.html?showlayout=0（閲覧日：2010 年 5 月 21 日）.

外務省（2014）「安全対策基礎データ　ハワイ」『海外安全ホームページ』http://www2.anzen.mofa.go.jp/info/pcsafetymeasure.asp?id=226。

和気真也 (2013)「ダンスで自信を。踊る囚人　フィリピン・セブ島」『朝日新聞 GLOBE 』(2013 年 6 月 2 日　GLOBE 特集記事「世界は今日も踊っている」), http://globe.asahi.com/feature/article/2013053000006.html.

**CD**

Kimura, Audy (produce); Goto, Mark A. (1999) *I Kū Mau Mau (Stand Up Together): An Anthem of Unity*［自主制作］.

**DVD**

Maui Economic Opportunity's BEST Reintegration Program (produce) (2006) *The Queen's Story* (written and performed by the Men and Women at Maui Community Correctional Center, adapted for the stage and directed by Lane Nishikawa, Copyright 2006 MEO, Inc.).

**E-mail**

Shirota, Carrie Ann Yoshiko (2014 年 11 月 16 日，11 月 17 日).

**インタヴュー**

Lantaka, Melvin L. K. (2011 年 9 月 7 日，オアフ島にて)。
Tengan, Ty P. Kāwika (2011 年 9 月 1 日，オアフ島にて)。

ハワイにおけるアイデンティティ表象

# 3章 「ハワイの中華文化」をめぐるポリティクスと新民族文化の創出
## 1940年代後半の中国系民族文化運動と民族祭

中野　克彦　*Nakano Katsuhiko*

## I　本稿の目的と問題意識

　本稿では，多文化社会ハワイにおける民族間関係と新たな民族文化の創出を明らかにする事例研究として，1940年代後半の中国系の民族文化運動を取り上げる。太平洋戦争直後という時代背景を視野に収めつつ，中国系と主流社会との対立，葛藤，妥協，協調といった複雑な関係を読み解きながら，中国系がなぜ，どのように民族文化運動を展開したのか，またそれを通じて主流社会に対して自文化をいかなる形で表現するようになったのかを分析する。

　太平洋戦争直後の民族文化運動の事例を取り上げる理由は当時，中国系をとりまく社会情勢が大変動を迎えており，中国系と主流社会の関係の変化のなかで，民族文化のあり方が根本的に問われた時代だったからである。そしてここでいう民族文化運動とは，エスニック集団が自文化を継承する運動，あるいは彼らをとりまく社会情勢に応じて新たに民族文化を創出する運動を指しており，本稿では次の２つの事例に注目する。

　第１に，中国系の自文化継承運動としていわゆる中国系学校復興運動が挙げられる。ハワイでは戦争中に成立した外国語学校の運営を規制する法律——外国語学校規制法——によって，中国系学校も閉鎖に追い込まれ，中国語の継承に深刻な影響が及んだ。なお本稿では，中国系の子弟を対象に民族文化・言語の教授をミッションに掲げ，民族的アイデンティティの涵養の主要な場となってきた学校を中国系学校と表記している[1]。ハワイでは明倫学校，大公学校，中山学校など８校の中国系学校が存在した。しかしこれらの学校が，外国語学

校規制法の対象になったのである。その学校再開のために中国系の民族組織を中心に，主流社会を相手に法廷闘争を含む運動を展開したのが，中国系学校復興運動である。

　第2に，新たな民族文化の創出運動として，民族祭の創出に向けた文化運動が挙げられる。民族祭とは民族組織等の主催によって，民族文化をテーマにした祭のことであり，エンターテイメントをはじめとする多様な内容を通じて，同胞あるいは主流社会を含む他の人びとに自文化を表現する機会となる。ここで事例として取り上げるのは水仙祭である。1949年から準備が始まり1950年の旧正月に向けて開催された水仙祭は，中国系最大の民族祭として現在に至るまで存続し，内外の人びとに「中華文化」を表象するフェスティバルとなっている。

　これらの民族文化運動の実態を解明するために，本稿では次の構成をとる。まず中華総工会の主導によって太平洋戦争直後に展開された中国系学校復興運動の経緯を辿る。運動にかかわった中国系の主張を分析することで，それがいかなる大義名分や論法によって進められたかを検討するとともに，学校再開に向けた法廷闘争が中国系に何をもたらしたかを明らかにする。とくに重要となるのは，運動が中国系の自己イメージの変容をどのように促し，その後の民族文化運動に影響を及ぼしたかということである。

　次に，中華総商会の主導によって水仙祭の創出に向けた文化運動が展開された経緯に言及する。そのメインイベントである水仙祭女王コンテストの事例を中心に，水仙祭の成立過程を，ハワイ立州運動とミスハワイの影響，チャイナタウン経済の活性化，ハワイの観光開発との関連といった諸要因を踏まえつつ検討していく。

　以上の考察を通じて当時の時代背景を分析し，なぜ中国系が大規模な民族文化運動を推進することが可能になったのかを多角的に考察していく。そのために注目されるのは民族間関係をめぐるポリティクスである。とくに，戦争を通じた米中関係の変化によって，ハワイにおける中国系の位置づけが変わりつつあったことが鍵となる。

　中国系の民族文化運動のうち，中国系学校復興運動が主流社会と鋭く対立・交渉を繰り返す運動であったとするならば，水仙祭はむしろ祝祭と融和を強調

する文化運動であり，その意味では対照的といえる。しかしそれらを詳しく分析していけば，2つの運動に共通するロジックの存在に行き着く。そこからは中国系の自存戦略のための言説や文化表象が，運動を通して練りあげられた実態が浮き彫りになるであろう。

## II 中国系学校復興運動——民族文化の継承をめぐるポリティクス

### 1 外国語学校規制法

　外国語学校規制法の成立にはいくつかの要因が挙げられるが，移民の急増によって社会の多言語化が急速に進展するいっぽう，主流言語である英語の地位が脅かされるという懸念が主流社会で拡大したことが挙げられる。「もし法律によって外国語教育機関を制限しなければ，移民の青少年が英語よりも外国語の学習を重視するようになり，そのために彼らの教育基盤が損なわれる可能性がある」[2] というのが規制支持派のロジックであり，それはつまるところ外国語学校を通じた移民の言語文化の発展が「アメリカ的価値観」の醸成の阻害に繋がるという認識に基づいていた。

　この懸念がとくに広がったのは1880年からの約30年間，日本語，中国語，朝鮮語等の学校が約180校以上に増加した時期であった。初めて外国語学校規制法が成立したのは1920年であったが，このときは日系人が抗議活動を展開し差し止め訴訟を起こし，最高裁判所は同法が憲法違反にあたるという判決を示し結果的に1927年に廃止命令が公布された（陳 1950, 276-278頁）。

　ところが1941年に真珠湾が日本軍によって攻撃され，太平洋戦争が開戦したと同時にハワイは軍政府の所管下におかれた。これはハワイが太平洋地域における米軍の主要基地としてアメリカ本土防衛にとって戦略的に重要な地となったことと関係している。開戦後ハワイでは戒厳令が発令され，社会的な引き締め策が教育の現場にまで波及し，再度の外国語学校規制法に繋がっていく。こうして1943年5月1日にハワイ準州議会の審議を経て，外国語学校規制法が成立したのであった。

　表面上この法律は外国語学校そのものを禁止した法律ではないが，様々な厳しい制限を課すことで実質上その運営を困難にさせるものであった。たとえば

15歳以上かつ8年以上の英語学習者を除く年少者が，外国語学校で外国語を学習することを制限した。また，外国語学校の教員として教壇に立つためには，必ず英語に精通していなければならず，定められた試験に合格し教員資格を所持していなければならないとされた（陳 1950, 276頁）。このために同法の公布後多くの教員たちは退職に追い込まれ，移民の子弟への外国語教育が実質的に中断を余儀なくされた。それは中国系の学校も例外ではなく，明倫学校，大公学校，中山学校など8校の中国系学校に生徒が通学することが不可能となった。しかし当時は戦時中で社会的な引き締め策が厳しかったこともあり，中国系はこの規制を受け入れざるを得なかったのである。

### 2　立ち上がる中国系──民族組織の挑戦

　この状況に本質的な変化が生じ，中国系の主導により外国語学校規制法の正当性が公的な場で問われ始めたのは，太平洋戦争後のことであった。それは戦後もなお同法が存続し，中国系学校の再開の目途がたたないことに彼らの危機感が募ったことに端を発する。実際，数年間の中国語教育の中断は民族文化の継承にとって大きな痛手であった。当時，中国系の華字紙『新中国日報』は「1943年の華僑学校（訳注：中国系学校のこと）の停止以来，華僑児童から祖国の文化，教育，道徳，思いやり，さらには礼儀作法などが急速に失われてしまっている」（『新中国日報』1947年11月1日）と書いているが，それは中国系の認識を代弁したものであった。それゆえ中国系学校の再開が急務と考えられたのであり，そのために法廷闘争を含む中国系学校復興運動が開始されたのであった。

　その運動主体として登場したのは，もともと排華運動に対抗するために設立され，同胞の権益保護の実績を積むことで次第に求心力を得てきた民族組織であった。中国系の内部対立を調停し，同胞の声を代弁して主流社会と交渉してきた代表的な民族組織として，中華総会館，中華総商会，中華総工会の存在は重要であるが，このうち外国語学校規制法の撤廃を求めて主に立ち上がったのは中華総工会であった。

　もともと1915年に中国工党として設立された中華総工会の趣旨は，中国系労働者の団結と生活改善を促し社会的公益をはかることであった。エリート層を中心に構成されている中華総商会（後述）に対して，どちらかといえばグラ

スルーツへの支援を志向する組織であった。経済的理由のために学業を続行させることができない同胞の学生のために，奨学金募集をはかるなど教育促進事業にも尽力した。とくに中国語の学習機会を学生に保障しようと努力したことが特筆に値する（陳 1950, 288 頁）。このように民族文化の継承活動に力を入れた同会の事業が，やがて中国系学校への支援というかたちで活発化し，外国語学校規制法をめぐる法廷闘争に発展していった。

中国系のエスニック・メディアも言論を通じて民族文化運動にかかわった。前述の『新中国日報』は当時ハワイの最大の華字紙であり，中国系のオピニオン・リーダー的な存在であった。同紙は中国系の立場に立ってこの法廷闘争を詳細にレポートするとともに，規制法反対派の様々な論説の紹介を通じて，民族文化運動のロジックの形成に大きな役割を果たした。以上のように民族組織やエスニック・メディア等が，その過程で多様な役割を担いながら運動を推進していったのである。

### 3　中国系学校復興運動とその言説

それでは，具体的に中国系学校復興運動の展開と言説を見ていこう。当時の法廷闘争については，中華総工会関係者の証言や一次資料を纏めた林伉新編（1950）『檀山華僑辦理外語校案特刊』，陳匡民編（1950）『美洲華僑通鑑』という中国語文献，さらには『新中国日報』に詳しい。我々はそこから当時の中国系が激しく主流社会と対立，交渉を繰り返した実態とともに，民族文化運動を支えるロジックがどのように形成されたかを知ることができる。

これらの資料によると，1945 年頃から中国系のリーダー層と中国系学校関係者は，この規制法が中国系子弟の教育に重大な影響を及ぼすとして，ハワイの準州当局と中国系学校の再開に向けて交渉を繰り返していたが，事態は思うようには進展しなかった。

そこでついに中華総工会の胡玉漢首席が発起人となり，明倫学校，大公学校，中山学校など中国系学校関係者と「華僑学校復興聯合会」（華僑教育聯合会）を結成した。そしてこの 3 校に対して外国語学校規制法の差し止めを求める訴訟を，中央巡回裁判所（中央巡回裁判官 1 名と中央地方裁判官 2 名からなる合議法廷）に起こすことに決定した（『新中国日報』1947 年 10 月 28 日）。原告側は謝恵源弁護士

を招聘し，A.I. Wirin 弁護士が訴訟代理人をつとめ，法廷上での質疑応答は主に彼が担当した。このほかにジェームズ・モリタ弁護士も訴訟に参加していた。実際に 1947 年に提訴に踏み切り，6 月 26 日から本格的にハワイにおいて裁判が始まった（陳 1950, 277 頁）。

　法廷における原告側の主張は，ハワイの外国語学校規制法が，アメリカ合衆国憲法で認められた思想の自由と表現の自由など諸権利に反しているというものであった。またこの法令がアメリカ合衆国憲法修正第 5 条に反し，しかも市民の教育産業を損なうと訴えた。同法が中国語学校に大きな損失をもたらしたことについても詳細に言及した。とくに原告側弁護士が強調したのは，外国語学校が英語学習の障害にはなっていないという点であった。「正しい英語運動を追求するには，我々は家庭教育に注意を向けるべきである。外国語学校が子供たちの正しい英語の発達を妨げているわけではない」と彼は述べた。証人として出廷した中国系学校の生徒代表と保護者たちも，中国語教育は必ずしも英語学習に影響を与えていないと証言し，外国語学校規制法そのものが子供の教育を受ける権利を奪うに等しいと主張した（『新中国日報』1947 年 10 月 28 日；陳 1950, 276-278 頁）。

　当時，中国系学校に携わってきた中国系のリーダーたちも，積極的な発言を通じて法廷闘争を支えた。なかでも Y.S. Chang の発言は重要である。『新中国日報』の幹部として中国系のオピニオン・リーダーであり，30 年以上も明倫学校の校長の地位にあった Chang は，中国系学校復興運動に大きな影響力を持つ人物であった。その彼が一貫して主張したのは「華僑学校では反アメリカ的なるもの，あるいは民主主義の理想に反するような事柄を一切教えたことはない」ということであった。そして実際に明倫学校の卒業生を見れば，彼らの多くが有能なビジネスマンや学校教員として，あるいは様々な市民活動のリーダーとしてホノルルで活躍しており，彼らの中国語理解が社会的成功を促したのは明らかだと指摘し，次のように強調した。「非アメリカ的なことを華僑学校が教えているという批判は論外である。中国と我々の政府（筆者注：アメリカ政府のこと）が理想とするところは同一（identical）である」（Atkinson 1947）。

　ここで注目されるのは，Chang が「同一」という表現を用いている点である。つまり，中国とアメリカのどちらが主でも，従でもない。あくまで両者を

同格のもとに捉える考え方がこの表現に込められているといえよう。彼の主張は，中国系は主流社会と理想を共有しているのであり，中国系は中国語の習得を通じてむしろ主流社会に貢献することが可能であるという論法で貫かれていた。それは中国系が「価値観を共有することができない異質な異邦人」であるという主流社会の従来の認識に転換を促すものであり，アメリカ的価値観と中国系民族教育の理念との間に親和性があることを訴えるものでもあった。

### 4　歴史的な転換──中国系の自己イメージの変容

1947年10月22日，中央巡回裁判所は，外国語学校規制法は憲法に反するとして，原告側つまり中国系側の訴えを認め判決が確定した。判決文には「子どもに対する外国語教育は父母の権利であり，合衆国憲法で保障されている」とあり，中国系学校を戦前の状態に戻し，授業の再開を許可するものであった（『新中国日報』1947年10月25日；陳1950, 278頁）。

この判決は，様々な意味で画期的な出来事であった。それは当時の華字紙を含む各新聞の第一面で取り上げられ，詳細に論評されたことにもあらわれている。判決の翌日，さっそく『新中国日報』は林伉新のコラム「中華総工会と華僑学校に関する裁判」を掲載し，その歴史的意義に触れている。『米洲華僑通鑑』等によると著者の林は，中華総工会すなわち原告側の一員として裁判にかかわり，華字紙を通じて中国系学校復興運動の現況を同胞に伝え続けた人物であった。また『檀山華僑辦理外語校案特刊』等の記録集を編集し，後世にこの法廷闘争の詳細を残すなど，当事者として運動の中心にいた人物でもあった。林は「この出来事はハワイの華僑の闘争の歴史として，世界に伝えられ，そして後世にも伝えられる」であろうとこのコラムで書いている。ただしそれに続いて次のように述べているのが興味深い。

「思い起こせば1943年5月1日からハワイ準州当局は華僑学校を閉鎖したが，それにもかかわらず，華僑の他の団体は抗議や復興を試みようとはせず，もはや以前のような状態に戻ることは極めて困難だと感じたのか，今後については成り行きに任せるしかないようだった。当時の総領事館も手をこまねいて見ているだけで全く支援もせず，この問題は華僑自身の問題であって，

それゆえに彼ら自身で解決を図るべき，という姿勢であった。もしハワイに中華総工会が存在しなかったならば，華僑学校の災難は何も解決できなかったであろう。」(『新中国日報』1947 年 10 月 23 日)。

　ここから読み取れるのは，当初，中国系コミュニティが一致団結してこの法廷闘争に取り組んだわけではないということである。訴訟を主導したのは中華総工会と中国系学校関係者であり，同胞の一定の協力関係のもとに準備が進められたが，それでも多くの人びとの意見や見方は決して一枚岩ではなく，相当の紆余曲折があったことをうかがわせる。「特に思いだされるのは，華僑学校の復興運動を始めた時，驚いていた者，小馬鹿にした者，さらにはそうした運動を展開しても，今となっては復興できないと思う者などがいたことである。しかし，総工会の諸氏は目標を定めて，必ず勝利するとの意識を持って奮闘した」とも林は回顧している。

　このような懐疑派が少なくなかったのは，中国系がそれまで主流社会から長きにわたり排華運動を通じて差別的処遇を受けてきたことが関係しているであろう。不当な処遇が歴史を通じて常態化してしまったために，希望的な見通しを持つこと自体が困難であったのかもしれない。いずれにせよ，訴訟を主導した人びとは，主流社会との対立だけではなく，同胞社会の懐疑や冷笑をも相手にしなければならないという二重の戦いを強いられたのであった。

　その意味で今回の勝訴は，主流社会だけではなく，多くの一般の中国系の人びとにとっても大きな驚きであったであろう。それは当時の中国系にとって，様々な意味で従来の考え方に根本的な変更を強いる出来事であった。つまり「中国系は常に抑圧差別され，忍従を強いられる人びとであった」という従属的な自己イメージを改め，正当な手段を用いればむしろ主流社会に対し自らの主張を認めさせていくことが可能であると，彼らはこの勝訴を通じて認識するようになったのである。

## 5　「アメリカの大義」を問う

　しかしながら実は，それからが一筋縄にはいかなかったのである。ハワイ準州当局は，先の中央巡回裁判所の判決を不服として連邦最高裁判所に上告した。

上告の準備が進んでいることが伝えられると，林は『新中国日報』紙上で再びコラムを発表し「（先に中央巡回裁判所によって論告がなされたにもかかわらず）ハワイの準州当局は依然として憲法の真義が理解できていない」と述べ，「彼らは一方でハワイがアメリカの準州から州に昇格する資格が既にあるといいながら，その一方では神聖な合衆国憲法で定められている言論の自由を奪おうとしている」と批判した（『新中国日報』1947 年 10 月 25 日）。

　ハワイがアメリカ合衆国の州に正式に昇格したのは 1959 年であり，このコラムが執筆された 1947 年当時はそれに向けた準備がハワイで始まっていた。いわゆるハワイ立州運動が高揚していた時期にあたる[3]。このような背景を意識しながら，林は立州運動の趣旨と合衆国憲法との間にある矛盾を衝いている。すなわち，いっぽうでは合衆国の正式な州になる準備を進めておきながら，他方では憲法で保障された権利を認めようとしないのは，一種のダブルスタンダードではないかという批判である。

　上告を受けて連邦最高裁判所は 1948 年から新たな審理を開始した。そして 1949 年 3 月 14 日に新たな判決が出された。その内容とは，原判決を破棄し（つまり中央巡回裁判所の判決を無効とし），ハワイ準州地方裁判所に本件を差し戻すというものであった。そしてその理由は，原判決の内容にあるのではなく，なんとその訴訟手続き自体に不備があるというものであった。つまり，先の裁判で中国系は中央巡回裁判所に提訴したのであったが，それは手続き上不適当であったし，中央巡回裁判所がそれを受理したのも適切ではなかったというのである。準州議会で審議され制定された外国語学校規制法の是非を問うこの裁判においては，まずは準州地方裁判所に提訴すべきであったし，同裁判所が審理をおこなうことでその権限と権威を保つ必要があるというのが連邦最高裁判所の見解であった（林 1950, 193-198 頁；『新中国日報』1949 年 3 月 15 日）[4]。

　既に中国系学校の再開を進めていた中国系にとって，この新たな結果が衝撃的であったのはいうまでもない。ハワイだけではなく，アメリカ本土の中国系もこの事態に重大な関心を示した。サンフランシスコの中国系の華字紙『世界日報』は，今回の判決は結局人種差別の帰結だとする強い論調の論説を掲載した。「人種差別から生じる不平等を撤廃せよ」と題するコラムで李大明は次のように訴えている。「基本的人権は，元来合衆国憲法で保障されているはずで

ある。しかし今，市民は学術研究の自由（訳注：自由に中国語を学べる権利）を剥奪されたのである。果たしてこれはアメリカが唱えている『民主』と言えるであろうか？」（『世界日報』1949年3月15日）。

　合衆国憲法を引き合いに出しながら，その理念と中国系が直面している現実とのギャップを指摘することで，今回の判決がアメリカの大義と矛盾していること，さらには自由と民主主義から中国系が排除されているという主張は，このようにハワイとアメリカ大陸双方の中国系から提起されるようになっていた。

### 6　再び交渉と妥協——準州議会への請願と運動の終結

　連邦最高裁判所の原判決破棄・差戻し命令の翌日（3月15日），原告側の中国系リーダーたち（中華総工会関係者を含む）はミーティングを招集して今後の対策を協議した。ここで議論となったのは，仮に法廷闘争を続ければ，弁護士への報酬など費用の問題，さらに煩雑な手続きによる闘争の長期化でさらに大きなダメージを中国系側が被るということであった。それよりもむしろ，当時ちょうど会期中であった準州議会に働きかけて，外国語学校規制法の撤廃を求めてはどうかという代替案が提起され，それが承認されて規制法の取消請願が実施されることになった。請願にあたっては準州議会の議員に面会する必要性が生じたが，民主党だけに頼るのではなく，当時議会で強い勢力であった共和党の議員にも次々にコンタクトを取り，議会に向けた活動を開始することにした。

　こうして請願のための署名が開始されたが，驚くべきことに連邦最高裁判所の新判決からわずか2週間でハワイ全域の住民5万人以上が請願に署名したという。積み重ねたら実に5フィートの高さにまで達したというこの請願書は，会期中の準州議会に提出された（林 1950, 199-204頁）。

　これほど多くの請願書が集まった背景として，中国系学校復興運動の法廷闘争が紆余曲折を経ながらも内外の関心を集め，中国系のなかから運動そのものに理解と共感を示す人びとが増加し始めていたことが挙げられる（林 1950, 209頁）。とくに中央巡回裁判所において，原告側の訴えがいったん認められたことは——その後に連邦最高裁で無効になってしまったにせよ——中国系の人びとを勇気づけ，運動の勢いに拍車をかける結果になっていた。

　中国系リーダー層や華字紙が，運動への賛同と団結を再三にわたって呼びか

けたことも大きい。たとえば『新中国日報』は3月15日に陸良知のコラムを掲載し,「我々ハワイ華人は公益の熱意を持ち,そして共に努力して,この長年の努力を最後まで失敗しないようにしよう! 華人同志が良い行いをしたいというのであれば,まさにこれはその絶好な機会なはずである」と訴えた。また陸はコラムのなかで,中国系が新たな戦略として請願という方法を選択することは,外国語学校規制法の撤廃のために有望であると指摘し,準州議会に対して次のように訴えた。「議会は民意を代表する機関である。それゆえ今もし市民が自らの権益を要求すれば,議員たちは議会の品位を守り,民主主義の模範を示すため,当然市民の意見を検討し,市民の合法的権益を尊重しなければならないはずである。我々は準州議会に対して過去の定説に拘らず,その時代に即した対応をおこなうよう強く望む」(『新中国日報』1949年3月15日)。

中国系は日系の教育界指導者や諸団体にも協力を呼びかけていた。オアフ島には24校,それ以外の各島には11校が存在した日本語学校の関係者の多くが,中国系の議会への請願に向けた取り組みには賛同していたので,このことも多くの請願書を集めることを可能にした(林 1950, 199-200頁)。

以上の経緯で中国系は準州議会に請願書を提出したのであったが,そのいっぽうで,もしこの請願が議会で受け入れられない場合は,新たな裁判を起こすと公表し再度法廷で争う姿勢を見せた[5]。

もう一点指摘しておかなければならないのは,運動を進める中国系にとって,準州議会に鍵となる人物がいたことである。中国系の政治家であり,既に政界で大きな影響力を伸ばしつつあった鄺友良(Hiram Fong)である[6]。共和党の所属であり,当時ハワイ準州議会の下院議長の座にあったがゆえに,彼を味方につけることができるか否かが,請願運動の成否を決すると考えられたのであった。

この運動のさなか,中国系は積極的に鄺とコンタクトをとり,面会を重ねて外国語学校規制法の撤廃に向けて請願するとともにアドバイスを求めた。当初,鄺は請願に対していかなる反応も示さなかったが,後に彼は規制法の「撤廃」ではなく,「修正」という形にして改めて準州議会の審議にかけるならば,多くの議員たちの承認を得られるかもしれないと答えた。つまり規制法の支持派と反対派の妥協案を取り入れ,修正法案として取り纏め,議会に提出するとい

う案である。その場合廓は，中国系側の要望を取り入れ，実質的には規制法撤廃に近い内容の修正法案にして議会に出すつもりだと発言した。面会した中国系はその案に説得力を感じ，彼に対応を任せることにした。そうして実際に廓が外国語学校修正法案の起草策定にあたることになった（林 1950, 204-205 頁）。

　3月31日，外国語学校修正法案が下院に提出され，4月1日に上院にも同内容の修正法案が提出された。そしてついに上下院はこの提案に対して，満場一致で可決したのであった。準州議会の議員チャールズ・シルバーはマスコミに次のように述べている。「1943年に通過した外国語学校規制法は，既にその任務を果たした。今や戦争は終結し，平和を求める時代に変わった。民主主義の国家において，あるいは自由を愛するアメリカにおいて，子供が外国語学校で学ぶという自由は，その親自身に決定権が委ねられることになった」。「華僑同胞が皆喜びに満ちた」というこの可決案は，4月25日にハワイ準州知事によって署名された（林 1950, 205-209 頁）。

　こうして中国系学校は再開可能となり，外国語学校規制法をめぐる運動は数々の対立と妥協を経ながらも，最終的には中国系の要求がほぼ準州議会において認められる形で終結したのである。

### 7　中国系学校復興運動の意義——その後の民族文化運動への影響

　激しい交渉を繰り返してきた中国系学校復興運動は，中国系にとって様々な点で歴史的意義を帯びていた。ひとつには法廷闘争という形で，主流社会を相手取って中国語をはじめとする民族文化の継承の正当性を公的な場で問うたという点である。主流社会への異議申し立てが組織的な運動としてこれほど大規模におこなわれた例は，それまでハワイの中国系の歴史では恐らく皆無であった。

　それでは，なぜこのような運動の推進が可能になったのであろうか。その背景を見ていくと，まず当時の時代状況が味方したことを指摘することができる。すなわち太平洋戦争を通じて，主流社会と中国系の関係が変容していたことが大きいであろう。この戦争では中国が連合国側としてアメリカと同盟関係を結び，米中関係は緊密なものになった。それにともない主流社会の中国系に対する認識や彼らの位置づけが変化したのである。それまで中国系は排華運動によ

って差別と抑圧を受け，社会的発言が封じ込まれるという時代を過ごしてきたが，この戦争によって状況は次第に変わりつつあった。そしてこのことが戦後になって，中国系の社会運動を可能にする1つの条件となったのであった。

いっぽう中国系の側にも，戦争を通じてアメリカに多大な貢献を果たしたという認識を持っていた。それゆえ戦後もなお外国語学校規制法が存続し，民族教育の中断が解除されないといった不利益は，中国系にとって承服しがたい事態であった。それが中国系の民族文化運動のモチベーションとなり，また運動を活性化させた要因となったといえる。

そして中国系学校復興運動が，当初は周囲の無理解と懐疑に直面しながらも，最終的には中国系学校の再開という望ましい形で終結できたことには，中華総工会を中心とする民族組織の戦略と交渉力が背後にあったと指摘できる。それらはかつての排華運動の時代に，同胞を保護するために主流社会と積み重ねた様々な交渉を通じて培われたものであり，それがこの度の中国系学校復興運動で発揮されたのであった。

この運動を通じた中国系の戦略を分析すると，いくつかの特徴が浮かび上がる。第1に，運動の成功のために欠かせないアクターに働きかけ，多方面に関係を構築しようとした点である。とくにキーパーソンである鄺友良は，中国系にとって強力な存在であった。中国系の準州議会への請願では鄺友良とのコンタクトに成功し，実際には彼が中国系と議会との仲介者となって外国語学校修正法案の可決に導いたのであった。いっぽう鄺にしてみれば，当時の米中関係等の勢力図が変わるなか，その後の中国系のプレゼンスを考慮すれば，彼らの請願を無視するわけにもいかなかったのであろう。いずれにせよこのように中国系は，主流社会とのパイプ役となる人物を運動の理解者にしようと努めたのであった。

さらに日系との協力関係も不可欠であった。この運動はもともと中国系が中心であったが，外国語学校規制法は各民族集団の民族教育問題にかかわるだけに，後に日系も請願に参加するという経緯になった。こうした民族の境界を越えた協力関係が運動のなかで強まったことが特筆されるのであり，それは戦後のハワイという多文化社会の民族間関係を考えるうえでも意義深い出来事であった[7]。

第2に，中国系が運動を進めるために練り上げたロジックが当時の社会情勢において説得力を持った点が挙げられる。すなわち中国系の民族教育の正当性を訴える際に，それがアメリカ合衆国の理想——自由と民主主義——と一致することを強調した点が，運動を成功に導いた大きな理由であったと考えられる。アメリカの大義を前面に押し出し，自らの民族文化の継承がそれと矛盾しないことを明確に主流社会に表現するこの論法こそ，中国系のその後の民族文化運動の方向性にも大きな影響を及ぼしていったと考えられる。

　これまで見てきた中国系学校復興運動は，「従属化された存在」という中国系の自己イメージの転換を促し，彼らが積極的に自文化を対外的にアピールしていく機運を高めたといえる。それが結果的に次なる民族文化運動——水仙祭に向けた文化運動——を促し，ハワイにおける中国系の民族文化のあり方に大きな影響を与えていったといえる。

## III　民族祭の誕生へ——新民族文化の創出をめぐるポリティクス

### 1　水仙祭：「中華文化」の表象の舞台

　水仙祭（Narcissus Festival）はハワイにおける中国系の最大の民族祭といわれており，旧正月を祝う一連の行事の総称である。それまで中国系の人びとは各家庭で旧正月を個別に祝ってきたが，それをコミュニティの組織化された祭事として，オープンな場で大規模な形で開催するようにしたのである。それを準備し，主催してきたのは，ハワイ中華総商会（以下，「中華総商会」と表記）である。

　中華総商会はもともと，辛亥革命など中国の政治情勢を反映して経済協力を促すために1911年に設立された中華商会を原型とする。1926年に中華商会は中華総商会と改称し，中国系有力組織として現在に至るまで活動を展開している（中野 2011／可児他 2002）。中華総商会は経済協力の推進とともに「中華文化遺産の保存と発展を促進し，それをハワイにおける他の民族と共有すること」を趣旨に掲げており，それが水仙祭として結実することになる。ほんらい経済活動を中心としてきた中華総商会が水仙祭という形で文化活動に関与したのは，ハワイの観光産業の発展と深いかかわりがあったからであるが，これについて

は後述する。

　水仙祭は1949年から準備が始められ，1950年の旧正月に向けて第1回目が開催された。それ以降60年以上にわたって継続され，現在ではハワイの主要なフェスティバルの1つとして認知されている。その目的は，チャイナタウン経済の活性化，中国系コミュニティの活性化，「中華文化」を内外の人びと――中国系の若年層，ハワイにおける他の民族，観光客――に紹介すること，とされている[8]。

　水仙祭では毎回，数か月にわたりさまざまなイベントが開催されることになっており，それらは「中華文化」に関する様々な文化アイテムが表象，表現される機会となっている。そして，この祭の最大のイベントは旧正月前に開催される「水仙祭女王コンテスト」（Narcissus Festival Pageant）である。このコンテストは複数の中国系女性を候補とする，いわゆる「ページェント」（「ビューティ・コンテスト」とも呼ばれる）の形式をとっている。しかしそれは，単に容姿等を競うコンテストとは異なり，「中華文化」の継承と共有がテーマになっている[9]。

　「水仙祭女王コンテスト」の候補となった女性たちは，コンテスト当日までに数か月をかけて中国の歴史，伝統的思想，工芸，料理，伝統舞踊など様々な「中華文化」を学習することが求められる。そしてコンテストの舞台上で，候補者たちはそれまでに学んできた成果を発表する。審査は，審査員による候補者へのインタビュー・フェーズ，技芸を競うタレント・フェーズ，チャイニーズ・ガウン・フェーズ，「中華文化」の知識が問われるスピーチ・フェーズ（後述）に分かれている（中野 2008, 103-104頁；2011, 98-99頁）。ハワイシアターなどチャイナタウンに近い大人数収容可能な劇場が用いられ，一般広告を通じて内外の多くの人びとが観客として集まってくるだけに，このページェントを通じて中国系が自文化をどのように表象するのかが注目される。

　コンテストで「女王」となった女性は，中華総商会が関与する様々なイベントにおいて，対内的・対外的な活動を通じて，中国系コミュニティのいわば象徴的存在として振る舞うことになる。対内的には，おもに中国系コミュニティの若年層に対し――いわば「規範化」された存在として――民族文化に関する意識を啓蒙する活動をおこない，対外的には中国系の代表として「中華文化」をアピールする役割を担う。このように「女王」の諸活動を通じ，内外の人び

との「中華文化」に対する認識に働きかけるために，水仙祭女王コンテストは「文化的ページェント」（Cultural pageant）とも呼ばれてきた。

ここで問題となるのはこの民族祭が戦争直後のハワイにおいて，いかなる背景のもと民族文化運動として準備され創出されたか，ということである。次にアメリカ本土の中国系民族祭の先行事例にも触れながら，当時の時代状況を踏まえつつ辿っていこう。

## 2　水仙祭創出の背景──1940年代後半の時代状況と中国系民族祭

水仙祭の創出の背景については，温惠庭（1961）「中華総商会史略」（Lee『檀香山中華総商会五十周年紀念』に所収）という中国語資料に，次のように記述されている。

> …第二次世界大戦開戦後，中国からの物資の流入が途絶えたことは，華僑の商人たちの事業に大きな打撃を与えた。また，華僑学校も閉校させられたために，華僑の宗教と中華文化の発展に深刻な影響が生じた。
> 
> そこで戦後，中華総商会は次のような提案をした。チャイナタウンを活性化させ，中華文化を広め，大戦中に被った損害を補うために，中国の産品を販売し，観光客を招来し，祖国の優良な慣習と優美な文化を伝えるためのイベントの開催である。
> 
> そのため1949年になって，旧暦新年のイベント準備に取り掛かった。それを「水仙祭」と名付けた。当時の会長の譚華燦が梁勤を祝賀会の総括主任に推薦し，準備作業を一任した。初回の水仙祭の演出として，「瑞獅」「金龍」「花車のパレード」「美術展覧会」「中華街の夜」，演劇および美人コンテストなどがあり，華やかに仕上げられた（Lee 1961, 141-142頁）。

ここで確認されるのは，戦争によって中国系が経済的，文化的に深刻な影響を受けたということであり，経済的には中国からの物資が途絶えたこと，文化的には中国系学校の閉鎖が言及されている。この事態を打開しようと，チャイナタウン経済の発展と「中華文化」の普及のために，旧正月のイベントが準備され，それが水仙祭となっていくのである。ちなみにこのテクストの最後に言

及されている「美人コンテスト」とは，水仙祭女王コンテストのことである。

　1949年といえば既に我々が見てきたように，準州議会への請願がおこなわれ，外国語学校修正法案が可決されて中国系学校復興運動が決着した年にあたる。この運動を受けるかたちで，新たな民族文化運動として水仙祭に向けた準備活動が進められたのであった。

　実は中国系がページェントを含む民族祭を開催した例は，ハワイに限られるわけではない。興味深いことに，アメリカ本土の中国系民族組織が水仙祭に先行して民族祭を挙行したという記録が『米洲華僑通鑑』に残っている。その民族組織とは，「アメリカ華人聯盟」(以下，「聯盟」と表記。Chinese American Citizens Alliance) [10]　である。聯盟の文化運動は，民族祭の意義を検討する上で示唆的である。

　聯盟は1895年にカリフォルニア州で結成され，それ以来各都市（ロサンゼルス，シカゴ，ボストン，サンディエゴ，ポートランド，ピッツバーグ，オークランド，デトロイト）に勢力を拡大させていった。「会員同士がお互いに助けあい，公正，兄弟愛，忠義心を持ち，華人社会の公益および会員の幸福を提唱し，アメリカ精神を促進し，会員の権利を守り，そして会員の政治経済面の機会均等の実現を目指す」ことを趣旨とする。

　聯盟の活動が活発化したのは，1924年の移民法への反対運動がきっかけであった。この移民法では，中国系とその妻子は離れ離れにならざるを得ない規定になっており，聯盟はそれを「非人道的」として批判的キャンペーンを繰り広げた。さらに聯盟は中国系の教育機会均等のための運動も推進した。「アメリカにおいて公共学校が華裔の子弟を差別し，白人の子弟とは隔離して授業を受けさせていたことについて，本会は常に強く抗議しそれが改められるまで戦う」との立場を鮮明にしていた。

　いっぽう聯盟は中華文化の継承を目的とする活動を推進していたことでも知られており，チャイナタウンで民族祭を開催，内外の注目を集めた。その主なイベントは，中国系女性が参加するページェントであった。1949年7月4日のアメリカ独立記念日には，サンフランシスコのチャイナタウンで2回目の聯盟主催の民族祭が盛大に開催され，会員を中心に多くの人びとが集まったという。そしてこれらの催事のニュースは，聯盟が発行する華字紙『金山時報』

(1924年創刊)を通じて，アメリカ各地の中国系コミュニティに送り届けられていた(陳 1950, 68-69頁)。

　ここで重要なのは，わざわざアメリカ独立記念日にチャイナタウンで民族祭を開催したという事実である。「アメリカ人」として記念すべきこの日に，「中華文化遺産」を主流社会に向けて表現することで，アメリカという国家が掲げる理念と中国系の民族文化が親和性を有することをアピールしようとしたのであろう。

　このように聯盟は，同胞の保護のために多方面の活動を展開するとともに，ページェントを含む民族祭を通じて主流社会との融和を演出しようと硬軟両様の運動を進めていた。そしてこの政治経済文化にわたる幅広い運動と民族祭の方法論が，聯盟のメディアを通じて他の中国系コミュニティに伝達され，各地の中国系民族文化運動を越境的に刺激し，鼓舞していった可能性も考えられる。

　いずれにせよ聯盟が民族祭を創出した1940年代後半は，「戦後のアメリカ」という社会的背景のもとで，中国系が自文化を対外的にアピールする条件が整いつつあり，そのための民族文化運動が模索され始めた時代であったことが理解される。水仙祭の場合も，こうした時流のなかで誕生したのであった。

### 3　ハワイ立州運動下のミスハワイ

　前項でアメリカ本土の民族祭に言及したが，いっぽうで水仙祭の場合は，ハワイという「ローカル」社会特有の事情がその発端にかかわっていた。それはハワイ立州運動であり，さらにはそのもとで開催されたミスハワイというページェントの存在である。とくに1948年のミスハワイは中国系にとって極めて重要なイベントとなった。というのは，このとき「女王」に選出された人物こそ，ほかならぬ中国系女性だったからである。

　ミスハワイは，ハワイ立州運動のキャンペーンとしてホノルル青年商工会議所(Honolulu Junior Chamber of Commerce)の主催で4日間にわたって開催された「49番目の州フェア」のメインイベントとしてカピオラニ公園で開催された。このフェアは合計13万人もの参加者を動員した巨大な催事となったが，それはこの年にミスハワイがミスアメリカにエントリーすることが可能になったためである。ハワイ立州運動が高揚していた時期ということも相俟って，大きな

社会的関心を集めたのであった。

　そしてミスハワイに選ばれたのは，ハワイ大学で家政学を専攻していたハワイ島出身の Yun Tau Zane であった。彼女はアトランタで開催されたミスアメリカに出場し，入賞を果たして奨学金 1,000 ドルを獲得した。ミスアメリカは 1921 年に成立した全米規模のページェントであったが，実は 1930 年代には「心身ともに健康であり白人であること」が出場の条件として課され，血筋を申告するためのバイオロジカル・データの提出が義務付けられるなど，人種的民族的な制限が加えられていた。この制限は 1940 年頃に撤廃され，ついに 1948 年のミスアメリカで Zane はアジア系としてはもとより，ハワイ出身者として初めて出場を実現できたのである[11]。

　彼女はその活躍を通じて，二重の意味でハワイの人びとから賞賛を得ることになった。まず中国系の候補者として，ミスアメリカにおける「カラーバリアー (color barrier)」，つまり人種的民族的障壁を打ち破ったということ，また立州運動の最中ということで，ハワイからの初めての候補者として，他の 48 州の候補者と肩を並べて勝負できたこと自体に大きな意義があると考えられたことである。

　そして立州運動とミスアメリカというこのタイミングを好機と捉え，中国系コミュニティの活性化を目指して独自のページェントを開催しようという機運が中国系の間で高まった。それが中華総商会を鼓舞し，水仙祭のアイデアに繋がっていったことが，同商会の資料に記述されている（Li 2004, 87-89 頁）。そこからは当時の時流に対応するかたちで，自文化の対外的アピールの機会として水仙祭を発案して「中華文化」の普及をはかっていこうとする中国系リーダー層の動きが読み取れる。その機運をもたらしたのがミスハワイおよびミスアメリカであり，それはハワイにおける中国系のイメージの変容と深く関係する出来事であった。

## 4　ハワイの観光開発との関連

　以上の要因に加え，中華総商会が水仙祭を創出するにあたり，いかなる経済的な動機があったかを検討することも重要であろう。というのは前述の「中華総商会史略」に水仙祭の背景として，「チャイナタウンの活性化」が挙げられ

ていたからである。

　実は戦争直後のハワイにおいて，チャイナタウンの状況は中国系のイメージと深く結びついていた。もともと19世紀に中国系の人口が急増して以来，ホノルルのチャイナタウンは彼らの経済活動の中心であり，文化活動の舞台でもあった。しかしエスニック・ビジネスに成功し経済力を得た多くの中国系が，中産階級が集中する郊外住宅地に移住し始めた結果，中小零細のエスニック商店がチャイナタウン経済の中心となった。住宅の低廉化も進行し，いわゆるインナーシティ化が進展したのである。それとともにチャイナタウンが，歓楽業や娯楽業を中心に「地下経済」の温床と化しているという認識が主流社会で広がっていた。かねてから指摘されてきたチャイナタウンの衛生問題もその傾向に拍車をかけた。

　中国系にとって問題であったのは，こうした主流社会のチャイナタウンに対するマイナスイメージが，中国系コミュニティ全体のイメージに結びつけられ，中国系に対する偏見を増幅させているということであった。それゆえチャイナタウン経済を活性化させ，街全体のイメージを向上させる必要性に迫られていた。水仙祭がチャイナタウンの活性化も目的の1つに掲げていたのは，じつはこうした事情が背景にあった。つまり水仙祭の集客効果を利用してエスニック経済を刺激することでチャイナタウンそのものを再生させ，それによって中国系の否定的イメージの解消につなげようという狙いであった。

　ここから浮かび上がるのは，水仙祭という文化活動によって，チャイナタウンの活性化をはかるというように，文化と経済をリンクさせる形で水仙祭が準備されたという点である。さらに，水仙祭で「中華文化」を肯定的に表象し，主流社会に向けて表現することで，中国系に対する認識そのものも向上させようという戦略があったことが，ここから読み解ける。

　もう1つ重要なのは，水仙祭がハワイの観光開発とも関係しながら創出されたことである。当時，ハワイ観光局（Hawaii Visitors Bureau）は観光開発のための大規模なプロジェクトを組織し，アメリカ本土から多くの観光客を集める目的で，観光イベントの創出に向けて様々な準備を始めていた。その一環としてハワイ観光局はハワイの各民族集団に働きかけ，コミュニティのフェスティバルを活性化するように要請していた。その意味でちょうど当時準備が進んでい

た水仙祭は，中国系にとっても，またハワイ観光局にとっても理想的な催事と考えられた。というのは水仙祭では，旧正月前という観光客が減少する時期（いわゆる「ローシーズン」）にメインイベントである水仙祭女王コンテストが開催されるので，その集客効果に期待が持たれたのである（Li 2004, 89頁）。このように中国系の民族祭である水仙祭は，観光産業を通じて主流社会の経済的利害と一致する形でいよいよ第一回目を迎えることになったのである。

これまで我々は水仙祭創出の経緯を，当時の時代状況を踏まえつつ，ハワイ立州運動，ミスハワイ，観光開発といった各要因を検討しながら辿ってきた。ここから明らかになるのは，水仙祭は「中華文化」の継承という目的にとどまらず，中国系と主流社会との複雑な交渉のなかで，中国系のイメージの変容とかかわりながら，自文化の肯定的な表象を伝達していく戦略の舞台として構想され，具現化されていったという事実である。

なお中国系が水仙祭でこのような融和路線を演出した背景として，上述の要因とともに，当時の国際関係も見逃せないであろう。というのは中国系民族祭がアメリカ本土とハワイで誕生しつつあった1940年代末期は，国際社会では冷戦構造が次第に形成されつつあり（中国では1920年代以降の第一次，第二次国共内戦を経て，中華人民共和国が1949年に成立した），アメリカ国内では共産主義勢力への敵対と警戒が高まっていた時期に該当する（この反共産主義運動は，いわゆる「マッカーシズム」に繋がっていく）。

上述の政治情勢のなかで中華総商会は，共産主義勢力との関係性を疑われないようにという方針から，水仙祭では政治に関連する言動や表現が注意深く避けられるようになった（中野 2008）。この政治と距離を置く姿勢は，水仙祭女王コンテストをはじめとする各イベント，さらには水仙祭の公式パンフレット『水仙花』という刊行物に至るまで一貫している。その意味で，水仙祭における文化表象を通じた融和路線の強調——あるいは徹底した政治的表象・言説の回避——は，冷戦のもとで政治的コンフリクトに巻き込まれることを避けようとする中国系の自存戦略の一環とみることもできよう。

以上の時代背景のもと，中国系学校復興運動に端を発した民族文化運動は，水仙祭を経て，現在に至るまで中国系の文化表象のあり方に影響を与え続けるようになったのである。

## Ⅳ　結論——中国系の文化表象戦略への「まなざし」

　本稿では中国系の民族文化運動がなぜ，どのように展開されたかを検討するために，中国系学校復興運動と水仙祭という2つの事例を分析してきた。本稿の内容を纏めるにあたって指摘できるのは，これらの運動がミクロからマクロに至る様々なレベルの関係性のなかで展開したという事実である。まず中国系コミュニティ内の同胞どうしの関係性があり，ハワイという「ローカル」社会における主流社会と中国系の関係性がある。そしてそれを取り囲む状況として，アメリカ本土とハワイの関係性，さらにはアメリカと中国という国際関係レベルの関係性というように，重層的な関係性が介在する構図が明らかになってくる。

　この構図のなかで中国系学校復興運動は，中国系学校閉鎖によって民族文化の危機を憂慮した中国系と主流社会の直接的な対立を示す事例といえる。対立は法廷闘争にまで発展し，さらに準州議会への請願を通じて主流社会との妥協が成立する形で運動が終結した。それに対して水仙祭は，官民挙げてのハワイ立州運動のなかで開催されたミスハワイ等に着想を得て，観光開発に組み込まれる形で誕生したことからも明らかなように，主流社会との協調を基調とする路線であった。このように関係性という観点から見れば，両者は様々な意味で対照的な運動であったといえる。

　次に，共通点に目を向けてみよう。ひとことでいうならば，自文化を対外的に表現するにあたり，主流社会にとって受容が容易な言説や表象のスタイルを戦略的に選択してきたのが，中国系の運動の特徴であったといえる。とくにそれを体現したのが水仙祭女王コンテストであるだろう。その意味でこのコンテストは実質的には「オーセンティックな中華文化」そのものというより，主流社会との関係性のなかで取捨選択された自文化のアイテムを表象する舞台となってきた（水仙祭女王コンテストにおける文化表象の特徴については，中野 2011 を参照）。そう考えれば水仙祭で表現される「中華文化」とは，いわばアメリカおよびハワイという社会的コンテクストに応じて変容を遂げた，もしくは新たに創りだされた文化表象であったといえるだろう。

そのこともあって，筆者はこれまで水仙祭女王コンテストの参与観察を実施し，とくにステージ上の中国系女性候補者の「語り」に注目してきた。多くの女性はコンテスト中のスピーチ・フェーズ[12]や入賞した際の演説において，親族への感謝を表明し「儒教の伝統的価値観」に基づく理想的な家庭像に言及するのが一種の恒例となっているが，それは「アメリカの古き良き家庭像」との親和性を強調する傾向がある。あるいは「儒教的勤勉性」の表出によって，中国系の主流社会への貢献の可能性が示唆される。このように中国系は水仙祭を通じて，自文化の継承が決して主流社会との対立を生み出すのではなく，むしろいかに多くの貢献が可能であるかを示そうとするのである。

　ここで注目されるのは，実はこうした「語り」の内容は中国系学校復興運動で既に強調されていた言説と共通する部分が多いということである。つまり先の運動では「中華文化」は主流社会と理想を共有しており，民族文化の習得を通じてむしろアメリカ社会に多くのことが果たせるという主張が繰り返されたが，その言説は中国系民族文化運動に通底するロジックとして水仙祭でも継承され，水仙祭女王コンテストの舞台上で表出されてきたと考えられよう。こうしたロジックは，中国系の自存戦略の一環として，戦略的に練り上げられたものなのである。

　それでは，これまで述べてきた歴史的コンテクストを踏まえつつ，我々はこれらの民族文化運動をいかなる視点で捉えることができるだろうか。現在のハワイでは，中国系の民族文化にかかわる大規模イベントといえば，戦後途切れることなく継続されてきた水仙祭がまず想起されるだろう。それは「多文化が共存するハワイ」という平和的，融和的なイメージを象徴するイベントとして外部からは「まなざされる」かもしれない。しかしながら，本稿で指摘したように水仙祭は歴史的コンテクストとは無縁に突如出現したのではなく，その融和路線に至るまでには民族文化のあり方をめぐって中国系と主流社会との間に激しいコンフリクトがあったことを無視することはできない。その複雑な政治的経済的文化的交渉を経て水仙祭が準備されたのである。

　そうした前段階にまで含めて「まなざし」を向けることにより，初めて民族文化運動の全容が描けると考えられる。民族共存を「演出」する平和的イベントの一側面だけに目が奪われるならば，その深層において民族集団が自存戦略

第3章　「ハワイの中華文化」をめぐるポリティクスと新民族文化の創出　　133

の一環として文化をめぐる様々なポリティクスを展開していた実像は，見えなくなってしまうであろう。いわば対立と協調の二面性を駆使した中国系の民族文化運動の実態に，ハワイの民族間関係と交渉のリアリティが象徴的に示されていることを，本稿における2つの事例は明らかにしている。

附記：本稿は文部科学省の助成による研究成果の一部である。平成23～25年度科学研究費補助金　基盤研究（B）研究課題名「多文化社会の排除と包摂の論理：ハワイにおける文化創生をめぐる民族間交渉と戦略」研究代表者：白水繁彦駒澤大学教授。

注
1）中国系学校については，華僑学校あるいは中国語学校など，様々な呼称が存在する。当時の中国語一次資料や華字紙等では華僑学校と表記されることも少なくなかった。中国語学校という名称も用いられることがあったが，これらの学校は単に語学の教授だけを目的とするわけではない。「中華文化」にかかわる幅広い内容を扱い，民族的アイデンティティに深く関与している。
2）*Honolulu Star-Bulletin*, March 15, 1949.
3）当時はまだ「準州」という位置づけであったハワイを，正規の州の位に格上げさせようという意見は戦前から存在した。1930年代にはハワイ立州法案がアメリカ連邦議会に提出され，本格的な議論が進んだ。この動きは太平洋戦争の開始で一時中断されたが，戦後に再び議題にのぼるようになった。1947年に連邦議会に提出されたハワイ立州法案は下院では通過したが上院で敗れた。1948年には共和党，民主党ともにハワイ立州化達成を綱領に含むようになり，有力上院議員がハワイの状況調査をおこなって立州を勧告する報告書を提出した。

　いっぽうハワイの住民はどのように考えていたのだろうか。連邦下院小委員会の勧告で1940年に実施された住民投票では，住民（有権者）の3分の2以上が「ハワイが州になることを望みますか？」との問いに「はい」と答えていた。戦争直後も，多くの人びとが立州法案に賛成するようになっていた。というのは第二次世界大戦で合衆国のために命を懸けて戦ったことで，国家の一員としての意識を強く持つハワイの住民が少なくなかったからである。それまでハワイはいわば「領土」（テリトリー）という位置づけであり，それは合衆国連邦議会の指図は受けても，自分たちの意志を実現できない，いわば従属的な立場を意味していた。それが，ハワイの住民にとって克服すべき共通の課題だとする認識が広く共有されるようになった（中嶋 1993, 199-200頁）。しかしながら結果的に，ハワイの立州は1959年になるまで達成できなかった。その間にアラスカが49番目の州となり，ハワイは結局50番目の州として承認されたのであった。
4）主流メディアである『ホノルル・スタープレティン』は，「ハワイ準州における法の権威は保たれた」と題する社説でこの判決を「歓迎する」と表明した。外国

語学校規制法は本来，準州議会の民主的な審議を経て成立したものであり，今回の判決によって裁判手続き上の問題が明確にされたことで，準州地方裁判所等の法的権威が維持されたのは喜ばしいことであるという見方を示した（*Honolulu Star-Bulletin*, March 15, 1949）。

5) これは一種の準州議会への牽制であり，じつはそれは当時のハワイ情勢をにらんだ一種のポーズであっただろう。というのも当時は，ハワイが準州から正式な州への昇格が決定されるか否か，微妙な状況であった。そのなかで，州昇格を連邦議会で議論するアメリカ本土の政治家たちの意向を意識する準州議員も少なくなかった。これ以上中国系学校再開をめぐるハワイ内のコンフリクトを長期化させて，ハワイそのもののイメージダウンを招きたくないと考える，そうした準州議員への牽制でもあったと考えられる。

6) Hiram Fong の経歴につては，Biographical Directory of the United States Congress を参照。http://bioguide.congress.gov/scripts/biodisplay.pl?index=F000245（2014 年 9 月 1 日アクセス）。

7) 本稿では紙幅の関係上詳説できなかったが，中国系学校復興運動以前には，日系におけるいわゆる日本語学校「試訴事件」(1923 年) が存在した。これは日本語学校関係者を中心に，1920 年にハワイ準州議会で成立した外国語学校規制法を違憲とし，実施の差し止めを求める試訴が連邦裁判所に提起されたものである。これは結果的に 1927 年に米ワシントンの大審院で日本語学校側の勝訴判決が下された。連邦司法が示した判断は，合衆国憲法第 14 修正条項にのっとり，「日本人父兄は不当なる取締りを受けずして子女の教育を指揮する権利を有す」という個人の教育権を全面的に認めるものであった（山中 1998）。戦後の中国系リーダーおよび担当弁護士たちは，中国系学校復興運動の法廷戦略を練るにあたり，過去の日本語学校「試訴事件」の判例を研究し，勝訴に至るまでに法廷で展開されたロジックを分析していたと考えられる。このように日系をはじめとする他民族集団の類似（あるいは先行）事件との関係性に注目し比較検討をおこなうことで，多文化社会における民族文化運動や民族間関係をさらに多角的に分析することが可能になるであろう。

8) 中華総商会へのインタビュー（於中華総商会。2013 年 1 月）。

9) 中華総商会へのインタビューおよび水仙祭の参与観察から得たデータによる（2013 年 1 月）。

10) 中国語名称は「同源会」だが，中国系の間では一般的に「土生会」という通称でも知られていた。

11) 'Yun Tau Chee, 73; Miss Hawaii of 1948, First Asian in Miss America Pageant', *Los Angeles Times*, March 2, 2002.
http://articles.latimes.com/2002/mar/02/local/me-chee2（2014 年 9 月 1 日アクセス）

12) 水仙祭女王コンテストのスピーチ・フェーズは，コンテストにおける審査の一環であり，審査員が中国の伝統文化に関する質問を投げかけ，舞台上の候補者がそれに答えるという問答形式をとっている。質問内容は中国の一般家庭における伝統文化や習俗に関するものが多い。

**参考文献**

Atkinson, Carroll（1947）"The Foreign-Language School Controversy in Hawaii" in *The Modern Language Journal*, Vol.31, No.3（Mar., 1947), pp. 153-156.

陳匡民編（1950）『美洲華僑通鑑』紐約米洲華僑文化社。

中華総商会編（1951-2010）『水仙花（*Narcissus Festival Souvenir Annual*)』Chinese Chamber of Commerce of Hawaii.

中華総会館編（1984）『檀香山中華総会館一百周年紀年特刊（*United Chinese Society of Hawaii Centennial Celebration*)』中華総会館編。

Glick, Clarence（1980）*Sojourners and Settlers: Chinese Migrants in Hawaii*. The University Press of Hawaii.

可児弘明，斯波義信，游仲勲編（2002）『華僑・華人事典』弘文堂。

胡文英他編（1989）『海外華文報刊的歴史与現状』新華出版社。

Lai, Kum Pui（1936）"The Natural History of the Chinese Language School" *in Social Process in Hawaii*, Vol. I, University of Hawaii.

Li, Jinzhao（2004）"The Narcissus Festival and Its Queen Pageant: How it all began…" in *Narcissus Festival Souvenir Annual*. Chinese Chamber of Commerce of Hawaii.

林伉新編（1950）『檀山華僑辦理外語校案特刊（*Hawaii Chinese in the Foreign Language School Case: A Memorial Publication*)』, Hawaii Chinese Educational Association／中華総工会。

中島弓子（1993）『ハワイ・さまよえる楽園：民族と国家の衝突』東京書籍。

中間和洋（1998）「中華総会館の役割：十九世紀のハワイ」可児弘明・国分良成・鈴木正崇・関根政美 編著『民族で読む中国』朝日選書。

中野克彦（2008）「ハワイにおける中国系コミュニティの文化変容」白水繁彦編『移動する人びと，変容する文化：グローバリゼーションとアイデンティティ』御茶の水書房。

中野克彦（2011）「ハワイにおける中国系移民の民族祭：主流社会との葛藤と交渉のなかで」白水繁彦編『多文化社会ハワイのリアリティー：民族間交渉と文化創生』御茶の水書房。

白水繁彦（2004）『エスニック・メディア研究：越境・多文化・アイデンティティ』明石書店。

王士谷主編・華僑華人百科全書編集委員会（1999）『華僑華人百科全書 新聞出版巻』中国華僑出版社。

温惠庭（1961）「中華総商会史略」Lee, Robert（ed.）『檀香山中華総商会五十周年紀念（*The Chinese in Hawaii: A Historical Sketch*)』, Advertiser Publishing Company.

山中速人（1998）「多言語状況における異文化間紛争に関する歴史的考察：ハワイにおける日本語学校「試訴事件」（1923年）をめぐる分析」国立国語研究所編『新プロ「日本語」総括班1998年8月研究論文集1』。

ハワイにおけるアイデンティティ表象

# 4章 「伝統」を表す／表されることの意味
ハワイ・コリア系移民の舞踊をめぐる歴史

李　里花　*Lee Rika*

## はじめに——問題の所在

　毎年7月，ホノルルの公園でコリアン・フェスティバルが開催される。骨付きカルビの焼肉が「コリアンカルビ」という名で知られ，韓国直輸入品よりも地元好みに味付られたハワイ産キムチがスーパーに並ぶハワイでは，コリアン料理が普及し，地元レストランが出店するフードブースにとりわけ人気が集まる。祭り期間中はキムチドッグやキムチバーガーなどのめずらしい料理も並び，これらの料理を求めてフェスティバルでは終日長蛇の列ができる。またハワイでは韓流ドラマの人気が高いことから，フェスティバルでは韓国の俳優や歌手が招待され，韓流ドラマのポスター展も開催される。そしてフェスティバル終盤のカラオケ大会では，老若男女の市民が自慢の歌声でお気に入りのKポップを披露する。

　ハワイに普及したこれらコリアン文化とともに，フェスティバルで目を引くのが，伝統文化の展示やパフォーマンスである。コリアン文化を展示するカルチャー・テントでは，中央に伝統的な婚礼衣装が展示され，朝鮮の伝統衣装や仮面が韓流ドラマのポスターとともに並べられる。ステージでは，サムルノリやコリアン舞踊，テコンドーのパフォーマンスが続き，地元愛好会のメンバーが日々の練習成果を披露する。訪問者は，ここでコリアン文化の新旧を体験し，ハワイに広まったコリアン文化を楽しみながら，朝鮮の伝統文化を「継承」するコリア系移民とその子孫たちがハワイに多く住んでいることに気づく（この章では，朝鮮半島からの移民とその子孫を「コリア系移民」という）。

コリアン・フェスティバルは2003年の移民百周年記念祭をきっかけに始まった祭りであるため，他のエスニック・フェスティバル——例えば中国系の水仙祭が1950年から，オキナワン・フェスティバルが1982年から始まった——のに比べるとその歴史は長い方ではない。しかしコリア系が出自国の文化——特に伝統文化——を展示，公演してきた歴史は戦前に遡ることができる。コリア系は，ホノルル美術館（旧ホノルル・アカデミー・オブ・アーツ）で朝鮮文化の展示や舞踊の公演をオープン翌年の1928年から1940年まで行った。また戦後もハワイ各地でコリアン舞踊の公演を開催し，コリアン舞踊を専門的に学ぶクラスがハワイ大学で始まった時も指導にあたった。

　これら伝統文化の展示や公演は，移民に対する理解を深める契機となってきた。しかし一方で，移民が出自国の「伝統」を表象することは，移民が移住先で発展を遂げた過程やそこでつくりだした文化創生の道のりよりも，出自国の歴史に人びとの関心を向け，民族や文化をめぐる本質主義な側面に光をあてる傾向がある。また伝統文化を展示したり，公演したりする行為は，移民たちの紐帯を維持する一方で，閉ざした人間関係を形成し，移民を社会的統合から遠ざけてしまう側面がある（Yu 1981, 22頁）。それにもかかわらず移民とその子孫たちが自らの出自国の文化——特にその伝統文化——を表象していく背景には，後述のようにそれがエスニック・アイデンティティの形成とかかわっていることもあげられるが，今日のハワイ社会で高く評価されていることが関係している。なぜなら多文化社会を標榜するハワイでは，自らの出自文化に対する誇りをもつことが「良い」こととされ，出自文化を象徴するような文化活動に参加することは，「自分がハワイのコミュニティに属する一人であることをはっきりと示す方法の一つ」となっている（Van Zille 2001, 228頁）。すなわち出自文化の文化活動に身を投じることは，自分のルーツを肯定する行為であるだけでなく，多文化社会ハワイを肯定する行為として評価されるのである[1]。

　同様の考えは，コリア系移民の研究分野にもみられる。ハワイのコリア系移民を象徴する文化活動としてコリアン舞踊があげられるが，これに関する研究の多くが，コリアン舞踊を学ぶことが移民子弟のルーツに対する理解を深め，肯定的な自己イメージを形成することを報告している（Murabayashi 2000; Nishiguchi 1982; Van Zile 2001; 2007）。筆者も舞踊教室を2011年から2013年にか

けて訪問したが，生徒はコリア系の子弟（両親や祖父母のいずれかがコリア系である場合も含む）が多く，保護者もレッスンを通して子供たちがコリアン文化に対してプラスのイメージをもってほしいと願っていた。中には韓国語を話す場が欲しいという韓国系移民一世も存在し，「同胞」との関わりや紐帯を維持することを目的に集う者もいたが，いずれの場合も自らの出自と関係する形でスタジオに通う者が多く，コリアン舞踊のレッスンスタジオは，舞踊を学ぶだけでなく，エスニック・アイデンティティを構築／再構築する場として機能していた。

　「伝統」は遠い昔から受け継がれるものではなく，創り出されるものである（ホブズボウム＆レンジャー 1992）。ハワイで発展したコリア系の舞踊も移民によって創り出された「伝統」であり，それが移民のエスニック・アイデンティティの発展に大きく寄与しているといえよう。しかし何を契機に，いかなる過程を経て舞踊が発達したのだろうか。これまでの研究は，ハワイでコリアン舞踊が発展した理由について，舞踊家の活躍——特に戦後にハワイに移民したハラ・ペ・ハム（Halla Pai Huhm）氏と彼女の舞踊スタジオの功績——をあげることが多かった（Nishiguchi 1982; Van Zile 2001; 2007）。しかし歴史を遡ると，ハワイでは先住ハワイ系のフラが禁止された時代もあれば，ハワイアン・ルネッサンスの時代に彼（女）らの伝統文化がさまざまな形で復活した時代もあり，文化／多文化をめぐる「まなざし」が大きく変化してきた。この歴史の中で，コリア系の舞踊はどのように位置づけられたのだろうか。文化表象をめぐるハワイの包摂と排除の歴史に照らし合わせながら，コリア系の舞踊をめぐる歴史を紐解くことが求められる。よって，この章ではハワイで発展したコリアン舞踊の歴史を辿りながら，舞踊がコリア系移民の文化を表すシンボルとなっていった過程を明らかにし，多文化社会で移民が「伝統」を表象していくことの意味を考える。

## I　踊らなくなった移民——コリア系移民とキリスト教会

　戦前に朝鮮半島から渡ってきた人びとは，主に出稼ぎ労働者と写真花嫁にわけられる。1903年から1905年にかけてハワイのサトウキビ農場にやってきた

出稼ぎ労働者は7,800人に上ったが，そのうち約2割が帰国し，また残りの約2割が西海岸へと移住していったため，5千人前後の人びとがハワイに残り，移民へと転じていった[2]。これら人びとに，1910年から1924年に日米紳士協定の下で移民してきた朝鮮人写真花嫁（951人）が加わる形で，戦前の移民社会が形成されていった（Kim 1971, 22-23頁）。1920年代になると，アメリカ生まれの移民二世が増加し，その数は1930年に移民一世の数を上回るようになった。二世が誕生したことによってコリア系の人口は増え続けたが，日系や中国系，フィリピン系といったアジア系のエスニック集団がそれぞれ人口の1割から4割を構成するハワイにおいて，2％前後を構成するコリア系移民はマイノリティのなかのマイノリティであった（原尻 2000, 31-33頁）[3]。

最初に朝鮮の踊りがハワイで登場するのは，「コリアンキャンプ」といわれる朝鮮人出稼ぎ労働者の宿泊所である。サトウキビ農場に出稼ぎにきた者たちは，共同生活を送る中で伝統的なムラ社会のような共同体をつくった。そして休日や祝日に宴会を開き，そこでオッケチュムを踊ったといわれる（Van Zille 2007, 257頁）。これはリズムにあわせて肩を上下に動かす踊りで，今日の朝鮮半島においても祝い事や祭りで男女が踊るものである。ただ当時のハワイでは，女性がこの踊りに参加することはなかった。この理由について，戦前の研究者であり，自身もコリア系二世だったバーニス・キムは，女性が人前で踊ることはみっともないことだと思われた，と説明している（Kim 1937, 116頁）。なぜなら当時の移民たちは，コリアン舞踊を「妓生（キーセン）」といわれる宮廷や宴会で楽技を披露した女性たちの舞踊，あるいは「巫堂（ムーダン）」といわれる祭儀を執り行う女性シャーマンの踊りと捉えていたためであるという。しかし当時の朝鮮では，踊りが労働や生活と密接に関わり，ムラ社会を維持していく上でも重要な機能を果たしていた。また朝鮮の踊りは女性踊りと男性踊りに分化し，女性にとって踊りは家父長制の男性支配から一時的に逃れる場となっていた（鄭 1993, 37頁）。そのため当時の女性にとって，地域差はあったものの，踊りは身近なものであったと思われるが，女性の数が極端に少なかったことや，女性がキリスト教会の後押しによって家族で移民してきたキリスト教徒であったという事情から，女性は踊らなかったのである[4]。

しかしやがて女性だけでなく，男性も踊りを踊らなくなった。例外的に行わ

れたのが，特別な祝い事の席で行われる寸劇や即興舞などであった（Van Zile 2009, 257 頁）。しかしこのような特別な場面を除き，人びとが踊りを踊らなくなったのは，コリア系移民の大半がキリスト教徒になっていったことと関係している。先述の通り，キリスト教会の後押しによって家族で渡航してきた者たちもいた。また移民に混じって移民労働者の渡航手続きを行い，通訳として彼（女）らの生活を支えた朝鮮人牧師も幾人か存在した。キリスト教団への紹介状をもってハワイに渡航した彼（女）らは，主流社会のキリスト教団とすぐにつながり，教会はコリア系の移民労働者にキリスト教の教えを広める場となっただけでなく，アメリカ社会や西洋文明の知識や情報を提供する窓口となった。その結果，移民労働者の多くがキリスト教会に通い，コリア系はキリスト教会を中心とする移民社会を形成するようになった。最初の朝鮮人出稼ぎ労働者がハワイに足を踏み入れてから僅か 6 年後の 1909 年，メソジスト教団に次のような記録が残されている。「ハワイの島々にいる 6,000 人強のコリアンたちは，キリスト教を歓迎するこの島にやってきてから 8 年間，キリスト教礼讃の心で完全に我々の監護の対象となった」（7th Session of the Hawaiian Mission of the Methodist Episcopal Church 1912）。

　当時，キリスト教団は移民の伝統舞踊に対して明確な方針を示したわけではないが，先住ハワイ系が踊るフラに対しては，それを野蛮的，異教的，卑猥的とみなし，公的な場でフラを踊らないようハワイ王国に圧力をかけていた。その結果，1859 年にフラは免許制となり，観光客のために踊るフラだけが許された。この政府の対応はその後ハワイ帝国が成立してからも，アメリカに併合されてからも変わらなかったが，1920 年代に多くの欧米旅行者がハワイを訪れるようになると，フラは「楽園の島ハワイ」を象徴する踊りとして重要な観光資源となった（Imada 2012, 33 頁）。その結果，それまで先住ハワイ系の歴史と文化を象徴してきたフラは，ギターやウクレレの音をバックに英語の歌詞にあわせて踊る観光フラへと発展していった（矢口　2011, 49-51 頁）。この先住ハワイ系文化をめぐる排除と包摂の歴史が展開していく中で，「旧世界」からやってきたアジア系の人びとの舞踊は非西洋で外国的なものとみなされた。しかしアジア系にとって踊りは，西洋社会のように娯楽的，公演舞台的なものではなく，宗教や農耕儀礼，労働，祭日といった日常と密接に関わるもので，アジア

系移民はサトウキビ農場のキャンプで共同体を形成するようになると，自分たちの共同体の中で踊りを続けたのだった。しかし急速にキリスト教へと改宗し，キリスト教団とのつながりを深めるようになったコリア系は，踊りをめぐるキリスト教団の方針やその背景にある西洋的，キリスト教的考えを受け入れ，踊ることをやめていったのである。

## Ⅱ　踊りの「復活」——コリア系移民と YWCA

　しかし移民の踊りに対するキリスト教団の見解は1920年代に一転した。当時のハワイは，サトウキビ農場で日系やフィリピン系等の移民が行った大ストライキの影響もあり，移民の地位の向上がみられた時期であったが，一方で社会的な分裂に対する危機感も強まり，社会統合に対する意識が急速に高まっていった時期であった。そして例えばシカゴ学派でハワイ大学社会学教室を開設したロマンゾ・C・アダムス（Romanzo C. Adams）がハワイを「人種のメルティングポット」と呼んだように，ハワイが多人種多民族によって構成される社会であり，多文化社会のモデルであるという言説もこの時期に多く生み出されていった（1937, 62頁）。こうした中でキリスト教団は移民の踊りを奨励するようになり，コリア系の舞踊活動がキリスト教を母体とする女性組織 YWCA（The Young Women's Christian Association）の中で「復活」していくことから，本稿では次に YWCA におけるコリア系移民の活動について注目していく。

　YWCA は，それまで米軍兵士と結婚した外国人の「戦争花嫁」に対する支援を行っていたが，第一次大戦終結とともに「英語未習得の外国生まれの女性」に対する支援へと切り替え，1919年に国際部（International Institute）を組織した。この組織は，「オリエンタルの母とアメリカ生まれの娘の間にある隔たり」を危惧し，「新しい環境で困難に直面している移植家族」のために，「個別相談，英語学習，家族支援，アメリカニゼーション支援」のサービスを提供することを目的とした組織であった。具体的には，母たちがアメリカ社会に適応できることを目標に，「街の標識や広告を読むことができ，子供たちが欲しがる新しい形の服をつくり，家族のために栄養ある食事を提供でき，病院や銀行，弁護士などのサービスを利用できるよう」指導を行う機関であった

(YWCA "Silver Anniversary 1900-1925", 18頁)。

　この活動の特徴は，出自国（Nationality groups）別にサービスが提供されたことにある。担当する職員も，同じ出身国の者であるか，その国の言葉を話すことができる者とした（同）。これによって「母たちの言語を話し，母たちの心の言葉も理解する者が，新しい文明の迷路を導いていく」ことを目指したのだった（同）。コリア系に対するプログラムも1920年に始まり，コリア系のハス・ファン（Ha Soo Whang）氏が職員として採用された。ハス・ファンは，1892年に朝鮮北部で生まれ，義州で最初に教育を受けた女性であった（Choy and Sutton 1991）。キリスト教に改宗した彼女は，米国アラバマ州のアテネ女子大学に留学する機会を得，同大学で社会福祉を学び，卒業後にYWCAに勧誘される形でハワイにやってきた（同）。英語も朝鮮語も堪能だった彼女は，写真花嫁を中心に，一世の女性たちの社会支援に取り組み，「母たちの会（Mother's Club）」を率いた。一世の女性たちの家族問題や経済問題に触れるようになった彼女は，移民の間で生じている政治的対立や世代間格差に強い危機感をもつようになった（同）。そして若い世代の友好と倫理観の育成を掲げ，1927年にコリア系二世を対象とした「ヒョンジェクラブ（Hyung Jay Club）」を立ち上げた。

　コリア語で兄弟や兄弟姉妹を意味するこのクラブは，当初25人のメンバーから始まったものの，1928年には60人近くが集会に参加するようになった。YWCAの資料によれば，YWCAに通う10代から30代の女性のうち，中国系が12%，日系が4%，フィリピン系が4%なのに対して，コリア系が21%を占めた（YWCA archives, Laura M. McKeen, "Old World Thinking New World Living, Findings from the study of the place and future of the international institute in Honolulu" 1930）。人口僅か2%を構成するコリア系移民がこれほど高い割合を示したことは，当時のコリア系がYWCAの国際部を多く利用していたことを意味する。ヒョンジェクラブは，やがて年齢層が若い「ジュニア・ヒョンジェクラブ」と年齢層が高い「シニア・ヒョンジェクラブ」によって構成されるようになった。また当時は，コリア系の若者男性のためのプログラムもYMCA（Young Men's Christian Association）で始まっていたことから，男女ともに学校や職場が終わるとYMCAやYWCAのクラブ活動やスポーツに参加するようになり，ヒョン

ジェクラブには女性だけでなく，男性も参加することがあった。

　クラブの活動内容は，レクチャーからディスカッション，ゲームやピクニック等の社交活動，そして舞踊やフラワーアレンジメントまでと幅広いものであった（YWCA archives, "Evaluation of Group Work, Senior Hyung Jay Club"）。しかし発足からすぐに発展したのは，舞踊と創作劇であった。指導者のハス・ファンは，舞踊の技術や経験を有していたわけではないが，民俗舞踊と宮中舞踊の要素を取り入れながら創作劇をつくっていった。ここで宮中舞踊の指導にあたったのが，スーザン・チュン・リー（Susan Chun Lee）氏であった。彼女は朝鮮人で最初に西洋医学を実践したヘンリー・D・リー（Henry D. Lee）牧師の妻であったことから，朝鮮王朝政府の宮中舞踊を目にしたことがあり，その時の記憶をもとに宮中舞踊の要素をヒョンジェクラブの舞踊活動に取り入れたのだった（Van Zille 2009, 259頁）。そしてチャンゴをはじめとする朝鮮半島の打楽器を奏でることができた一世の男性が幾人か存在したため，彼らが音楽を提供する形で朝鮮半島の伝統舞踊と伝統音楽の要素を取り入れた創作劇をつくりあげていった（Sutton 1987, 105頁）。ただこの時代の創作劇やその中で取り入れられたコリアン舞踊は，今日の「韓国伝統舞踊」や「朝鮮舞踊」にみられるような舞台舞踊や民俗舞踊ではなく，朝鮮半島の伝統的な暮らしぶりを再現していくことを目的に，舞踊を演出として時折登場させるというものであった。

　また当時彼女たちは，創作劇やコリアン舞踊以外の文化活動の成果も公演で披露していた。1934年の公演では，朝鮮半島の女性の家族関係や運命を描いた「私の姉」という創作劇が主演目であったが，他にもポーランド系移民の踊りやタップダンス，ピアノの演奏を披露した。彼女たちの活動が多岐に渡っていたことは，指導者のハス・ファンの影響もあった。彼女の姪にあたるトリナ・ナム＝ミジョ（Trina Nahm-Mijo）氏——現在ハワイコミュニティ大学で舞踊を指導している——は，ハス・ファンがYWCAのインターナショナル・デー等でチマチョゴリを着ている姿をよく覚えているが，同時に西洋の教育と文化を身につけることが大事だと繰り返し言っていたことを覚えている[5]。そしてハス・ファンの強い薦めで彼女は幼いころコリアン舞踊とピアノを習った。

　しかしYWCAや関連の文化施設のイベントにおいてヒョンジェクラブが繰り返し公演を要請されたのはコリアン舞踊と創作劇であった。例えば，1930

年にYWCAが主催した「求婚と結婚」というイベントでは、ヒョンジェクラブが朝鮮半島で行われる伝統的な婚礼行事を再現した。コリア系以外にも、この日はフィリピン系や中国系、日系も参加し、それぞれが出自国の伝統衣装を身に纏い、出自国における結婚の風習を再現した。また1927年に開館したホノルル美術館（当時はホノルル・アカデミー・オブ・アーツ）では、ハス・ファンとヒョンジェクラブが朝鮮半島の伝統衣装の展示に加わり、公演も毎年のように行うようになった。これらの公演は、移民の出自国の伝統文化を紹介するものであるが、それは同時に出自国の伝統文化を演

資料1　戦前の文化イベント
（出典）YWCA Archives

じる移民たちを理解するために企画されたものであり、多民族・多文化ハワイの発展に寄与するものとして位置づけられた。同じころに行われたYWCA主催の音楽公演のパンフレット（資料1）をみると、その日は伝統衣装を着てチャンゴの演奏を行ったコリア系以外にも、先住ハワイ系によるフラや日系移民による琴の演奏なども行われたことがわかるが、それらは次のような趣旨の下で行われていた。「相互（の文化）を享受していくことは文明社会を耕す美徳である。理想的な文明はメルティングポットではなく、オーケストラなのだ」。こうしてハワイの多民族・多文化政治が展開していく中でコリア系の伝統舞踊が「復活」していくが、チョイ＆スットン（Choy and Sutton）が指摘しているように、この「復活」によってコリアン舞踊が「多民族ハワイにおけるコリアンらしさ（Koreanness）のシンボル」（1991, 4頁）を表すようになった。その後

1930年代にハワイ各地で「コリアン学生クラブ」が発足するが，ピクニックなどの社交的なイベントや，スピーチコンテストや卒業文集などの言論活動を活発に行う一方，コリアン舞踊も取り入れた学校も現れ，ヒョンジェクラブ以外の場所でも二世たちがコリアン舞踊を披露するようになっていった。

## Ⅲ　移民の社会的統合のために——YWCAの文化的アプローチ

　コリアン舞踊の発展は，ヒョンジェクラブの活動とそれを指導したハス・ファンの活躍によるところが大きいが，彼女らが創作劇に積極的に取り組むようになった背景には，YWCAの影響があった。なぜYWCAは移民の舞踊を奨励したのだろうか。次にYWCAの活動方針についてみていく。

　YWCAは国際部を1919年に立ち上げたが，その活動を日系，中国系，フィリピン系とコリア系に広げ，さらに移民一世だけでなく二世も対象としていったことから，1920年に2,000ドルだった予算は1930年には8,250ドルへと4倍以上に膨らんだ。しかしこの活動範囲の拡大とともに，国際部の活動が行政の福祉サービスと重複するのではないかという批判的な声が寄せられた（YWCA, "Regular Board meeting 10/28/30"）。さらに国際部への批判は，YWCAの母体がキリスト教であったことから日系や中国系の参加を難しくし，国際部が充分な機能を果たしていないのではないかという声にもつながっていった。米国本土のYWCAは1920年代に学生会員の入会条件を緩和し，信仰を厳しく問わない方針を出している（Robertson 2007, 7頁）。そのためハワイのYWCAも国際部の移民に対する支援をキリスト教徒に限定せずに行ってきたが，移民側からみるとYWCAはキリスト教関連の施設であり，自由に参加することに躊躇がともなったのだった。そのためYWCAの執行部からは，国際部をYWCAの組織から完全に切り離し，独立した機関として再生していくことで，移民の支援を拡充できるのではないかという声もあがった（YWCA, "Stenographic Report of Discussion, June 10, 1930, Following Miss McKeen's Report on International Institute Survey", 4）。

　最終的に1930年6月17日，役員の投票によって国際部はYWCAの傘下に残ることとなったが，活動方針については大幅な路線変更が求められた。それ

まで掲げてきた移民女性の自立やリーダーシップの育成は，それを継続しつつも，そうした活動が「市全体のために機能し，市の社会福祉機関のために貢献する」ことを目的とするようになった（同，11頁）。そしてYWCA国際部は，「外国コミュニティ」の「トレンドを把握し，データを分析し，外国的なもの（foreignness）を解釈」（同）することと，それを行政に伝え，「移民がもつ資源とアメリカの資源をつなぎあわせ，市のプログラムを豊かにする」一方で，YWCAの「熟練の移民支援を通して培った移民の心理と態度に対する情報と解釈」によって「外国の人びとが行政に多く参加するよう」移民側の社会参加を働きかけることを活動の目標とした。すなわち行政と移民の仲介的役割を担うだけでなく，行政が推し進める移民の社会統合に向けて移民を導いていくことを目指したのである。

　そしてこの方針転換にあたってYWCA国際部が強調したのが，移民の外国性（foreignness）をめぐる問題であった。YWCA国際部は，自分たちの組織こそが移民の外国性を扱うことができる組織であることを次のように述べている。「（YWCA国際部は）これまでケースワークを扱う機関としてその機能を十分に果たしてきたとはいえないかもしれないが，ケースワークを扱う機関としてのスタンダードをあげていく。そしてコミュニティの外国性について扱うことができる団体として，同様の問題を扱う社会機関に寄与する」（同，5頁）。そしてYWCA国際部は「外国性」という問題に対して，文化的な面からアプローチしていくことが有効であると主張した。例えば，主流社会と移民の間にある「外国性」に対する文化的アプローチについては，「ホノルルの公立と私立の学校は，ここ数年オリエントの古典的な劇を英語で行い，これがオリエントとオクシデントの父母両方から歓迎されている」（同）。「移民たちの集まりは，例えば本場の芸術が披露される日系や中国系の劇場のように，アメリカ人コミュニティにはほとんど知られていない。これらの移民文化を（アメリカ人コミュニティに）解釈できるのは，YWCA国際部のような機関である」（同），と述べている。

　さらにYWCA国際部は，外国性をめぐる問題は，移民内部でも発生し，それが親子間の対立となっていることを強調したが，これを解消する手段として文化的なアプローチが有効であると主張した。「出自国の習慣（宗教，歴史，政

治)は，それがほとんど出自国の者同士で共有されている。これらの習慣についての知識が増えると，その人たちに対する理解が，外部集団に深まるばかりでなく，集団内の子供たちにも深まる」(同)。そして「伝統」を表象する活動が一世ではなく，二世のクラブ活動の中で行われていくことを奨励した。またアメリカ本土の YWCA は，白人女性と黒人女性が人種隔離の原理で別々に活動を展開していることに対して，1920 年代頃からそれを解消しようとさまざまな試みが行われ，白人と黒人，さらに南部と北部という地域間格差を解消するために，「キリスト教徒の姉妹愛 (Christian Sisterhood)」を強調し，その差異を平易化しようとした (Robertson 2007, 3-4 頁)。これに対してハワイの YWCA は，「仏教，神道，カトリックにも働きかけることができる」機関として自らを位置づけたため，アメリカ本土のように「キリスト教徒」であることを強調することはなかったが，「外国性」をめぐる問題を掲げ，それが移民内部にも内在する問題だと位置づけることによって，移民一世と二世の両方からの主体的な取り組みを求めたのである。こうしてコリア系の舞踊活動は，ハワイ社会に対してもコリア系が「コリアンらしさ」を表し，表される文化活動として，一世にも二世にも奨励されたのである。

　但し，当時のハワイ社会が推し進めた多民族・多文化の理念は，戦後の多元主義や多文化主義とは異なり，アメリカの主流文化を優位に据えた多文化論であった。YWCA が展示や公演を数多く行ったホノルル博物館 (当時はホノルル・アカデミー・オブ・アーツ) は 1927 年にオープンするが，その最初の案内には次のような文言が並んだ。

　　さまざまな国と人種から成る私たちの子供たちは，<u>芸術の中心からはるか遠くに生まれたかもしれないが，自分たちの文化的遺産に親しみを抱き，近隣地域の芸術に目覚めるかもしれない。彼らがハワイの新しい世代のために複合遺産を蓄積する</u>。
　　先住ハワイアン，アメリカ人，中国人，日系人，コリアン，フィリピン人，北ヨーロッパ人，南ヨーロッパ人，その他ここで暮らす人は，芸術というすべての人が共通して有する直観のチャンネルを通して接触することによって，古い祖先によって豊かにされた新しい文化をこの島に構築し，それを土台と

していくだろう（YWCA archives, "First bulletin issued by the Honolulu Academy of Arts in 1926 [sic]", *Creative Works*, 1941, 2）（下線は筆者）。

## Ⅳ 「コリアンらしさ」を表すことの意味
―― 戦前のコリア系二世のリアリティー

　コリア系の「舞踊」が，「コリアンらしさ」を表すシンボルとなっていったが，二世たちにとって「コリアンらしさ」を示すことの意味はどこにあったのだろうか。1930年代に二世の文化的活動や言論活動が急速に発展していくことから，当時のコリア系二世が置かれた状況を，舞踊以外の次の二つの資料からみていく。

　一つは，1937年に学生が演劇クラスで書いた台本である。「ママの坊や（Mama's Boy）」という題がつけられたこの台本は，コリア系二世のハワイ大学の学生マーガレットＣクォン（Margaret C. Kwon）が書いた演劇の台本である。物語はフィクションであるが，コリア系の親子関係を題材とし，当時のコリア系の若者が抱えた苦悩を垣間みることができる（College Plays 1937）。物語は，ある兄弟を中心に進んでいく。一人は，19歳のデイジーである。彼女はビジネス学校に進学するためにダンスクラブでアルバイトをしながら，家事や幼い兄弟３人の面倒をみていた。もう一人は，兄のピーターである。彼は，長男として一家の家計を支えていた。物語は，デイジーとピーターの日常の一場面から始まるが，デイジーの結婚相手が話題となってから急展開する。デイジーは，自分が結婚したいと思っている相手のことを次のように語った。

　　彼はいい人なの。とてもいい人。服装もいいし，親切だし，いい仕事にもついている。そして彼は，わたしのことが好きなの。私は彼と結婚がしたいの……たとえ彼が中国系であっても。

　デイジーが「たとえ彼が中国系であっても」と表現したように，デイジーは結婚に対して母から強い反対にあった。デイジーの母は，デイジーが14歳の時に夫を亡くし，それ以来アルコールに溺れている状態だった。母は，デイジ

ーの結婚に反対する理由を次のように述べた。「頑固娘。あのチャイナマン——外国人——と結婚するなんて，私だけでなく，自分の亡くなったお父さん，自分の家族を侮辱しているようなものよ」。この母親の発言に対して，今度は兄のピーターが母に詰め寄る。ピーターは，母にデイジーの結婚相手として相応しい相手が誰なのかを問うと，母親は次のように答える。

　コリアンに決まっているじゃない。彼女はコリアンなのだから。あなた（ピーター）も，私も，そうじゃない。

　口論の末，デイジーとピーターは家出を決意する。しかし2人が家を出ていく姿をみて，母は兄のピーターに，次の言葉を投げかけ，家に戻るように諭すのだった。「かわいいバカな，私の小さな坊や。ママの坊やよ。本当に逃げるわけじゃない。違うわ，あなたは家出を装っているだけ。私の約束を破ってはならないことを思い出してちょうだい。あなたは私の坊や。私を置いていくことは一生できないのよ」。
　兄弟二人は家出を実行するが，母の言葉が頭から離れない兄は，一人で家に戻ることを決意する。物語の最後は，兄の次の言葉で終わる。「デイジー，君は幸せにならないといけない。幸せに。僕は古い仕事を続けることにする。だから僕は家に戻る」「僕は聞こえる。母が『あんたはママの坊や，遠くにいかないことを知っている』とささやくのを……」。
　この物語は，結婚をめぐる意味が親子間で大きく違い，深刻な問題を引き起こしていたことを表している。「コリアン以外と結婚することは許されなかった」(Hank-Bong Whang, Tape, KOHP) と語る二世たちの記録は，戦前のコリア系移民のインタビュー記録にも多く残されている。この背景には，結婚観の違いだけでなく，日常的な民族間関係をめぐる世代間の違いもあった。ある二世は次のように語っている。「スプレックスヴィル・プランテーションでの生活は大嫌いだった。なぜなら，フィリピーノ・キャンプに友達に会いにいったらお尻をぶたれた。日系の女の子たちと遊ぶことも敵だからという理由で禁止された」(Salome Ham Ambrose, Tape, KOHP)。当時のコリア系移民は，他の民族集団と日常的に接することはあったものの，いわば「棲み分け」のような状態

にあった。コリア系一世は，当時の生活の様子を次のように語っている。「街に出て，小さな雑貨店を始めた。でも他の民族と行き来することはほとんどなく，コリアンとだけ付き合った」「父の友人は皆コリアンだった」（同）。一方で二世は，他の民族集団と関係を築いていったものの，それは学校や職場という場に限られたものだった。当時の様子をコリア系は次のように語っている。「日系の盆踊りや中国系の旧正月が開かれることを知っているし，お互いのこともそれなりに分かっているから，断絶や分断しているわけではない」(June J. Lee, "A Plantation Community", UHSPJ)。

　但し，日系との関係は，他の民族集団と同じではなかった。二世たちは当時の状況を次のように語っている。「ある日，日系の友達と一緒に学校から帰った。それを見た母は，あの子たちと一緒に帰ってきてはならないし，友達になってはいけない，と言って一日不機嫌になった」(Agnes Rho Chun, Video, RCVC)。「母は白人とデートすることは許しても日系人と許さなかった。だから日系の男の子とデートをするときは母に絶対知られないように出かけた」(Rachel Sung-Sil, Tape, KOHP)。「母は僕が中国系とデートすることを不快には思ったけれど許すようになってくれた。でも日系とのデートは最後まで許してくれなかった」(Agnes Rho Chun, Video, RCVC)。当時の日系移民社会は，二世のアメリカ化が進む一方で，祖国ナショナリズムも激しくなり，祖国日本に対する支援活動も活発に行われていた時期であった。コリア系も朝鮮独立をめぐる祖国独立運動を1910年代に急速に高めた時期があったことから，両者の間には一種の緊張感が続いていた。しかし祖国の状況が，両者の間で直接的な対立や衝突を生み出すことはなかった。日系移民の民族間関係を調査したマスオカ (Jitsuichi Masuoka) は，当時の日系移民がコリア系に対して「騒々しく，考える前に行動し，無責任で，アメリカ的生活に適応するのが遅く，自己中心的で疑い深いという否定的な意見もあり……にんにく臭に対する文句はある」(144頁)と感じているものの，「日系移民一世のコリア系移民に対する態度は全般的には中立的である」(186頁)と報告している。またコリア系移民も，当時の日系移民との関係を次のように表現している。「両親は祖国朝鮮に日本人がいることを嫌っていたが，ローカルの日系人に嫌悪感を表したところを見たことがない。両親だけではなく他のコリアンも取引相手は日系人だったし，かれらを贔屓に

していた。その人たちは礼儀正しいし、偏見も持っていないし、コリアンのお客さんに対しても理解があった」(John Myung-Keo Han, Tape, KOHP)。

　この民族間関係は、物語の中でデイジーとデイジーの母にも投影されている。それは他の民族集団と日常的に関わり、結婚に至ることもある二世と、他の民族集団と日常的に関わることがあっても深い関係を築くことがない一世の姿である。さらにこの物語は、当時の世代間対立が二世の心のうちに暗い影を落としていることを描き出している。特にそれは物語の最後に兄が母のところに戻るところに描写されている。ピーターは、自分のことを「ママの坊や」と呼んだ母が「遠くにいかないことを知っている」といったことを、家出してからも忘れることができなかった。そして物理的に逃げることができても、精神的にも逃げることができないことを悟ったピーターは、最終的に逃げることをやめ、家に戻るのだった。

　当時の二世を知るもう一つの資料がある。二世のリーダー的立場にあったヤン（Y.C.Yang）が1930年に書いたエッセイである。「私たちの若い世代とコリアン文化（Our Younger Generation and Korean Culture）」と題したこのエッセイは、コリア系の声を広くひろうものではないが、二世が抱えた問題を明らかにしようとした文章であることから、当時の二世が直面した状況を浮き彫りにする。ヤンは若者たちがコリアン文化に興味をもつよう、次のように語っている。

　　二世の多くは、合衆国の土に生まれ、アメリカ市民に自動的になった者たちである。だけれど私はここで強調したい。アメリカ市民になっても他の出身地の人から見たらコリアンとして見られているということを (*Korean Bulletin*, Vol. VIII, No.2, May, 18)。

すなわちヤンは、主流社会から向けられた人種主義的な「まなざし」から逃れられないことを指摘したのであった。その上でヤンは、コリア系が「コリアン」としてのアイデンティティをもつことは、「アメリカ人」というアイデンティティを否定するものではなく、補完するものであることを次のように主張した。

人種的背景によってその人はアメリカ人として価値が低くなるわけではない。むしろ逆である。エドワード・ボクは貧しい移民だった。でも家族の歴史を誇りに思っている。アンドリュー・カーネギーは13歳の時にアメリカにきた貧しいスコットランド移民だった。編集者のジョセフ・ピューリッツァーは，ブダペストで生まれ，17歳の時にアメリカに来た。良きコリアンは，良きコリアンだからこそ良きアメリカ人となる。そうやって世界では価値が置かれる（同）。

　そしてヤンは，コリアン文化が「外国人」である一世だけのものではなく，「コリアン」というカテゴリーに分類された二世のものでもあることを主張し，「コリアン」としての誇りをもっていこうと同世代に呼びかけた。このヤンの主張は1930年代の二世の言論に影響し，「コリアン」のアイデンティティをめぐる二世の言論活動を活発化させ，ハワイ大学にコリアン文化を学ぶ講座開設を要求する二世たちの運動につながっていった。
　以上の二つの文章は，戦前のコリア系二世が直面した現実を再現するものではないが，コリア系二世のリアリティーを少なからず表すものとなっている。そのリアリティーとは，「アメリカ人」になっても主流社会に「コリアン」と名づけられ，主流社会を含む他集団と「棲み分け」のような状態で日常生活が続いていることである。そして集団内部では，民族間関係（主流社会を含む）をめぐって世代間対立が発生し，それが移民社会に暗い影を落としていることである。こうした状況の中で，二世が「伝統」を自分たちの文化として表象していったことは，自らが主体的に「コリアンらしさ」の意味を見出そうとする行為であると同時に，コリアンとハワイ社会だけでなく，一世と二世にも架け橋を渡す行為となったが，これは主流社会から投げかけられた「コリアン」としてのまなざしから逃れることができない，という圧倒的な現実と連動していたのである。

## V　戦後——ハワイの多文化主義と韓国伝統舞踊との連続性

　戦後は，米軍兵士と結婚してハワイに移り住んだ「戦争花嫁」といわれる女

性が移民するようになった。そして1965年の移民法改正によって移住を目的とした韓国系移民が急増し，コリア系移民の人口は2010年に4万8,699人となり，1910年に比べるとその数は9倍近くなった[6]。戦後も人の流れが続いたことでコリア系の人口は一世紀の間に増え続け，ハワイで6番目に人口の多いエスニック集団となったが，ハワイの人口も増加したことから，コリア系は人口の3％を占める程度にとどまり，戦後もマイノリティの中のマイノリティとして少数派の位置を占めた。

　戦後に移民してきた人の中に，一人の舞踊家がいた。彼女は，1922年に釜山で生まれ，韓国に駐留していた米軍の軍人と戦後に結婚し，ハワイに移民したハラ・ペ・ハム氏である[7]。彼女は幼いころに，いとこの裴亀子（ペ・クジャ）に預けられ，「内地」で育った。裴亀子は，植民地時代に初代松旭斎天勝が率いる天勝座に入門し，その後独立して「内地」の舞台を踏みながら（吉本興行合名会社の専属となった時期もあった），「外地」朝鮮でも東洋劇場を創立して楽劇団の活動を展開した人物である（宋 2009, 37-99頁）。裴亀子から舞踊や音楽の厳しい指導を受けて育ったハラ・ペ・ハムは，裴亀子楽劇団の舞台を幾度も踏み，裴亀子の後継者として育てられた。そして朝鮮語よりも日本語が流暢となり，実践女子学園で学ぶなど，当時としては高い教育も受けて育った。終戦／解放後に夫のハム氏と韓国で出会い，夫がハワイ在住のコリア系移民二世であったことから，夫の故郷ハワイに戦争花嫁として移民したのだった。

　1949年にハワイに移住したハラ・ペ・ハムは，日本で培った語学力を使って日本人学校で華道を教えるようになったが，1950年から自宅で舞踊も教えるようになった[8]。徐々にコリアン舞踊を披露する機会も増えたが，彼女の舞踊の才能と経験をハワイの人びとに広く知らしめたのは，1954年に彼女がハワイのプロダクションの舞台に出演した時であった。彼女の演じた日本人芸者の役が高い評判を呼んだのだった。またこのころの彼女は，さまざまなエスニック集団の舞踊家とも交流し，先住ハワイ系のフラからオキナワ系，中国系，日系，フィリピン系の舞踊を披露したといわれる（Nishitani 1982, 47頁）。彼女が幼いころにコリアン舞踊だけでなく，西洋舞踊から日本舞踊まで幅広いジャンルの舞踊を習得していたため舞踊に対する幅広い知識と素養がこれを可能とした。彼女の舞踊スタジオが1960年に最初にリサイタルを開いた時も，自分の

生徒たちに他のエスニッ
ク集団の舞踊を習わせ，
コリアン舞踊だけでなく
日系，オキナワ系，中国
系，フィリピン系の踊り
を披露させた（Nishitani
1982, 106 頁）。

彼女の舞踊スタジオは，
当初日系の生徒が多くを
占めた（同，38 頁）。当時
の舞踊スタジオの広告は，
日系移民の新聞にも掲載されている（資料3）[9]。
しかし徐々にコリア系が生徒の多くを占める
ようになったが，戦後にハワイで急増した韓
国系移民は当初このスタジオに顔を出すこと
はほとんどなかった。植民地時代を経験した
韓国系移民にとって，舞踊は宴会で男性を歓
待するために披露した妓生（キーセン）のイ
メージが強く，妓生が李氏朝鮮時代に宮廷で
披露した古典芸能のイメージも，近代以前の
朝鮮で人びとが生活や共同体のために維持し
てきた民俗舞踊のイメージもほとんどなかっ
た。また戦後に朝鮮半島で古典舞踊が「朝鮮
舞踊」と「韓国伝統舞踊」へと体系化されて
いくが，その発展を知る前に移民したことも
影響している。さらにハラ・ペ・ハラムが舞
踊を始めた当時，「コリアン・バー」といわ

資料2　ハラ・ペ・ハム氏（中央）
（出典）ハワイ大学コリアン研究センターハラハムコレクション

資料3　日系新聞に掲載した舞踊教室案内
（出典）ハワイ大学コリアン研究センターハラハムコレクション

れるホステス形式の飲み屋がハワイで急増し，コリア系の女性やコリアン文化
に対して否定的なステレオタイプが蔓延していた（李里花 2011）。そのためこの
イメージを彷彿とさせるようなものは韓国系移民の間で否定され，妓生と結び

つけられたコリアン舞踊に対する風当たりも強かった。植民地時代の日本で育ち，舞台舞踊の公演を積み重ねてきたハラ・ペ・ハム氏と，韓国系移民の間には，コリアン舞踊に対する異なったイメージがあった。

　しかし彼女の舞踊スタジオはハワイ各地で数多くの公演をこなすようになった。このころのハワイは，米国の公民権運動の流れを受け，マイノリティ運動——特に先住ハワイ系とアジア系移民の権利拡張運動——が急速に高まっていった時期であった。またマイノリティの文化が，先住ハワイ系の「ハワイアン・ルネッサンス」や移民の「エスニック・リバイバル」といった形で急速に「復活」していった時期であった。そのためハワイ社会で多文化／文化に対する関心が高まり，ハラ・ペ・ハムは 1959 年からはハワイ大学のコリアン舞踊講座の講師を務め，1960 年代から 70 年代にかけてはハワイ州のステートフェアーやホノルル美術館などの公的な場から非営利団体やエスニック団体の企画イベントまで数々の公演を行うようになり，1980 年には年間 50 近い公演をこなすようになった。また彼女は，ハワイの多文化主義政策においても注目され，例えば 1962 年にハワイ州知事がハワイの芸術を発展させるために「文化的コミッション」を設立した時にはコリアン文化を代表してそのメンバーに選ばれた。また 1972 年にハワイ大学のコリアン研究センターが立ち上がると，同センターは州政府から補助金を受け「コリアン伝統発展プロジェクト（Korean Heritage Development Project）」を始動し，そのプロジェクトの中心にコリアン舞踊を据え，ハラ・ペ・ハムを講師に迎えた。彼女は，「コリアの習慣，舞踊，リズムを 3 歳から 70 歳までのすべての人に教育すること」を目標に，ハワイ大学で広い層の人びとに宮中舞踊や民俗舞踊を指導し，公演を行ったのだった[10]。さらにこのころからハワイでは「多文化」が観光資源となり，観光客向けに多民族的ハワイをアピールしたショーやイベントが増えていった。ハラハム舞踊教室は，ホテルや観光イベントから招待されることも多く，1960 年から 66 年までは「ナツノヤ」というレストランで「多民族ショー（Multi-ethnic show）」という公演を定期的に行い，日系やオキナワ系，中国系，フィリピン系とともにコリアン舞踊を披露した（Nishiguchi 1982, 118 頁）。

　彼女のコリアン舞踊に対する貢献は，公演や指導にとどまるものではなかった。彼女は韓国に幾度も渡り，また韓国から舞踊家を招待し，ハワイに韓国伝

統舞踊の知識と技術を普及した。舞踊のジャンルも幅広く，1960年代に韓国で宮中舞踊の金千興（1968年に韓国人間国宝に指定される）に師事し，彼や彼の娘をハワイ大学や舞踊スタジオに招待するようになると，巫舞の李芝山，農楽の金炳燮，仏教舞踊の朴松岩，サルプリの金木花（サルプリは1930年代に韓成俊から指導を受けたこともあった）から指導を受けた（Van Zile 2001, 159頁, 224頁）。1980年には韓国政府から国外の舞踊家として初めて文化勲章を授与し，1983年から韓国の全州大学校で5年間コリアン舞踊の指導にもあたった。そして1980年に英語で朝鮮伝統舞踊を紹介した本「Kut：Korean Shamanist Rituals」を韓国とアメリカで同時に出版した。

　ハラ・ペ・ハムのように朝鮮半島でコリアン舞踊の知識や経験を積み重ねた移民は，アメリカ以外にも存在するが，南北朝鮮どちらの舞踊を継承したかによって活躍の場を失ったり，制限されたりすることもあった（Um 2005, 51-52頁）。しかしハワイは韓国系移民が圧倒的に多く，また韓米関係が強化されているアメリカ合衆国の政治文化の中にあったことから，ハラ・ペ・ハムが韓国伝統舞踊を継承し，それをハワイのコリアン舞踊に取り入れていくことに対して反対の声があがることはほとんどなかった。ただ移民の多くがキリスト教徒であったことから，サルプリや仏教舞踊をコリア系の子弟に教えることに対する保護者からの反対の声は時々あげられることがあった[11]。しかし舞踊スタジオは，冒頭にあるように，舞踊を通してコリアン文化を理解し，「コリアン」としてのアイデンティティを構築，再構築していこうとする移民子弟とその保護者たちが集まった場所であり，ハラ・ペ・ハムも子供たちの文化教育を重視するようになっていた[12]。この理由について，生前のハラ・ペ・ハムをよく知るメアリー・ジョー・フレシュリー氏は，彼女もコリア系の子供たちのように，朝鮮半島で育たず，「コリア」を経験することに後半の人生を捧げてきたからではないか，と語る[13]。そのため保護者たちの声は一時的なものとなることが多かった。

　舞踊教室を存続させることは容易ではなく，ハラ・ペ・ハムは舞踊教室を始めたころは旅行会社で働き，日本や韓国のツアーガイドを務めながら，指導と公演にあたった。また彼女が不在の時は，教え子が教室の指導にあたり，数多くの公演をこなした。こうしてハラハム舞踊教室は他の舞踊スタジオのように

教室の閉鎖に追い込まれることなく，ハワイで最も歴史あるコリアン舞踊スタジオとして，戦後のハワイにおけるコリアン舞踊の発展を牽引していったのである。

おわりに——「伝統」を表すことの意味

　ハラ・ペ・ハムが1994年に亡くなると，彼女の功績はハラハム財団として残されることになった。そして新たに財団と舞踊スタジオを率いることになったのが，スタジオで長年指導にあたってきたメアリー・ジョー・フレシュリー (Mary Jo Freshley) 氏であった。オハイオ州出身で，ハワイのカメハメハスクール (Kamehameha School) の体育教師を退職したばかりの彼女は，ハラ・ペ・ハムから「Pai（ペ）」の称号が与えられた数少ない弟子の一人であり，彼女の活動を長年支えた人であったことから後継者に選ばれたが，非コリアンの白人女性であることによって移民社会から賛否の声がもちあがった[14]。最終的に彼女のようにハラ・ペ・ハムを理解した者も，彼女のようにコリアン舞踊に対する深い知識や経験を有する者もいなかったことからこの声はかき消されたが，この時持ち上がった人びとの声は，コリアン舞踊が一つの舞踊領域を表すものではなく，「コリアン」という人びとを象徴する文化として人びとが認識していることを表す出来事となった。

　「伝統」は創り出される（ホブズボウム＆レンジャー 1992）。ハワイのコリアン舞踊は，コリア系移民が1920年代に始め，戦後さらなる発展を遂げ，コリア系移民の文化を表す「伝統」となった。しかし同時に，この歴史はハワイの文化表象をめぐる政治とも連動した。戦前のコリア系移民は，ハワイに移民してから西洋社会の近代的，キリスト教的価値をいち早く取り入れ，躍ることをやめていった人びとであるが，その社会が出自国の「伝統」表象を移民に奨励していったことによって踊りを「復活」させた。そして戦後の多文化政策の拡大の中で踊りをさらに発展させていった。さらにコリアン舞踊が発展を遂げる過程において，戦後の人の移動とそれを容易にしたグローバル化も大きく影響した。それはハラ・ペ・ハムという舞踊家がハワイに移民し，彼女が出自国と往復しただけでなく出自国から舞踊家を招聘したことによって，コリアン舞踊をめぐ

るハワイと出自国の間で人と文化の流れを生み出し，ハワイのコリアン舞踊と韓国伝統舞踊との間に連続性をもたらしたことである。すなわちコリアン舞踊の「伝統」は，ハワイの文化表象をめぐる政治とグローバル化によって大きく形づくられたといえる。

　一方，移民がコリアン舞踊に抱いてきた想いは，移民が直面したリアリティーを浮き彫りにするものとなった。それは戦前の移民二世が「アメリカ人」という教育を受けながらも，人種主義的な「まなざし」に晒され，「コリアン」というカテゴリーから逃れることができないリアリティーであった。そんな中で二世は「外国」のものとされてきた一世たちのコリアン文化を自分たちが継承していくことによって，自分たちの「コリアン」としての生き方に新たな意味を見出そうとした。当時の二世を映し出す映像記録が残っている。戦前のマッキンリー高校のクラブ活動を撮影したこの映像は，アメリカンフットボールクラブの男子学生がアメフトのユニフォームを着て登場するように，ジャパニーズクラブの女子学生が浴衣を着て琴を弾き，コリアンクラブの女子学生がチマチョゴリを纏いながら手にスカーフをもって簡単な踊りを披露する姿を映し出している（Baker 1931, 16mm）。すなわち舞踊は，ハワイ社会の中で自分たちの存在を表すシンボルでもあり，それに対して主体的な意味づけをしていこうとする移民の営為である。これが移民の「伝統」を考える上で重要な意味をもつが，この移民の営為は出自国のカテゴリーに──世代交代を経ても，戦前から戦後に時代が移り変わっても──範疇化される，というリアリティーと切り離して考えることはできないのである。

　今日のハラハム舞踊教室は，舞踊を通して「伝統」を学び，「コリアン」としてのアイデンティティを構築／再構築していこうとする移民子弟が数多く通い，コリアン・フェスティバルで毎年登場する人気スタジオとなった。そして彼（女）らが創作した「アロハ・チャンゴノリ」という演目は，朝鮮の農楽とフラの楽器をアレンジしたもので，ハワイ各地の人びとの心を魅了してやまない。また舞踊スタジオを率いるメアリー・ジョー・フレシュリー氏は，後世にコリアン舞踊の歴史を残そうとハワイ大学コリアン研究センター所蔵の「ハラハムコレクション」の更新を毎週行っている。こうして戦前から続くコリアン舞踊の「伝統」は，その内実や形式が大きく変化したものの，ハワイのコリア

系移民の文化を表すシンボルとして，今日も新たな息吹が吹き込まれ，さらなる発展を遂げようとしている。

［附記］本稿は，科学研究費補助金（基盤研究（B））「多文化社会の排除と包摂の論理：ハワイにおける文化創生をめぐる民族間交渉と戦略」（代表：白水繁彦駒澤大学教授）の研究成果の一部である。調査にあたってインタビューや史料収集に快く応じてくださった方々にこの場をかりて感謝もうしあげたい。

注
1) この多文化をめぐる言説は，ハワイの「民族融合の楽園」イメージに規定されるところが大きく，現実社会を投影するものではない。ハワイの多文化社会論と「民族融合の楽園」イメージの問題については，白水（2011a），矢口（2011），Okamura（2008）参照。
2) 移民数について，ハワイ労働局は男性6,717人，女性677人，子供465人（*Report of Commissioner of Labor Statistics on Hawaii 1915*, 64頁）と発表しているが，乗船者リストによれば7291人である。乗船リストについては，http://www.korean-studies.info/pdf/pass200a.pdf を参照。
3) アジア系移民の人口については，次を参照した Robert C. Schmitt（1968）*Demographic Statics of Hawaii: 1778-1965*. University of Hawaii Press, 120頁．
4) Judy Van Zille（2007）も女性たちが踊らなかった理由として，女性がキリスト教徒で，ハワイのキリスト教団の方針に従ったためだとしているが，当時の女性たちが踊りに対して妓生のイメージが強かったことも指摘している。
5) トリナ・ナム＝ミジョ氏インタビューにて（2014年2月28日，於ハワイ州ヒロ市）。
6) この数は「race alone or in combination」の数。「race alone」の数は2万4203人となる。データは，U.S. Census Bureau, 2010 Census Summary File 1 Hawaii <http://factfinder2.census.gove/faces/nav/jsf/pages/index.xhtml> より。
7) 名前の由来は韓国済州島の漢拏山であることから，Halla 氏の名前を「ハルラ」と表記できるが，彼女が舞踊スタジオの広告を日本語で出した時に「ハラ」と表記したことから，ここでは「ハラ」と表記する。
8) ハワイの新聞は彼女の移民年を1950年としている（The Honolulu Advertiser, April 6, 1952, 13頁）。しかしハラハム財団が1949年としているため，本稿では1949年とした。
9) ハラ・ペ・ハムは自分の舞踊教室を日本語で「朝鮮舞踊」と呼んだが，これは韓国伝統舞踊と差別化するためではなく，植民地時代の呼称を使ったと思われる。
10) Halla Huhm Dance Collection, "Long-Range Project Grant Application by Center for Korean Studies (February 22, 1980)".

11）メアリー・ジョー・フレシュリー氏インタビューにて（2014年3月4日，於ハワイ大学コリアン研究センター）。
12）同インタビュー。ハラ・ペ・ハム氏は，移民子弟のみならず，あらゆる層の人びとに対して熱心にコリアン舞踊を指導した。この背景にはコリアン舞踊――特に民俗舞踊――をめぐる偏見や誤解があった，とフレシュリー氏は指摘している。ハラ・ペ・ハム氏の指導については，Nishitani（1982）やドキュメンタリー映画「Moving Home：The Legacy of Halla Pai Huhm」（監督 Billie Lee, 2012）も参照。
13）同上。
14）詳しくは（Van Zille 2001, 231-234頁）を参照。

### 一次史料

College Plays: A Collection of one-act plays written by students in the University of Hawaii, March 15, 1937.
Daisy Chun Rhodes（1994）Korean Oral History Project by Daisy Chun Rhodes [tape / sound recording]. Interviews by Daisy Chun Rhodes, 1994.（KOHP）
Korean Student Bulletin
Ray Jerome Baker（1931）McKinely High School [16mm]. Bishop Museum.
Roberta W. S. Chang. Descendents of the First Korean Immigrants in Hawaii 1903-1905 [videorecording]. Interviews by Roberta W. S. Chang 1994-2000. The Roberta W. S. Chang Video Collection at the Center for Korean Studies, University of Hawaiʻi（RCVC）.
University of Hawaiʻi, Student Papers and Journals（UHSPJ）
University of Hawaiʻi, Center for Korean Studies, Halla Huhm Dance Collection
University of Hawaiʻi, Center for Korean Studies, Judy Van Zile Collection
YWCA Archives

### 参考資料／文献

Adams, Romanzo C.（1937）*Interracial Marriage in Hawaii*. Macmillan.
Choy, Peggy Myo-Yong（2000）"Anatomy of a Dancer: Place, Lineage and Liberation" in *amerasia journal*, Vol. 6, No.2, pp.234-52.
Choy, Peggy and Andy Sutton（1991）"Ha Soo Whang: Woman Pioneer of Hawaiʻi（1892-1984）, Korea Times（Los Angeles edition）, October 16, 1991, p.4.
Hobsbawm, Eric and Terenc Ranger eds.（1983）*The Invention of Tradition*. Cambridge University Press. ホブズボウム，エリック（前川啓治他訳）（1992）『創られた伝統』紀伊國屋書店。
Huhm, Halla Pai（1980）*Kut: korean Shamanist Rituals*. Hollym International Corp.
Imada, Adria L.（2012）*Aloha Hawaii: Hula Circuits Through the U.S. Empire*. Duke University Press.

Kim, Bernice (1937) "The Koreans in Hawaii" (M.A. Thesis, University of Hawai'i).
Masuoka, Jitsuichi (1931) "Race Attitudes of the Japanese People in Hawaii: A Study in Social Distance" (PhD dissertation, University of Hawaii).
Murabayashi, Duk Hee Lee (2000) "Korean women's activities in Hawai'i: 1903-1950" (unpublished paper, University of Hawai'i Manoa Library).
――――――. (2003)「하와이 이민 100년 : 그들은 어떻게 살았나? (ハワイ移民 100 年：彼らはどのように生きたのか？)」중앙 M & B 출판.
Nahm-Mijo, Trina (1989) "A Sister's Story told by Tutu", Trina Nahm Mijo ed., *Herstory: an unpublished anthology of oral histories*.
Nishiguchi, Ann Kikuyo (1982) "Korean Dance in Hawaii: A Study of the Halla Pai Huhm Korean Dance Studio", (M.A. thesis, University of California, Los Angeles).
Okamura, Jonathan Y. (2008) *Ethnicity and Inequality in Hawai'i*. Temple University Press.
Patterson, Wayne (2000) The Ilse: *First-Generation Korean Immigrants in Hawai'i 1903-1973*. Honolulu: University of Hawaii Press, 2000.
Sutton, Anderson (1987) "Korean Music in Hawaii" in *Asian Music*, Vol.XIX-1 (Fall/Winter), pp. 99-120.
Um, Hae-Kyung, (2005) "Community, identity and performing arts: the Korean diaspora in the former Soviet Union and China", Hae-Kyung Um ed. *Diasporas and Interculturalism in Asian Performing Arts: Translating traditions*. Routledge Curzon.
Van Zile, Judy. (2001) Perspective on Korean Dance. Wesleyan University Press.
―――――― (2007) "Korean Dance in Hawai'i: A Century in the Public Eye" in *From the Land of Hibiscus: Koreans in Hawai'i*. ed. by Yŏng-Ho Ch'oe, pp.256-277, University of Hawai'i Press.
Warren Y. Kim. (1971) *Koreans in America*. P. Chin Chai Pringting Co.
Yu, Eui-yong (1981) "Koreans in America: Struggling for Cultural Adjustment," in *Korean Culture*, Vol. I, no.4 *(winter)*, pp.18-23.
白水繁彦（2011a）「＜太平洋の楽園＞再考」白水繁彦（編）『多文化社会ハワイのリアリティー：民族間交渉と文化創生』御茶の水書房，3-17 頁。
―――――（2011b）「新しい文化を創るひとたち：ハイブリッドなローカル文化」白水繁彦（編）『多文化社会ハワイのリアリティー：民族間交渉と文化創生』御茶の水書房，19-48 頁。
城田愛（2011）「フラにみる多文化社会ハワイのポリフォニー：聖地，観光地，主権回復運動で共振する祈りと踊り」白水繁彦（編）『多文化社会ハワイのリアリティー：民族間交渉と文化創生』御茶の水書房，49-86 頁。
宋安鐘（2009）『在日音楽の 100 年』（青土社）。
鄭昞浩（1993）『韓国の民俗舞踊』（白帝社）。
原尻英樹（2000）『コリアンタウンの民俗誌：ハワイ・LA・生野』ちくま新書。

矢口祐人（2011）『憧れのハワイ：日本人のハワイ観』中央公論新社。
李里花（2006）「コリアン・アメリカンの＜コリアンであること＞の意味：現代の国民国家と移民社会」『アジア遊学』92, 96-109頁。
＿＿＿（2008）「ハワイ戒厳令下のコリアン移民のナショナリズム：＜敵性外国人＞から＜友好的外国人＞への語りの形成」」『アメリカ研究』42, 137-154頁。
＿＿＿（2011）「コリア系移民の民族表象と文化創造：＜民族＞にこだわる理由」白水繁彦（編）『多文化社会ハワイのリアリティー：民族間交渉と文化創生』御茶の水書房, 115-144頁。

ハワイにおけるアイデンティティ表象

# 5章 ハワイにおけるアメラジアンの戦略的自己表象

野入　直美　*Noiri Naomi*

## I　ハワイ大学で沖縄アイデンティティについて学ぶ若者たち

### 1　多様な属性，共通の関心

　2005年9月，筆者は，ハワイ大学ウエストオアフ・リーワードコミュニティカレッジで行われたジョイス・チネン先生の講義を聴講した。「沖縄アイデンティティとコミュニティ——ローカルに，かつグローカルに」という刺激的なタイトルを冠した少人数のクラスである。この日は，ジョイス・チネン先生が交流を重ねてきた白水繁彦先生を中心とする共同研究のグループを招いての特別授業で，冒頭に簡単な自己紹介があった。

　筆者は講義が始まる前の，その自己紹介の段階でこのクラスに魅了されてしまった。東京で生まれ，8歳の時にハワイに来たナッシュさん。父が沖縄系，母が広島にルーツを持つという「ローカル」，ハワイで生まれ育った地元っ子のデイビスさん。父がトンガ人で，ポルトガルとコリアンのルーツもあるというキマカさん。沖縄系との違いを知りたいというフィリピン系のジョイさん。コリア系のキロさんは，沖縄系のアイデンティティにはユニークさとともにコリア系にも共通する普遍性があると言う。そしてアメリカ軍人の父と日本人の母を持ち，日本で生まれたロイさん，サモアンの父と沖縄系の母を持ち，沖縄で生まれたエレナさんという，二人のアメラジアンの学生たちがいた。13人の受講生は，いずれも越境の経験や複数のエスニシティを持っていた。彼らは，ハワイにおける沖縄系コミュニティについて学ぶことを通じて，自分自身のことをもっと知りたいという関心を共有していたのである。

ジョイス・チネン先生は，沖縄の八重瀬町（旧佐敷町）にルーツを持つ沖縄系三世である。ハワイ大学で教鞭をとる傍ら，ハワイの沖縄系コミュニティにおいて，知的なオピニオン・リーダーとしての役割を果たしてきた。専門は社会学で，ジェンダーと階級・階層の視点を重視し，「ディアスポラ」[1]の問題として沖縄系コミュニティとアイデンティティを研究してきた。ハワイ大学の学生たちを対象とする「ディアスポラ・ツアー」を実施し，沖縄のさまざまな地域や神奈川県の鶴見区にある沖縄系コミュニティを学生たちとともに踏査したことがあった。

## 2　ハワイの沖縄系コミュニティ──ディアスポラ・コミュニティとしての生成

　2005年9月の講義においても，「ディアスポラ」は重要な概念として位置づいていた。ジョイス先生は，ディアスポラは「移民」と重なりつつも異なる位相を持っており，離散の意味合いを含むことを軽視してはならないと指摘した。ディアスポラのアイデンティティとは，失われた自己の尊厳やコミュニティの絆をとりもどし，新たに創っていったりするプロセスであるという説明がなされた。

　ハワイにおける沖縄系の人びとは，まず，「二重の差別」[2]を甘受したプランテーション時代にルーツを持つものとして語られた。それは，アメリカ大陸出身の白人富裕層，いわゆる「ハオレ」がハワイ社会を支配し，フィリピンや中国，日本からの移民労働者を搾取してプランテーション農園の収益を手にしていた時代である。さらに日系移民から蔑視され，排除されていた沖縄系移民は，出身地ごと，血縁者どうしで助け合うことで，あるいは改姓によって日本人を装う「パッシング」によって，二重の差別を生き延びようとした。

　沖縄系の人びとが日本人を装う「パッシング」は，現代のハワイ社会に生きている学生たちには信じ難いものであるようだった。今日，ハワイの沖縄系コミュニティは，沖縄文化のユニークさを堂々と示し，ハワイにおいて最も凝集力の高いエスニックグループとして知られているのである。

　ジョイス先生は，このような変化をもたらしたプロセスとして，まず，第二次世界大戦後の沖縄救援運動の重要性を指摘した。それは，戦争によって荒廃した故郷・沖縄を助けるべく，ハワイ在住の沖縄系の人びとが，豚や山羊，衣

類，学用品などを沖縄に送った活動である。ディアスポラのコミュニティが，故郷に貢献する存在としての自己を発見したこと，さらに従来は字（あざ）単位でしかなかった帰属意識が，ひとつの「沖縄アイデンティティ」にまとまったことが，この救援運動の意義とされた。

　もうひとつの重要な転機は，1981年から始まった「沖縄スタディーツアー」であるという[3]。ハワイ沖縄県人連合会は，世代を経てルーツや文化に触れる機会の少なくなった三世のリーダーたちが沖縄で研修し，ハワイにおけるコミュニティの活動に有益な見聞を広める機会を設けたいと考えた。戦後のハワイからの支援に感謝していた沖縄県は，積極的にホスト側の体制を整えた。ツアーの参加者たちは，企画者の期待以上のものをハワイに持ち帰った。彼らはヤング・オキナワンズ・オブ・ハワイというグループを結成し，それまでの郷友会における地域の枠を超えて，若い世代のネットワーク化を進めた。さらに，ツアーで得た那覇まつりの見聞をヒントにして，翌年，第一回のオキナワン・フェスティバルがハワイで開催された。それは開催を重ね，多民族社会ハワイにおける最大のエスニック・フェスティバルへと成長していったのである。

　講義がここまで来ると，沖縄にルーツのある学生たちは，胸の高まりを抑えかねる表情になっている。しかしジョイス先生は，むしろオキナワン・プライドに陶酔することから彼らを引き戻すかのように，クリティカルな問いを投げかける。

　「沖縄の文化とはいったい何でしょうか。アンダギーやサンシン[4]，食べ物や音楽だけが沖縄の文化でしょうか。それらはいつから，どのようにして，沖縄アイデンティティの象徴となっていったのでしょうか。」

　「女性という視点からは何が見えてくるでしょうか。ハワイの沖縄系の活動において，女性たちはきわめてアクティブですが，リーダーシップという点ではどうでしょうか[5]。」

　議論の範囲は，ハワイの沖縄系コミュニティにとどまらない。フィリピン系やコリア系の学生たちは，自分たちのエスニシティにひきつけて発言し，新移民の学生たちは，移動や越境という論点を取り入れようと試みていた。

　スチュアート・ホールやポール・ギルロイは，「ディアスポラ」を生きる諸個人の剥奪の側面を踏まえつつ，複数帰属性やアイデンティティにおける戦略

性など，ディアスポラならではの創造性ともいうべき能動的な面についての議論を展開してきた（Hall 1990, Hall 1996, Gilroy1993）。筆者が聴講したハワイ大学の授業は，ハワイの沖縄系コミュニティをひとつのディアスポラ・コミュニティと位置づけて学びつつ，ひとりひとりの学生たちが，その学びに基づいてどのように自身のディアスポラ経験を意味づけ，それを表していくかを模索するプロセスであった。そこで表象される自己は，他の誰とも代替できないその人の物語という面では，すぐれて個人的であった。同時に，他者との相互行為の中で意味を帯びて立ち上がり，発話されるという面では，自己表象はきわめてインタラクティブな営みとして実践されていた。

　この章では，本書の主題である「自分たちの表し方」のうち，自己表象という営みを，相互行為，とくにハワイ・ローカルと越境者との関係性の文脈に焦点をあてて分析する。筆者は，ハワイをフィールドにしたこれまでの研究において，越境者にとってのハワイ・ローカルのコミュニティへの入り込みの難しさを描いてきた（野入 2008, 2011 頁）。しかし，ハワイにおけるローカルと越境者の関係性は，排除や葛藤だけに収れんされるものではない。本書では，とくにハワイ大学でディアスポラについて学び，ジョイス・チネン先生による講義に触発されて自分の経験をとらえなおそうとしていた二人の若者，エレナとアンソニーの事例をとりあげる。2005 年 9 月の調査時において，エレナはいったん就いていた仕事を辞めて大学に戻り，会計士の資格を取得しようとしており，アンソニーはパートタイムで働きながら大学に通い，作家になることを目指していた。

　そして二人とも，筆者が意図したわけではないが，インタビューの席にもうひとり，配偶者あるいはきょうだいがいて，筆者を含む 3 名で会話のやりとりをした。エレナは兄のエディーを連れてきてくれた。インタビューは筆者の依頼によるものだが，エレナ自身が能動的に場を作り，きょうだいと自分の自己表象の相違についてのビジョンを示してくれた。アンソニーのインタビューには，つれあいのカイヤが同席し，筆者と一緒に質問をしたり，補足的なコメントを述べたり，それにアンソニーが同意したり反論したりといったやりとりがあった。

　本章で描く自己表象をめぐる相互行為は，インタビューの中で語られた，そ

の人が経験した関係性だけではなく，インタビューのプロセスそのものとしての対話を含んでいる。さらに，彼らの自己表象に示唆を与えてきたものとして，ジョイス・チネン先生の提供する学びの場の影響力がある。ここでは過去の経験だけではなく，インタビューの場の成り立ち，そこで生成した対話，さらにはそのような自分たちの表し方を下支えする学びを含む，多層的でダイナミックな構成として，自己表象とその相互行為を読み解いていきたい。

## II　アメラジアンという視点——越境とローカルをつなぐアイデンティティ

　ケース・スタディに先立って，筆者が調査対象者を「アメラジアン」というカテゴリーでとらえていることの背景を説明しておく。
　アメラジアンとは，アメリカ人とアジア人の両親を持つ人びとをさす用語であり，多くの場合は，米軍の派兵や駐留を背景として生まれた人を含意する（照本2001，野入2009）。日本においては，在日米軍基地の約75％が集中する沖縄で，毎年，250人から300人ほどのアメリカ人父親，日本人母親を持つ子どもが生まれ続けており，その多くがアメラジアンであると考えられる。日本においては，アメラジアンは沖縄に特殊なマイノリティーとしてとらえられているが，現実のアメラジアン，とくに子どもたちは，米軍関係者である父親の転勤に伴って，また母親の意向を受けて，越境を繰り返すことがある（野入2008）。
　筆者は2003年から，ハワイで成人アメラジアンを対象とする調査を始めたのであるが，もともとは1998年に沖縄で設立された民間の教育施設，アメラジアンスクール・イン・オキナワの運営にかかわる中で，沖縄在住のアメラジアンの体験を相対化できればと考えてハワイにフィールドを求めた経緯がある。「アメラジアン」という用語は，ハワイの人びとには馴染みが薄かった。ハワイには米軍基地があり，アメラジアンもいるのであるが，ハワイの人びとにとって米軍は自国の軍隊であり，とくに「米軍人・軍属の父親を持つ人」を取り上げて焦点化する文脈は存在しない。むしろ「日本人の母親を持つ人」や「アメリカ人と日本人の間に生まれた人」というカテゴリーのほうが通じやすく，調査では米軍とかかわりのない日米ダブルも排除せずに対象とした。本章でとりあげるエレナ，エディーきょうだいは米軍将校の父親と沖縄女性の母親を持

つアメラジアンであるが，アンソニーは，軍隊とはかかわりのないアメリカ人の父親と日本人の母親を持つ日米ダブルである。ただし，その「アメリカ人」の父親は日系二世，「日本人」の母親は沖縄女性であり，家族の中にはローカルと越境者，日本と沖縄をめぐる交渉や葛藤があった。

ハワイにおいて馴染みが薄い言葉をあえて用い続けてきたのは，「アメラジアン」という視点を通じて，ローカルと越境者の間の葛藤を含んだ関係をとらえるためであった。さらに，「軍事化」（シンシア・エンロー）された移動というものを射程に含めるためであった。

ローカルと越境者をめぐるアメラジアンの経験は，沖縄と日本，さらにハワイとアメリカ合衆国をめぐるマクロなインタラクションにもつながっている。それは，「海外からやってきた移民は，世代を経てアメリカ人になっていく」というアメリカ合衆国のマスター・ナラティブと重なりながら，それを批判的に照らし返す。さらに，「エスニックグループは，独自な文化を維持しつつハワイ社会に貢献する」というハワイ州のマスター・ナラティブ，それに共鳴するエスニック・コミュニティのメイン・ストーリーに対しても，やはり重なりながら，ある種の緊張関係をもって対峙する。そのような主流の言説との緊張をはらんだ関係は，もちろんアメラジアンに限って起こっていることではない。むしろ，さまざまなエスニック・マイノリティに共有されているディアスポラ性ともいうべきものが，「アメラジアン」という視点を通じて顕在化されると筆者は考える。

ただし，そのような研究方法論上の可能性とは別に，実体概念としての「アメラジアン」がハワイ社会において希薄であることは前述したとおりである。筆者はこのカテゴリーを用いて事例研究を行うが，それは，調査に協力してくれた人びとが「アメラジアン」としてのアイデンティティを有しているということは意味しない。あくまでも研究上の枠組みとして，本章ではこのカテゴリーを用いることとする。

## Ⅲ 「ハワイでは，自分が何者であるのかが明らかになる」
――エディー，エレナきょうだいのケース・スタディ

### 1 インタビューの使用言語――日本語をめぐるやりとり

　エレナは，沖縄女性の母とサモアンの米軍将校を父に持つ大学生で，調査時（2005年9月）の年齢は32歳であった。前述したジョイス・チネン先生のクラスで出会い，その数日後の日曜日の朝，地元の人びとでにぎわう食堂へ連れて行ってもらった。そこには7つ年上の兄のエディーが待っていて，私たちは目玉焼きとスパムにパンケーキを添えた朝食をとりながら，数時間にわたって話をした。このきょうだいの事例は，拙稿（2011年）にも一部を掲載した。本章では，とくに対話のやりとりに着目して，彼らの経験の再読み込みを試みる。

　対話に注意して音声を聞き直すと，インタビューが始まってすぐに，エレナが，エディーと筆者のやりとりを日本語に切り替えればいいという提案をしていることに気づいた。筆者は，エディーから生い立ちの概要を英語で聞いているところであった。英語だったのは，エレナと食堂まで英語で話し，そのままエディーともあいさつしたためである。以下，日本語が挿入された部分は「」で表記している。

　――エディーはいくつなの？
　エディー：39歳だよ。
　――生まれたのは沖縄のどこ？
　エディー：確かキャンプ・レスターだったと思う。基地内の病院。
　エレナ：（筆者に）どうして日本語で質問しないの？（エディーに）あなたも日本語で答えればいいのに。そのほうがナオミには簡単よ。（筆者に）日本語で聞いてみて。そしたらエディーの練習になるし。
　――日本語が上手いの？「日本語で大丈夫ですか？」
　エディー：うん。
　――どっちがいい？
　エディー：どちらでも大丈夫。君の英語は上手いし。

——じゃあ，キャンプ・レスターの中に住んでいたのね？
　エディー：いや，基地の外だった。牧港だよ。

　結局，その後のやりとりも英語が続いている。それは筆者が，エレナの提案はエディーの十分な日本語力を前提にしたものであったにもかかわらず失礼な問いを発して，スムーズな日本語への切り替えを水路づけていないためである。
　筆者は，基地内に住んでいて（というようにその時点では早とちりしていた）基地内学校に通い，子どものころに沖縄を離れたというエディーの日本語力については，エレナの評価をうのみにできないと感じていた。筆者が沖縄で出会う，基地内に住んで基地内学校に通っているアメラジアンの子どもは，日本語をほとんど話せないからである。筆者が尋ねた"日本語が上手いの？"という問いは，意味としては"日本語，わかるの？"とほぼ等しい。生い立ちを語る前にそのように評価されたことは，エディーにしっかりと伝わったであろう。そういう流れで「ハイ，日本語できますよ」となるはずはなく，彼は短く"Yeah"とだけ答え，"君の英語は上手いし"と付け加えて，筆者のつたない英語にことよせたエレナの提案をかわしている。
　エディーはその後で，沖縄で生まれ，父の転勤に伴ってグアム，北米，沖縄，北米，ハワイへと転々と移動してきたことを話してくれた。彼にとって，よく知らない相手から自分の属性やことばを決めつけられることは，珍しい体験ではなかった。

## 2　ローカルを装うパッシングと自己表象の切り替え

　彼は，ハワイに来たばかりで高校に通い始めた時に，外見とことばの「不一致」（と周囲が見なしたもの）がもたらすあつれきに直面した。サモアンの父と沖縄女性の母を持つエディーは，ハワイのローカルによくある容貌をしており，よそ者には見えない。しかし，実際には彼は北米からやってきた少年であり，地元の子どもたちが話すピジン英語を理解できなかった。

　エディー：みんなは，僕は耳が聞こえないんだと思ったよ。返事をしなかったから。『え？』って聞き返したら，今度は頭が鈍いって思われた。

エレナ：私たちはローカルに見えたからね。そこが一番，大変なところだった。

しかし，耳が聞こえないとか頭が鈍いと馬鹿にされているほうが，「アメリカ本土から来た子」という属性で他者化されるよりも安全であった。もしエディーが白人の容貌をしていたら，ローカルの子どもたちはすぐにエディーが口にする標準英語を聞きつけ，「ハオレ」——合衆国「本土」からハワイにやってきたよそ者の白人として，敵意をぶつけてきたかもしれない。

エディーが通った高校は，ハワイ州の中で最も学力が低く，しばしば暴力沙汰などで報道される学校であった。その地域は，かつては日系人が多く居住していたが，第二次世界大戦後に日系人が階層上昇して出ていくと，代わってフィリピン人が，次いでベトナム人がというように，次々にハワイにおける最も新参の，最も階層の低い越境者たちが入ってきた。長くそこに住むローカルは，出ていくことのできなかった人びとであった。米軍将校の家族であるエディー，エレナ一家がその地域でハワイの最初の数年を過ごしたのは，父方の祖父がいたためである。ただし父親はすぐに仕事でハワイを去ってしまい，たまに帰ってくると，子どもたちのピジン英語を厳しく矯正した。

エレナ："なんだって？" "今，なんて言った？" って言ってね。
エディー：両親ともピジンは嫌いだったけど，お父さんは特に嫌いだったね。

父親は，アメリカ合衆国の規範に照らして，ピジン英語のような「俗語」，スラングを多用し，移民が持ち込んだアジアの言語のボキャブラリーが混じった「亜流の英語」を話す人間は，まともなアメリカ人として扱われないことを知っていたと思われる。しかし，子どもたちはハワイの中でもとりわけタフな地域で，生き延びるためにそれを話すしかなかった。エディーは，ある種の二重生活を切り回すようになった。家庭で標準英語を，学校でピジン英語を使うだけでなく，学校の中でも，場面と相手に応じてしゃべり方やふるまい方を切り替えたという。

エディー：高校で一番多かったのはサモアンとフィリピン人。
——どういうグループとつきあってたの？
エディー：僕は優等生のクラスにいて，そこには日系人と中国人しかいなかった。でも僕はサッカーをやって，サッカーチームはガタイのいいサモアンばっかりだった。そこにいるときは，僕もでっかいサモアンのひとりだった。それから音楽のバンドもやった。そっちは頭のいい子ばっかりで，そっちにいるときは僕もそうなんだ。僕はどっち側の両極端ともつきあったよ。
——あなたもピジン英語を話したの，それとも標準英語のままだった？
エディー：みんなのしゃべり方を身につけたけど，うーん，もししゃべれるかと聞かれれば，一応そうなんだけど，あれはあまり好きじゃない。

　エディーは，ローカルに見える容貌のためにピジン英語を話すと決めつけられ，それを聞き取れないだけで耳が聞こえない，頭が鈍いと貶められた。学校生活をサバイバルするには，容貌にことばを近づけるしかなかった。ローカルにパッシングするべくピジン英語を習得し，それを家庭では厳しく叱られて，今もこのことばを好きではないと感じている。
　エディーにとって，ことばをめぐる問題は，たんなる意思疎通の困難に留まらなかった。それは外見や家庭の規範，移動の経歴など，エディー自身には選択の余地のない属性と関連しあっていた。周囲の他者は，しばしば本人が抱いている自己像とは関係なく彼をまなざした。エディーにとって，ことばをめぐる問題への対応とは，他者との関係の中で自己を組みなおし，自己表象を刻々と戦略的に切り替えていく営みに他ならなかった。
　このような経験をしてきた彼にとって，日本から来た初対面の研究者に，自分の日本語よりも拙い英語で"日本語上手いの？"と質問されるくらいは，腹を立てるにも値しなかったのかもしれない。"うん"，"どちらでも大丈夫。君の英語は上手いし"という短い答えの中には，言葉にされていない内容が含まれているように思われる。それは，「こういうことでは自分は動じない」という平静さであり，「馬鹿にされても，自分は同じことはやらない」という行動規範ともいうべきものである。
　その後，エディーはときどき日本語を交えつつ，筆者の拙い英語による質問

に英語で答えてくれたのだが，それは，日本語があまりわからない妹のエレナを会話から疎外しないためでもあったように思われる。

### 3 再び「日本語」をめぐるやりとり——教えなかった母親の選択を振り返る

しかしエレナこそが，筆者とエディーに，日本語への切り替えを提案したのである。彼女も沖縄生まれであるが，3歳の時に北米へ移動しており，エディーのような沖縄での暮らしの記憶や，聞き覚えた日本語の語彙を持たない。エディーとのやりとりには，兄が持っている日本語についてのアドバンテージに対する羨望や，それにもかかわらず，兄がいまひとつそれを活かしきれていないことへのもどかしさがにじみ出ている。

エレナ自身はハワイで大学を卒業した後，およそ10年間を観光業で働き，オペレーターとして北米からの客の電話予約を受ける仕事をしていたが，公認会計士の資格を取ってキャリアアップをはかり，できれば大学かコミュニティ・カレッジで会計学を教える仕事につきたいという展望を持って大学に戻ってきていた。

——観光業で働くのは面白かった？

エレナ：うん，すごく楽しかった。いろいろな文化を経験できて本当に面白かったよ。でも，フロントデスクとか予約係とかではない仕事に意欲が出てきたの。

——職場では日本語を使うことはあった？

エレナ：ううん，そこは日本人の客は少なかったから。でも日本人の客がいたらしゃべったと思う。部屋番号とか場所の名前とか簡単な方向くらいは言えるから。でも長いこと使ってないからどのくらいしゃべれるかわからない。だいたいの意味はつかめても通訳とかはできない。そう，できないんだよね。……高校とカレッジで日本語は取ったのよ。でも初級の次のレベルくらいまでかな。もしできるなら，もっと日本語を取りたかった。本当は，一度，日本に行きたいと思ったことがあるの。学位をとって日本に行って，英語を教えようとしたんだけど，うまくいかなかった。

——お母さんと日本語でしゃべろうとしてみたことはある？

エレナ：あるよ。日本語の授業を取っていた時はしゃべってたよ。今は前よりもお母さんが日本語で話してくれるようになった。お母さんが，"あんたは日本人だからね"って言うの。お母さんは，私たちに日本語を教えてこなかったことをちょっと後悔しているんだと思う。そうは言わないけどそう感じる。

エディー：「お母さん教えたらよかったけど。」お母さんは僕には全然，日本語を教えなかった。

――「それは，教えようと思ったけどエディーが関心をもたなかったからやめちゃったのか，最初から教えなかったのか。」

エディー：「どうかなー？」

――「覚えてない？」

エディー：「でも，お父さんはあんまりしゃべらなかった。」

――「日本語しゃべらないから。」

エレナ：ママは英語，ペラペラだった。基地の中で働いてたし。

――日本語で子どもとしゃべっちゃうと，お父さんがわからない。

エディー：「日本語，何で教えなかったのかっていうと，あの時代は，バイリンガルじゃなくて」英語で，「今は国際的になってる」，インターナショナルであることが良いという時代だけど，あの頃はみんな，お前は英語が下手だな，英語を勉強しろっていう時代だったから，だから僕らは英語だけを勉強したんだよ。

　このやりとりからは，家庭におけることばの継承に影響を及ぼすさまざまな要素がうかがえる。ふたりとも，子どものころに母親が日本語を教えてくれなかったことを残念に思っているのだが，エディーは，現代のバイリンガルをよしとする価値観に基づいて当時の母親の行為が批判されないように，時代の文脈に引き寄せた解釈を示している。

## 4　ことばの力，大学での学びと将来展望

　エディーも，エレナと同様に高校と大学で外国語として日本語の授業を取り，日本語力が仕事につながることを感じるようになった。一度，観光ビザで日本

に行き，東京に半年ほど住んで，自分の日本語をリフレッシュしたこともある。バブル期には日本人客を相手にしたガイドの仕事で稼げたが，景気が悪くなってくると半端な日本語力ではだめだと思うようになり，仕事を続けながら大学に戻って日本語を専攻するようになった。

　エディー：でも大学，（卒業までに）長くかかりすぎてるんだよ。もう疲れた！
　エレナ：もうほとんど終わってるじゃない。
　エディー：ほんとにもう辞めたいんだよな。
　エレナ：あとほんのちょっとだよ。
　エディー：まぁとにかく大学には戻ったんだけど，特に夏場は忙しくて，朝3時まで働いてから大学だよ。ずーっと使われて。
　――大学を卒業したら，なにか自営するの？
　エディー：いや，たぶんいい仕事を探すだろうな。ちょっと働けばいい，みたいな。もしかしたらまた日本に行くかも。わからないな。日本には友達もいるし。日本じゃないところに行くっていう手もある。「日本語で大学を卒業しても，仕事，いっぱいじゃないよ。2級」をとらないといけない。日本語ってあんまりいい学位じゃない。バイリンガルじゃないと。

　同じハワイ大学の学生として見れば，エレナのほうが勉学に対して積極的であり，将来展望もはっきりしている。その違いは，公認会計士という目標の明確さにも起因するのだが，二人の年齢差もあるように思われる。エディーは，自分の現職について話したがらない。もうすぐ40歳になる彼がこれから日本語の学位を取得してどんなキャリアアップになるのか，展望しきれていないようにも見えた。しかしエレナは，アドバンテージがあって悪くない日本語力も持っているのに本腰を入れない兄がもどかしく，さかんにはっぱをかけている。エレナがその日，インタビューにエディーを誘ったのは，彼が日本語を使う機会になると考えたからでもあった。

## 5　スティグマをはらんだアイデンティティ——ハワイでサモアンであること

　エディーの年下のきょうだいたちは，小学校や中学校からハワイで過ごしたために，エディーに比べればずっとピジン英語に親和してきた。ピジン英語は家庭では忌避されたが，彼らの生活言語ともいうべきものとなった。エレナが意識的に標準英語と使い分けるようになったのは，ホテルの仕事に就いてからである。さらにエレナは，ビジネスの場ではサモアンの姓ではなく母方の沖縄のミドルネームを名乗ることで，「相手を安心させる」技を身につけた（野入2011，171頁）。サモアンとしての属性をなるべく抑え，沖縄系ローカルとしての自己表象を行うという戦略である。一方で，そのような戦略的自己表象が，一種のパッシングであるという感覚もある。ひとつには，エディーが持っているような沖縄での暮らしの記憶がないことから，自分は兄のように自分を"オキナワン"と言い切れないという。もうひとつは，ハワイの沖縄系ローカルと自分との間に，プランテーションのルーツの有無という大きな相違があるという認識である（野入2011，172頁）。

　エディーが自分を"オキナワン"，「ハーフ」と言い表すのに対して，エレナは「沖縄系サモアン」または，相手が沖縄について知らない場合は「日系サモアン」という自己紹介をする。その時，エレナとエディーの間には，サモアに対する距離をめぐっても，グラデーションのような隔たりがあることが浮かび上がる。

　——エディーは，サモアの文化とか，自分自身の中のサモアンの部分には関心があるの？
エディー：……（笑）……。
エレナ：そこは困ったところなの。私たちはサモアンの否定的なステレオタイプを，たっぷりと聞いて育ったから。私たちが何かで白い目で見られるときは，自動的に"あぁ，やっぱりサモアン……"ってなると思う。
エディー：もしここにサモアンの誰かがいたとして，仲良くするのは難しいよ。
　——え？サモアンって英語をしゃべらないの？
エディー：しゃべるけどひどい英語だね。

――通じないの？
エディー：じゃなくて，通じるんだけど，ただ難しいんだ。彼らはサモアンの仲間の中によそ者が入ってくるのを嫌がる。
――じゃあサモアンが仲良くするのは，ただ，
エディー＆エレナ：サモアンとだけ。
エディー：会ったら"やぁ"くらいは言えるけど，長くは一緒にいられない。
エレナ：でもサモアに行ったら，エディーのほうがましだと思うよ。私は絶対，"お前，なんかアジアっぽいな"って言われる。
――ふうん。
エレナ：私は恥ずかしいんだと思う。それほど強くではないけど。でも面白いのはね，お父さんが私に，"お前，サモアンとは結婚するなよ"って言うのよ。"お父さんみたいに優秀な奴なら別だけどな"って。
エディー：サモアンのステレオタイプってどんなのかわかる？
エレナ：ネガティブなのよ。怠け者とか，喧嘩っ早いとか。
エディー：ガタイがいい。
エレナ：大柄じゃないサモアンもいるよね。
エディー：それがステレオタイプなんだ。
エレナ：メディアが広めているのはもっとえげつないね。
――家庭にサモアンの文化はあるの？
エレナ：ちゃんとあるよ。お母さんはサモアンみたいに料理をするの。かなり広い庭があって，特別な時には庭で豚の丸焼きをつくったり。ココナッツとかバナナ，ジャック・フルーツの樹が植えてあるし。お父さんはラバラバを着けてるしね。
――ラバラバ？
エレナ：パレオ（注：巻布）なんだけど，家の外では絶対に着けない。例外はサモアンのゴルフクラブに行くときくらいね。叔父さんがサモアに持ってるゴルフクラブとつながりがあって，サモアでもトーナメントがあるから，お父さんはサモアじゅう回ってる。
――ゴルフクラブかぁ……すごくハイステイタスなサモアンだね。
エレナ：お父さんは，頭が悪くはないの。そして努力家なのよ。お父さんが

将校になった時，お母さんが昇進のための試験を受けるようにお父さんを励ましたの。サモアンの将校は三人しかいないけど，みんな沖縄女性の奥さんなのよ。お母さんがお父さんにはっぱをかけたのよね。
——お母さんは子どもたちにもはっぱをかけてきた？
エレナ：うん。エディーと私は高校を出てすぐ大学に行ったときには学位を取れなかったけど，今，私は取れる見込みがあって，すごくうれしい。お姉さんは両親のサポートで学校に戻って，最近，看護師になったの。お母さんはいつも，教育が一番大事って言っている。きっと，私たちの両親はたくさんの差別を，とくに身内の文化から差別を受けたんだと思う。お母さんはサモアン，お父さんは沖縄の側から。
——お父さんが，娘にサモアンと結婚するなって言うとき，お母さんはなんて？
エレナ：もうその話はしないでって。頭痛の種みたい。でもお父さんにも，サモアンの文化を私たちに教えてこなかった後悔はあるの。お客さんがサモアから来た時，私たちはサモアンのマナーでもてなすことができないの。叔父さんがサモアの知事を伴って夕食に来たとき，お父さんは"娘がサモアンの風習を知らないことをお詫びいたします"と言っていた。私は，それ，私のせいじゃないって思った。言わないけどね。ねぇ，これって沖縄文化とか日本文化にもある？男は座って，女が食事を作って運ぶっていう。お父さんは，お母さんが仕事から帰ってきたら，"誰も（女が）家にいなかったから何も食べてないぞ"っていうのよ。

エディーのほうが，その気になればサモアンのグループに溶け込める風貌を備えている。実際に彼は，タフな高校時代にはそれをやりとげたのだが，サモアンの閉鎖性や「英語のひどさ」に象徴されるようなハワイのサモアンの，経済的・文化的な貧しさとは距離をおきたい気持ちが強い。一方でエレナは，サモアンについて「たっぷりとネガティブなステレオタイプを聞かされてきた」こと，その一部には共感していることはエディーと重なりつつも，「日本語もサモア語も，単語くらいなら聞き取れる」「どちらのルーツにも興味がある」と言い，サモアンのアイデンティティについて，自分を閉ざしてはいないと言

う。
　エレナによるアイデンティティの語りは，しばしば家族の物語となる。サモアンとして異例の昇進を遂げた父と，彼を将校の地位へと押し上げた母は，どちらも誇りをこめて語られる。エレナによると，沖縄の女性というものは，夫や子どもに愛情をこめて強烈にはっぱをかけるのである。まだ自分の夫や子どものいないエレナは，兄に対してそのハビトゥスを実践しているように見える。

## 6　きょうだいの自己表象を分かつもの

　さらにエレナの描くきょうだいのアイデンティティの多様さは，ハワイにおける社会的なコンテクストや，周囲との相互行為を中心に解釈されていく。エレナと次兄は，長兄のエディーとは違ってピジン英語に親和してきたのだが，次兄はエレナのような標準英語との使い分けをせず，一貫してピジン英語を使うという。それは，ひとつには次兄がちょうどことばを確立する年頃に，ピジン英語を憎悪する父親が長期に家を空けており，「矯正が間に合わなかった」のだとエレナは見ている。子どもたちは父親を「お父さん」と呼ぶが，次兄だけは，にこにこ笑いながら「オヤジ」とピジン英語で呼びかける。父親はもちろん立腹するのだが，「仲は悪くないのよね」。そういうエレナは，この終始一貫してローカルである次兄に対しても，うらやましさを感じているように見える。

> 「このお兄ちゃんと私が違うのは，私が観光業で働いていたせいもあると思う。観光業で働くと，ハワイの外にいる，よその人とのやりとりが出てくるし，自分が他のアメリカ人とは違うしゃべり方をしていたんだなとか，こういうしゃべり方がどんなふうに受け取られるかとかがわかってくるの。」

　学校でも職場でも，ほぼローカルとだけつきあってきた次兄は，標準英語を話さず，さらにハワイから離れたがらないという。「ほんとにこのお兄ちゃんはローカルだよね。」
　そして，エディーとエレナにはもうひとり，際立ったアイデンティティを顕示するきょうだいがいる。エレナの姉は，18歳の時に叔父に伴われてサモア

に行き，ハワイに帰ってきてからは「サモアンとしか友だちづきあいをしない，完璧なサモアン」になったという。サモア語を流暢に話し，叔父が経営するサモア系の病院に勤務し，サモアで生まれ育ったサモアンと結婚し，沖縄サイドのアイデンティティや日本語などにはほとんど関心を示さない。次兄とは中身が異なるが，自己表象が終始一貫していて，エディーやエレナが行っている状況に応じた切り替えをあまり必要としないという点では共通している。

　一方でエレナは，この姉や次兄のように，周囲との関係を同質性の輪の中に閉じるよりは，揺れや混乱があってもいいから，多様な人びととのやりとりの中で自分を見出していきたいという志向を持っていた。さらに，このような自分，そしてこのようなきょうだいを生み出したハワイ社会の文脈というものに対して，深い関心を抱いていた。

　調査時のエレナは，ジョイス・チネン先生の講義を通じて，ハワイのコンテクストに照らして歴史的，社会的に自分のコミュニティやアイデンティティをとらえなおす学びに，積極的に打ち込んでいた。このインタビューの場にエディーを連れてきて，筆者を含めた三人でやりとりする場を作ったことや，その場にいないきょうだいのアイデンティティの多様性を分析し，そのグラデーションの中で自分自身のポジショナリティを語ったことも，そのような学びのプロセスとして，能動的に営まれていたように思われる。

　インタビューという限定された場面でエレナが表象した自己とは，サモアンと沖縄の両方のサイドに開かれつつ，どちらのコミュニティにも完全に自己を託しきることのない複数帰属性であり，自分の内側にある豊かなグラデーションを自在に調整し，状況や相手に応じて戦略的に自己表象を切り替えるという自分の表し方そのものについての省察であった。


　「おんなじ親に育てられたきょうだいでこんなにバラエティーがあるって面白いよね。これってハワイだなぁと思う。ハワイでは，他のどこにいるよりも，自分が何者かっていうことが明らかになるの。
　サモアンを伏せてオキナワンを強調していればうまくいくというものでもなくて，サモアンに対するネガティブなステレオタイプとコインの裏表みたいなものが，沖縄系や日系に対してもあるのよ。前の職場の上司も，"君は

日系人か，すばらしい，日系人は優秀だね"って言うの。日系人にも頭の悪い人はいるよね。私は何も言わなかったけど，自分自身にそういう，ネガティブにしろポジティブにしろ，属性で決めつけるような狭い気持ちがないのはいいことだと思ってる。」

## IV 「『ハーフか，ゼロよりはましだな』ってうけるよね」
――アンソニーのケース・スタディ

### 1 日系ローカルの父と沖縄生まれの母

この節では，もうひとり，ジョイス・チネン先生から学び，前述した「ディアスポラ・ツアー」にも参加したアンソニーの事例をとりあげる。つれあいのカイヤは学生ではないが，アンソニーの学びに関心を持ち，ジョイス先生が催す沖縄関連のイベントを手伝ってきた。彼女は，インタビューの冒頭ではアンソニーの言葉を補う役割を務めていたが，次第に質問し始め，アンソニーは対話の中で，自分の経験のとらえなおしを行っていった。

アンソニーは，1960年代の初めにハワイで生まれた。父親は山口県にルーツを持つ日系二世で，当時はタクシーの運転手などをして生計を立てていた。母親は沖縄生まれで，すでに国際結婚をしてハワイにいた姉を頼って勉強のためにハワイに来て，ホテルで清掃の仕事をしている時に父と出会った。アンソニーは「アメリカ人父と日本人母」を持つ日米ダブルということになるのだが，その「アメリカ人」は日系人，「日本人」は沖縄女性であった。

そしてアンソニーが生まれ育った地域は，エディーとエレナの一家がハワイで初めて住んだ，あのタフなエリアであった。しかし，思春期になってから，しかも北米からその地域へ移住してきたエディーたちとは異なり，その環境はアンソニーにとって所与の，なじみ深いものであった。親の意向でその地域からは離れた仏教系の幼稚園に通わされた時，アンソニーは日系人の子どもばかりの環境に，かえって違和感を抱いた。

――おうちが日系だったから，仏教系の幼稚園に行くのは自然なことだったのね？

アンソニー：いや，僕はあそこ，嫌いだったな。
——どうして？
アンソニー：多分，そこにいた子どもたちが，僕がずっと一緒に遊んできた子どもたちとは違ったからだと思う。幼稚園はほぼ全部が日系人で，うちの周りはそうじゃなかったから。
カイヤ：彼が生まれ育った場所は，労働者階級の人が多いの。中国系と日系は，いても労働者階級ね。
——なるほど。うちの周りではどういう子どもたちと一緒に遊んでたの？
アンソニー：小さいときは，親が日系人の近所の人を見つけてきて，そこの子どもを僕に紹介してたと思う。だから小さいときは日系の友達が多かったけど，中学生になって自分で友達を作るようになったら，日系人よりアメリカに同化してるフィリピン系か中国系の子のほうが一緒にいて居心地がよくなってきたんだ。
——仏教系の幼稚園にいた子は，どこが違ったのかな。
アンソニー：ミドルクラスの子が多かったな。
カイヤ：世代はどう？
アンソニー：幼稚園の子は「三世」が多かったね。
カイヤ：というのは，彼が住んでいた地域ではほとんどの子どもが「二世」だから。その違いは大きいよね。
アンソニー：いや，あの地域で二世なのはコリア系か中国系だけだったよ。
カイヤ：あそこで？
アンソニー：うん，フィリピン系はほとんど三世だった。

　カイヤが発する質問によって，地域，階級，移民世代といった重要な論点が浮かび上がってきている。アンソニーは，最初は「近所の友達」とひとくくりにしていた関係を振り返り，なぜ自分がフィリピン系の友達と一緒にいることを好むようになったのかを考え始めた。

## 2 「日系人と遊べ，日本語をしゃべるな」

アンソニー：僕は 5 歳か 6 歳で英語を話すようになったんだけど，お母さんが言うには，学校に行くまでは僕は日本語をしゃべっていたって。
──そうなの。
カイヤ：それって本当？
アンソニー：うん。
──おうちで？
アンソニー：う，いや，お母さんと僕の間だけで僕たちは日本語をしゃべってたよ。
──お父さんとは？
アンソニー：英語で。お父さんはほとんど日本語がわからなかったから。
──なるほど。
アンソニー：学校に行く前に，お父さんがお母さんに，日本語を僕に教えるのをやめろって言ったんだ。
──お母さん，了解したの，それとも言い合いになったのかな。
アンソニー：うーん，よく覚えてないけど，お母さんはけっこう反論したと思うな。あんまり覚えてない。
──でも結局は，あなたに日本語を教えるのをやめたのね。
アンソニー：うん。
カイヤ：お母さんはあなたに沖縄語で話しかけたことはあるの？だってお母さんは沖縄語も日本語も，ピジン英語も，英語も話すよね。
アンソニー：ちょっとは沖縄語で話したと思うんだけど，覚えてないな。
──じゃあアンソニーは沖縄語と日本語の違いがわかるんだね。
アンソニー：だいぶ後になってからね。お母さんは，日本語は教えたけど沖縄語は教えてないかもしれない。

筆者は軽く流しかけたが，カイヤが驚いたので重要性に気づいたのは，アンソニーが幼少期に，母親と日本語で会話をしていたというエピソードである。ハワイで世代を経た日系ローカルであるカイヤにとって，親子がエスニックな

言語で会話する状況というものは常ならぬものであった。カイヤは，アンソニーの母親が新移民であることの意味を改めて見つめなおしているように見えた。

　アンソニーの両親は，息子に日系人とのつきあいを願う一方で，父親は，家庭における日本語の使用を禁じた。このふたつは，階層上昇を志向している点で一貫している。すでに多くの人びとが階層上昇を遂げていた日系人のグループに溶け込み，英語を話したほうが有利だということであろう。

### 3　日系グループからの排除と沖縄系であることの意味

——子どもたちは混ざり合っていたのか，エスニックグループごとに固まってたのか。
アンソニー：固まってたと思う。ハワイアンは彼らどうしでまとまってたし，日系人もそうだし，で，フィリピン系は一番，なんというか，
カイヤ：アメリカナイズされてたんだよね。
アンソニー：アメリカナイズされてたね。彼らはほとんどアメリカ人だった。英語が上手くて，服がおしゃれで。日系人はもっとラフで，しゃべるのも，うーんと，
——ピジン英語かな。
アンソニー：ある種のピジン英語だったね。僕はフィリピンの子どもたちのグループに入ってた。日系じゃなくて。
——なんでそうしたの？
アンソニー：日系の子どもたちは意地悪みたいなところがあるんだよ。
——そうなの。
アンソニー：うん，だって日系の子どもに言われて初めて，自分はジャパニーズじゃないってわかったんだもの。
カイヤ：オキナワンだよね。
アンソニー：うん，彼らが僕に，お前はオキナワンだって言ったんだ。オキナワンはジャパニーズとは違うって。そんなことはそれまで知らなかったよ。
——なんと。
アンソニー：でも，フィリピン系の子どもたちはそういうのを気にしないん

だ。彼らはカトリックかそうでないかのほうを気にする。
　——日系の子どもたちにそう言われる前は，自分がオキナワンだって知ってた？
　アンソニー：それは知ってたけどジャパニーズと違うとは知らなかった。中学校で日系の子どもたちにそれを言われるまでは。
　——それは否定的な体験だった？
　アンソニー：否定的な体験だったと思うけど，その子どもたちはそれ以上のことはしなかった。単なる意地悪で，お前は違うんだ，みたいな。
　——ふうん。その時に何か言い返したの？
　アンソニー：言い返さなかった。家に帰ってお母さんに，違いはあるのか聞いて，ないよって言われたから，もう気にしないでおこうと思った。

　フィリピン系の子どもたちとのつきあいは，彼らのアメリカ化されたたたずまいの魅力によるものだけでなく，日系グループからの排除の結果でもあった。

## 4　ミドルクラスの街，アメリカ化の試み

　しかし高校進学と同時にその地域を離れ，米軍基地に隣接したミドルクラスの街に転居したことで，アンソニーはより大きな疎外感に直面することになった。

　アンソニー：すごいショックだった。ほとんど白人と日系人で，教師は全員が日系の「三世」か「四世」だった。男の子はほぼ全員，基地関係者の子どもだった。
　——そうなんだ。何もかも変わったんだね。
　アンソニー：何もかも変わって，僕の友達は日系人の基地関係者の子どもばっかりになった。その街は開発が進んでて，たくさんの専門職の人たちが移り住んできていた。景気が良くて，土地の値段も上がってた。
　——面白いね。
　アンソニー：友達に，親がタクシーのドライバーだって言ったらきっと絶句しただろうな。みんなお父さんは，軍隊でパイロットとか医者とかだったか

ら。ゆううつだったよ。友達を家にも呼べない。白人たちはそもそも，沖縄を知らないんだ。だから高校にいた沖縄系の子は，自分を日系人だと言っていた。小学校でも中学校でも移民の歴史を習ったのに，もうそんなものは何もない。アメリカの歴史だけになった。誰もピジン英語なんてしゃべらない。みんなアメリカ人なんだよ。

　アメリカ化が進んだミドルクラスの街において，アンソニーはこれまでにない孤立を経験した。カレッジに進み，人間関係が希薄化すると，かえって息がつけたという。
　カレッジでは当初，人類学を選んだが，英語に専攻を決めなおした。そこには，完全なアメリカ人として生きるという目標があった。

アンソニー：その頃はもう，日系人として自分をアイデンティファイするのをやめていて，なんていうか，アイデンティティは，……
カイヤ：アメリカ人？
アンソニー：そう，アメリカ人だった。
——アメリカ人かぁ……。
アンソニー：どうかしてたんだ。今，自分がどうかしてたんだってことを振り返るのは興味深いことなんだけど，あの頃はもうとにかく，僕は日系人じゃない，ローカルでもない，僕はアメリカ人だ，英語を教える，文法とスペルを正しく教える。……それしかなかった。英語をキャンパスで教える仕事が見つかって，そこにはたくさん，日本から来た新移民の学生がいて，でも僕は絶対に，彼らを自分に近しい存在だとはアイデンティファイしないようにして。
カイヤ：学生たちのほうはどうだったの？
アンソニー：学生も，先生は僕たちみたいですよねとは言わないよ。僕はただ，ハワイに新しくやってきた外国人たちというふうに彼らに接したんだ。
カイヤ：アハハハハ！あなた，完璧にアメリカ人だったのね！
アンソニー：残念ながら，そのときは完璧にアメリカ人だったよ。
——その頃は，もうお母さんと日本語で話すことは全然，なくなってたの？

アンソニー：お母さん，お母さんは僕にたまに日本語で話しかけていたんだけど，もう僕はそれがわからなくなってたんだ。なぜなら，……意味はわかっているんだけど，僕が，……
――意味はわかってたの。
アンソニー：高校の時に日本語をとったんだよ。大学でも。でも最後までやり通せなかった。単位をとれたことはなかったよ。
――ほんと？
アンソニー：うん，すごく出来が悪かった。
――日本語の勉強は全然，楽しくなかった？
アンソニー：うん，全然。だって僕は英語が好きだったから。
カイヤ：あなたはすっかりアメリカナイズされてたのね。
アンソニー：うん，そのときはすっかりアメリカナイズされてたよ。

### 5　沖縄への旅――一晩で意識が変わる体験

アメリカ化への過剰適応ともいうべき過程の中で消耗し，勉強にも挫折しつつあったアンソニーに対して，「沖縄に行ってきなさい」と言ったのは，彼の母親だった。

アンソニー：沖縄のことなんかもう知ってるって言ったら，お母さんは，"いいや，沖縄は日本とは違うのよ"って言うんだ。"ずっと前に僕が聞いたときは違いはないって言ったのに"って聞いたら，"あれはお前を日系の子どもたちから守るためだった。でも今，お前は沖縄のことも日本のことも完全に忘れているからお前を沖縄に行かせるのよ"って。それが僕の，ウチナーンチュ・アイデンティティの最初の一歩だった。
――そのとき，いくつだったの？
アンソニー：25歳。
カイヤ：彼のお母さんが彼を沖縄に送ったのよ。
アンソニー：僕のお母さんが僕を沖縄に送ったんだ。
――わくわくした？
アンソニー：いいや，全然。だっておばあちゃんの家に住まないといけない

し。おばあちゃんはひとことも英語が話せないらしいし。
——おばあちゃんは一人暮らしだったの？
アンソニー：いや，沖縄にはおじさんといとこと，他の親戚の人たちもいた。
——誰か通訳してくれた？
アンソニー：誰も。でも，おじさんは下手な英語だったけど，僕の日本語よりはましだったし，おばあちゃんはちょっと英語を聞き取ることができた。
——面白いね。どうなったの。
アンソニー：おばあちゃんはもう無茶苦茶に喜んでて，もうずーっと一か月，ほぼずっと毎日，一緒にいた。あちこちに僕を連れて行って，みんなに，これは私の孫よ，って。
——なるほど。
アンソニー：でも僕はウチナーンチュには見えなくて，なんかフィリピン人みたいね，とか。僕の名前（注：父方の姓）のせいで，ヤマトンチュなの？とか。でもおばあちゃんが半分日本で半分沖縄って説明したら大丈夫なんだ。沖縄の親戚はみんな本当にやさしかった。到着した二日目に中華料理屋さんで僕の歓迎会を開いてくれたんだけど，そこで僕は村中の人と知り合いになった。信じられなかった。親戚，友達，近所の人が入れ代わり立ち代わり，数百人の人が歓迎会に来たんだ。
——百人？
アンソニー：数百人の人が，僕に会いに来たんだ！
——なんと。
アンソニー：その一晩で，なんていうか，僕は自分がウチナーンチュなんだってことがわかったんだ。みんなは本当に僕を受け入れてくれた。僕は100％のオキナワンじゃないのに。だって僕が子どものころは，日系の子どもたちはいつも僕に，"ハーフ" "ハーフ" って言っていたのに。
——それで自分のことをウチナーンチュだと思うようになったのかぁ……。
アンソニー：そうだと思う。あと，おじさんが僕をいろんなところに連れて行ってくれた。首里城とか博物館とか。毎晩，あらゆる居酒屋さんをめぐって，いっぱいビールを飲んだよ。米軍基地のあるところにも連れて行ってくれた。あんまり説明とかはできなかったけど，僕に真剣に沖縄をシェアして

くれていることは伝わった。もうその頃には，ここは故郷みたいだと感じ始めていて，沖縄戦の話とかも初めて，母から断片的に聞いてはいたけど，母はそのとき5歳だったから，聞いたときはよくわからなかったことが，沖縄でいっぺんにつながってきた。食べ物を残すんじゃないよ，お母さんが小さい頃は何にも食べられないことがあったんだよって言ってたのは，本当にそうだったんだって。

ハワイに戻ったアンソニーは，自分が母親を前よりもずっと近しく感じていることに気がついたという。そこからも変化のプロセスは続いた。

アンソニー：いろんなことが，これまで知っていたつもりだったことが別の意味を持ってどんどんつながりはじめたのに，仕事ばかりしていてたまにしか本を読むこともできなくて，そしたらまたお母さんが，授業料を出すから大学に戻りなさいって言うんだ。うん！って言ってハワイ大学に戻って，前と同じキャンパスなんだけど全く別の人間として，ウチナーンチュですって初めて言ってみたんだ。そしたら，ちょうどそのころブームの「島唄」がハワイでも大ヒットしてて，部屋でCDを一緒に聞いたりする友達ができた。他にもハーフのオキナワンの子がひとりいて，でも誰も僕や彼女がハーフってことを気にしないんだ。"ウチナーンチュだよ"って言ったら，うん，そうかって。あれはよかったな。

## 6 「もうひとつの沖縄」を想像する

英語の勉強に対する意欲は，創作の方向へと向かっていった。つれあいとなるカイヤと出会い，そのすすめもあって沖縄について書きたい，作家になりたいと思うようになった。そして，沖縄のことを貪欲に吸収する中で，ジョイス・チネン先生に出会ったのである。2000年のことで，ハワイでは盛大に沖縄ハワイ移民100周年が祝われていた。ジョイス先生が企画するシンポジウムの裏方を手伝い，すべてのイベントをじっくりと見聞きすることで，アンソニーの関心は深まっていった。

その後，編集者と若手作家の卵が集うワークショップに応募し，激戦を経て

採用されたのだが，アメリカ本土から来た編集者たちのコメントには愕然とさせられたという。

アンソニー：沖縄戦のことを，そんなにひどいことがあるはずないとか言うんだよ。兵士が出てこない戦争小説なんかありえないとか。有名な編集者は，"あなたはオキナワンすぎる"って言った。"あなたはアメリカが嫌いなのね。沖縄のハーフでしかないくせに，アメリカ人じゃないのね"って。
——おぉぉ……。久しぶりに出た，ハーフ。
アンソニー：僕はオキナワンに会ったら，必ず自分がハーフだって言うよ。だって沖縄は今でも，自分のアイデンティティと文化を取り戻す格闘を続けているんだから。沖縄の人間ではないたくさんの人たちが，沖縄の音楽や文化の担い手を自称しているよね。だから僕は，自分がどこから来たどういう人間なのかをはっきりさせておく。ハーフです，って。でも，誰かがそれで僕のことをオキナワンじゃないと言ったら，僕はそれに抗議しないといけないだろうな。
——ほんとにそんなことを言う人がこれまでにいたの。
アンソニー：ひとりだけ，"ハーフか，半分でもゼロよりましだな"って言った人がいたよ。うけるよね。
——うけるかな。
アンソニー：そういうのもなんていうか，奮い立たせてくれるものになるんだよ。うん，あの編集者が言ったように，僕は確かにハーフ・オキナワンで，ジャパニーズとアメリカ人のサイドにはアイデンティファイしてないんだ。まだ勉強中で，沖縄について知らないこともいっぱいでことばもしゃべれないし，めげちゃうこともあるんだけどね。でも僕は，みんなに沖縄の歴史を伝えたい。なんで，戦争の後にあんなにたくさん米軍基地があるのかを考えたい。もちろん経済とかいろいろあるんだけど，僕がやりたいのは，もうひとつの沖縄について想像することなんだ。だから僕はドキュメンタリーじゃなく，サイエンス・フィクションとして沖縄を書くんだよ。そして，その物語の中には，僕のお母さんがいる。

インタビューを終えた後に，アンソニーは自分のヴォイス・レコーダーのスイッチを切った。自分自身の語りを，後でじっくりと聞き直すのである。その愉しさと苦しさを伴う作業を，カイヤはすすんでシェアするだろう。

ひとたびは息子と日本語で話すのをあきらめた母親は，アンソニーが自らのディアスポラ性に立ち向かい，沖縄との結びつきを取り戻していく過程に，渾身の力を込めてコミットした。彼女は，息子が創ろうとしている物語の中に，新たな姿をもって位置づこうとしている。

爪はじきにされたことも，アメリカ人になろうと努力したことも，すべては「もうひとつの沖縄」をこれから想像する過程の中に，再帰的に置きなおされていく。創作という回路を通じて，自分の経験や語りをとらえなおし，意味づける作業が続いていくのである。

## V　ハワイにおける戦略的自己表象

### 1　カウンター・アイデンティティとしての「ローカル」

ハワイは，時に「エスニック・パラダイス」として，多文化主義の理想郷のように描かれることがある。しかし事例を見ていくと，この"楽園の島"はむしろ，「エスニシティの戦場」ともいうべき様相を見せてくる。その基調には，支配的な白人層「ハオレ」に対する「ローカル」という構図がある。

「共通の敵を持つことで，ローカルの文化はしばしば支配的な白人文化に対する抵抗文化，サトウキビのプランテーションにおける労働者階級の闘いにルーツをもつ文化という特徴を有してきた。しかし移民労働者たちは，敵以上のものを共有してきた。彼らは，相互の尊重や土地への愛を貴ぶ先住ハワイ系の文化の中に入っていったのである。移民たちは，家族の強いきずなと献身の文化を持っており，それは非利己的で，資源を共有し，調和的に生きる先住ハワイアンの文化と表裏一体のものだった。このような近似性は，ひとつには厳しい労働と闘いの伝統の中で育まれた。そこから，民主的な文化の共有に根差した諸文化の融合，メルティング・ポット，多民族社会ハワイが生み出されてきたのである」(Lum 1998, 12頁)。

これは，『ローカルになるということ』(*Growing up Local*) と題された一冊の詩集の冒頭にある文章である。出版社は，ハワイにおけるローカルの文化を積極的に発信してきたバンブーリッジ・プレスである。この文章は，「ローカル」というものが，エスニシティだけではなく階級にルーツを持つ，一種のカウンター・アイデンティティであることを鮮明に表現しつつも，移民労働者と先住ハワイ系の間の格差や葛藤は看過され，調和的な多文化を賛美するものとなっている。これは，すでにかなりの人びとがミドルクラスに位置づくようになったハワイのローカルにおける，ひとつの典型的な言説であるように思われる。

### 2　自己表象と集合表象——対峙と架橋のダイナミクス

　しかし，事例研究を通じて見えてきたものは，ローカル内部の，葛藤をはらんだ多層性であった。それは，ひとりひとりの個人が潜り抜けてきたディアスポラの経験と，そこで採用されてきた戦略的な自己表象によって照らし出されている。

　沖縄系コミュニティの内部にも，このような多層性は存在する。本章で取り上げた人びとは，沖縄につながる自分に深い関心を持ちつつ，ハワイの沖縄系のコミュニティや活動からは一線を画していた。

　——沖縄系の郷友会には入っているの？
　アンソニー：いや，入ってない。矛盾があるんだけど，僕はまだすごくアメリカ人なんだ。すごく個人的で，君とこうやって話すのも，チネン先生と話すのも楽しいんだけど，みんなでいっしょにまとまる，みたいなのは苦手なんだよ。
　——いっしょにまとまるみたいなのがね。
　アンソニー：僕は沖縄について書いていて，僕の考えはチネン先生とはほとんど一致していてもわずかに違うところがあるけど，チネン先生との間では大丈夫だと思う。でも，僕はアメリカの影響を批判的に見ているから，いくらかの沖縄系の人は読んだら腹を立てるかもしれない。書いているときは，そういうのに気を使わないほうがいい。でも，自分が沖縄系のコミュニティから距離を置かないといけない，そうすることが本当に必要なんだと認める

のは，けっこう厳しい。コミュニティから離れたところで，いくらかの人たちが腹を立てるかもしれないことをひとりで書くのは，かなり厳しい。

　アンソニーの語りは，ディアスポラの創造性というものが生易しいものではないことを示しているように思われる。彼は，たとえばハワイ沖縄連合会が移民 120 周年記念誌に寄稿を依頼してくるような，主流文化に近い言説を生産するつもりは全くないのである。沖縄に行き，生まれて初めて自分が完全に受け入れられたと実感して，ウチナーンチュとして生きなおしているアンソニーは，だからこそ，厳しい孤独を自分に課している。

　沖縄のルーツに関心を抱きつつ，沖縄系コミュニティに自分を託しきろうとはしないアンソニーやエレナにとって，ジョイス・チネン先生が提供している学びの場の重要性は，きわめて大きいように思われる。

　本章を執筆している 2014 年 11 月現在，ハワイでは，沖縄系から全米初の州知事が誕生した。ハワイの沖縄系コミュニティは，この快挙に沸き立っている。沖縄系コミュニティの貢献や連帯の言説，誇りに満ちた肯定的な集合表象は，これを機に一段と高まっていくであろう。

　一方で，そのような集合表象とは違うベクトルで，ひとりひとりの多様な自己表象を励ましていく学びの場がある。それは，＜声＞をひとつにまとめないアイデンティティのアリーナである。凝集に向かうコミュニティ型の集合表象とは異なる，ネットワーク型のゆるやかな集合表象のようなものになっていくかもしれない。本章では，集合表象とは全く異なるものとして自己表象を扱ったが，その両者を架橋する可能性もまた，インタラクティブな営みとしての自己表象の中に含まれているように思われる。

注
1）ディアスポラとは，もともとユダヤ人の故郷喪失と離散の経験を指す用語であったが，厳密な定義づけのないままに多用され，越境する個人やコミュニティを指して用いられることが多くなってきた。
2）ジョイス先生は，沖縄出身者が体験した「二重の差別」をリアルに描いた作品として，ジョン・シロタ（Jon Shirota）の戯曲を例示した。ジョン・シロタは 1928 年にハワイのマウイ島に生まれた沖縄系二世であり，近年の戯曲作品に

Voices from Okinawa がある。小説 *Lucky Come Hawai'i* は University of Hawai'i Press から 1965 年に出版されている。
3）沖縄救援運動と沖縄スタディーツアーをハワイにおける沖縄アイデンティティ興隆への大きな転機として論じているものに，新垣誠の論文（Makoto, Arakaki 2007, 198-210 頁）がある。その他の社会的な要因としては，アメリカ本土で始まりハワイにも波及した公民権運動とそれに続くマイノリティーの「ルーツ」への関心の高まりと，第二次世界大戦後におけるハワイの沖縄系の人びとの経済的社会的地位の上昇が挙げられる（白水 1998, 101-104 頁）。
4）ここで言うアンダギーとは沖縄の庶民的な菓子であるサーターアンダギーを，サンシンは琉球三味線を意味する。いずれも沖縄文化を象徴するものとして，ハワイの沖縄系のイベントには欠かせないものとなっている。
5）海外の沖縄系コミュニティにおける女性の位相は，地域によってさまざまである。同じアメリカ合衆国であっても，北米ではアメリカ人男性との国際結婚によって渡米した沖縄女性が県人会活動などによく参加し，しばしばリーダーシップをとっているのに対して，ハワイではそのようなニューカマーよりもプランテーション時代の移民にルーツを持つ沖縄系ローカルの人びとがさまざまな組織のリーダーとなることが多い。ハワイ沖縄連合会や郷友会などの会長を女性が務めることはまれである。

付記：インタビューに協力して下さった皆さんに深謝する。この章における対象者の氏名はすべて仮名である。

## 参考・引用文献

Arakaki, Makoto (2007) Hawai'i Uchinanchu and Okinawa: Uchinanchu Spirit and the Formation of a Transnational Identity. Joyce. Chinen ed., *Uchinaanchu Diaspora*: Memories, Continuities, and Constructions. *Social Process in Hawai'i*, vol.42, pp.198-210.

Enloe, Cynthia (2007) *Globalization and Militarism*: Feminists Make the Link. Rowman & Littlefield Publishers.

Gilroy, Paul (1993) *The Black Atlantic*: Modernity and Double Consciousness. Harvard University Press.

Hall, Stuart (1990) Cultural Identity and Diaspora. Jonathan Rutherford ed., *Identity: Community, Culture, Difference*. Lawrence & Wishart, London.

Hall ,Stuart (1996) New ethnicities. David Morley and Kuan-Hsing Chen ed. *Critical Dialogues in Cultural Studies*. Routledge.

Lum, Darrell (1998), "Local Genealogy: What School You Went?" Chock Eric et al eds., *Growing up Local*: an anthology of poetry and prose from Hawai'i. Bamboo Ridge Press.

野入直美（2008）ハワイのアメラジアン——＜越境＞と＜ローカル化＞を繋ぐアイ

デンティティ」白水繁彦編『移動する人びと，変容する文化――グローバリゼーションとアイデンティティ』御茶の水書房，73-95 頁。
―― (2009)「『アメラジアン』という視点」『理論と動態』2 号，18-39 頁。
―― (2011)「ディアスポラと"ローカル"――ハワイにおける帰米とアメラジアンの事例から――」白水繁彦編『多文化社会ハワイのリアリティー――民族間交渉と文化創生――』御茶の水書房，145-180 頁。
Okumura, Jonathan Y. (2008) *Ethnicity and Inequality in Hawaii*. Temple University Press.
白水繁彦 (1998)『エスニック文化の社会学――コミュニティ・リーダー・メディア』日本評論社。
照本祥敬編著 (2001)『アメラジアンスクール　共生の地平を沖縄から』ふきのとう書房。

ハワイにおけるアイデンティティ表象

# 6章 〈特論〉海外フィールドワーク：
## 直伝！文献へのアクセス法

中野　克彦　*Nakano Katsuhiko*

### 1　本稿の目的

　本稿は社会学のフィールドワークを実践する研究者による文献アクセス法の紹介である。社会学者が国内外で実地調査を行なう場合，必要な文献を現地でどのように収集するかは極めて重要な事柄である。とくに調査を成功裡に進めるには，研究テーマとの関連で対象文献をいかに絞り込んでアクセスできるかが鍵になると考えられ，そのための何らかの方法論があるはずである。

　そこで本章では，主にこれから社会学的フィールドワークに赴こうと準備を進めている若手研究者や学生を対象に，フィールドワーク中の文献アクセス法について事例を交えて紹介することにした。ただし一般論を述べるよりも，リアリティに裏付けられた記述のために，筆者自身が論文執筆中に実践した文献アクセス法をいわば一種のケーススタディとして取り上げることにした。つまり実際に一人の研究者が論文執筆のために，どのような意図のもとに，なぜそのような文献アクセス法を選択したのかを，個々のフィールドワークでの状況を含めて解説するという方法をとっている。具体的な試行錯誤の過程も含めて実践例を公開するほうが，一般的抽象論で漠然とした方法論を提示するよりも，読者の様々な思考を刺激することができるのではないかと考えたためである。

　それゆえ本稿の事例は決して文献アクセス法の唯一の「正解」などではない。むしろ最終的には読者が本稿の内容を（批判も含めて）参考にされ，自らの問題意識に基づき独自の方法論を開発する糸口になればという意図に基づいている。なおここで取り上げる事例は，本書（第3章）に収められた拙論「「ハワイの中華文化」をめぐるポリティクスと新民族文化の創出：1940年代後半の中国系民族文化運動と民族祭」等である（事例に応じて中野2011にも適宜言及する）。

## 2　一次資料の収集の意義

　現地での効率的な文献収集には，事前の準備が不可欠である。情報はあまりにも多すぎるのに対し，現地に滞在できる時間はあまりに限られているのが通常である。それゆえ収集する資料，とくに現地でしか入手できない一次資料をどう絞り込んでおくかが重要である。たとえばある地域のエスニック集団について調べるとしよう。まずは当該集団についての先行研究を徹底的に読み込んでおくべきなのはいうまでもない。それらの先行研究，とくに文献リスト等を活用して，一次資料に接近していく必要がある。

　先行研究では，論文等で提示されているデータの圧倒的多数は，著者の思考に沿って整理や分析が加えられている。そうすることで著者は自分の主張を支持する根拠を明確に提示しようとする。しかしその研究対象を自分なりの視点でとらえて分析することが必要な場合には，その先行研究が使用した一次資料に，自分自身で実際に接しなければならない（一次資料ないし一次データへの接近の意義については，松田 2007 が参考になる）。それへの独自の分析を通じて，先行研究とは異なる結論に導かれ，そこから独創的な研究が切り開かれるということもあり得る。また先行研究が注目してこなかった事実を発見することもあるかもしれない。いずれにせよ先行研究の論文等では一次資料の出所が明示されているはずなので，まずはそれを参考に資料探索の旅に出発するわけである。

　ここでいう一次資料は，調査対象によって直接刊行された印刷物や媒体のほか未公刊資料——内部資料も含めて——など多岐にわたる。まだ分析や考察といった「加工」がなされていない段階の「生（ナマ）データ」ともいえる。調査に必要なそうした資料がたとえば海外調査地の大学図書館等に保存されている場合，事前にその図書館のサイトにアクセスし，閲覧や複写のために必要な手続きや情報を知っておく必要がある。また一次資料を現地のインフォーマントが所持している場合は，調査の前に連絡をとり，閲覧あるいは複写の許可を打診しなければならない。インフォーマントとは，調査研究を通じて様々な局面でコミュニケーションをはかり，信頼関係を構築しておくことが重要である。

　玉石混淆の情報の海から，有益な情報をどのように取捨選択し，必要な一次資料を絞り込んでアクセスするか。この点について，いわば実践編として事例を検討していくことにする。

## 3　ケーススタディ：中国系民族文化運動の文献へのアクセス

　たとえばある歴史的事件について研究する場合，重要なのは史実について一つひとつ検証を繰りかえし，それをめぐって様々なレベルの関係性を明らかにしていくことである。たとえばその事件にかかわったアクターどうしの関係がいかなるものなのか，ある事実と別の事実がどのように繋がっているのか，さらにその事件のミクロからマクロに至るまでの背景がそれぞれどうかかわっているかというように，部分を究明する視点と全体を見通す視点の両方を踏まえながら，対象を多角的に捉えて再構成していくことが必要であると考えられる。

　本書第3章の拙論では，1940年代後半の中国系の民族文化運動を取り上げている。太平洋戦争直後，中国系がなぜ，どのように民族文化運動を展開したのか，またそれを通じて主流社会に対して自文化をいかなる形で表現するようになったのかがテーマである。ここでいう中国系の民族文化運動とは，第1に中国系学校復興運動を指している。外国語学校規制法の対象になった中国系学校再開のために，中国系民族組織を中心に，主流社会を相手に法廷闘争を含めて展開した運動である。第2に，民族祭の創出に向けた文化運動を指しており，中華総商会の主催で開催された水仙祭を例に取り上げている。いずれも歴史的な事件や出来事であり，フィールドワーク中に得た一次資料をいかに活用するかがが重要であった。

　さて拙論を執筆するにあたり，筆者が当初構想していたのは，太平洋戦争から戦後にかけてハワイ社会が変容するなか，中国系が自らの民族性を対外的にこれほど大規模に表現するようになった理由を探ることであった。そのため1940年代後半の数年間に焦点を絞り，当時の一次資料を徹底的に精査することにした。そうすることで，その時代に中国系コミュニティに，一体何が起こっていたのかを再現しようとした。

　そのための鍵は，運動の当事者が残した記録をいかに探すかであった。それには民族組織の会議資料や当事者の回顧録等が含まれる。当事者の記録であるから，運動の実態を内側から検証する資料になるはずである。ただし当事者の記述はしばしば主観的視点で貫かれていることがある（すなわち自分にとって都合の悪いことは記録に残さない可能性がある）。それゆえ同一の事実を反対側の視点から見る，つまり「裏を取る」ために第三者的視点で作成された資料を同時に参

照することも欠かせない。

　まず筆者がとりかかった作業は，中国系学校復興運動の全体像をつかむために，その展開過程を記録した資料を探すことであった。この運動については，中国系と主流社会との法廷闘争が中心になるから，裁判にかかわった関係者がそうした資料を残していないかを調べることにした。その意味で筆者にとって決定的だったのは，当事者によって執筆編集された一次資料にハワイで出会ったことであった（後述）。しかしその発見に至るには，国内外で様々な資料収集の過程を経る必要があった。最終目的の一次資料を得るためには，手近にある資料を参照して別の資料を入手し，さらにそこから別の資料へ…と順々に辿ってようやく到達することができる場合が多い。

### 4　海外調査前の準備：調査文献の絞り込み

　華僑華人研究の場合，華僑華人に関するデータ集，年鑑，百科事典等はそれこそ膨大な数に達する。だから調査研究を始めるにあたり，まずはそれらの大量のデータを自分なりにいかに読み込んで取捨選択していくかが重要なステップになる[1]。

　筆者の場合，現地調査を準備していたときに国内の図書館で，陳匡民編(1950)『美洲華僑通鑑』という一次資料と出会った。これは1950年当時の南北アメリカの華僑華人社会の人物，団体，歴史等を網羅したもので，各地の華僑華人社会に執筆を依頼して内容を編集したデータ集である。このなかにハワイの章があり，「華僑学校への不合理な条例：その抗争と廃止」と題されたテクストがあった。これこそが外国語学校規制法の撤廃を求めて中国系が立ち上がった法廷闘争の概要を記した内容であった。無記名の記事だが，筆者は恐らく原告側の関係者（中華総工会の関係者）であろう。このテクストを読んだときに筆者は，この法廷闘争こそがハワイにおける中国系民族文化運動に大きな影響を及ぼしたと理解した。資料には訴訟から連邦最高裁判所の判決までの概要が記されており，それを読み進めるにつれ，中国系がこれほど大規模な形で自文化継承の意義を対外的に表現し得たのは初めてであったことが想像できたからである。

　それを検証するには，当時の新聞，さらにはより多くの一次資料が必要であ

る。幸いこの資料には主要な出来事の日程が詳しく記されていたので，現地調査の際に新聞のバックナンバーを調べるとき大変役に立った。メディアのバックナンバーの情報量はそれこそ膨大なので，あらかじめ調べておきたい出来事とその日程をかなり絞り込んでおく必要がある。

また『美洲華僑通鑑』には，法廷闘争にかかわった主要アクターが明記されていた。とくに筆者は，この法廷闘争で中華総工会の役割がいかに大きかったかを知ることができた。この資料には「1946年に中華総工会は外国語学校規制法の撤廃に向けて，全ハワイの華僑団体を招集して会議を行い，そこで協力を呼びかけた。そして，ついに我々は勝利し，ハワイ準州政府は規制法を取消さなければならなかったのである」とある。これらの記述から，中国系学校復興運動の内実を解明する第一歩として，中華総工会の足跡をたどる必要性が見えてきた。

このように文献アクセス法の第一歩として，本格的に現地調査を始める前に，まず国内で関連する一次資料を洗い出す必要がある。そして焦点となる事件，出来事，アクター等をリスト化し，現地調査に備えるのである。

ちなみに国内での予備調査では，大学図書館だけではなく，必要であれば専門研究機関の図書館を訪問しなければならないこともある。特定の分野に特化した研究施設をフル活用することで得られるものは多い。一般の研究者でも利用しやすい機関として，アジアを中心とする地域研究の専門図書館の例を挙げれば，日本貿易振興機構（JETRO）アジア経済研究所図書館（千葉市）等がある。「開発途上地域の経済，政治，社会等を中心とする諸分野の学術的文献，基礎資料，及び最新の新聞・雑誌を所蔵する専門図書館」であり，誰でも利用可能である[2]。

この図書館所蔵の資料の大部分は開架式によるため，目的の文献以外にも自由に関連資料を見て歩きまわることができる。実は筆者が『美洲華僑通鑑』を見つけたのは，この図書館においてであったが，別の華僑華人関係の資料を探しているときに，偶然この文献を見つけたのであった。同図書館では華僑華人関連の文献は4階の一部に複数の棚にわたって纏めて所蔵されている。開架式図書館の場合は，目的の資料を探して終わりにするのではなく，自分でその一帯を隈なく探索して関連する資料を見ておくと，意外な文献がそこから発見さ

れることが少なくない。こうした関連文献調査の幅の広さと経験の積み重ねが，調査者の分析視覚を広げることに寄与し，やがて実際にフィールドワークに出たときにそれが活きてくる。「文献のなかからフィールドを理解するヒントを得ることも広い意味でのフィールドワークである」（白石 2006, 28 頁）。

　こうして収集した資料を自分なりにデータベース化する。つまりどのような資料をどこで収集し，そこにいかなる内容が記されているかという文献リストをノートに記録し，調査の際にはいつも持ち歩くようにする。そうして得た資料のデータの集積が，後に論文を執筆する際に非常に役に立つ。後にそれらを精選して「参考文献リスト」の作成等に活用することができる。

## 5　現地図書館の活用

　さて，国内での予備調査を終えたら，いよいよ現地に飛んで資料収集とフィールドワークを開始する。資料収集については，まず主要な一次資料が所蔵されている現地の図書館や資料館をリストアップし，訪問日程を旅程にあらかじめ組み込んでおく。

　筆者の研究テーマの場合，関連する一次資料の多くはハワイ大学マノア校 (University of Hawai'i at Mānoa) のハミルトン図書館（Hamilton Library）に所蔵されている[3]。この図書館はハワイ大学に所属する学生あるいは教員でなくても（つまり外部の一般訪問者であっても）利用が可能であり，基本的には資料の複写もできるが，貸出等のサービスについては制限が課されている。ハミルトン図書館は本館と別館に分かれている。本館の地下には行政資料や地図等の各種資料，1 階には定期刊行物（バックナンバーも含む）およびそのマイクロフィルム，2 階にはビジネス，人文科学，社会科学，3 階には東アジアコレクション，4 階にはアジアコレクション，そして 5 階にはハワイ太平洋地域コレクションの各資料が所蔵されている（別館には科学等の資料が所蔵されている）。

　さて，筆者が中国系民族文化運動に関する一次資料を収集するため，頻繁に利用したのがこのハワイ太平洋地域コレクションであった。ハワイの歴史に関する貴重資料や一次資料等が所蔵されている。資料を保護するために閉架式となっており，担当者が資料を探して利用者に渡すという方式になっている。フロアには数台のコンピューターが設置されており，学内のウェブサイトにアク

セスして検索・閲覧の申し込みができる。閲覧（複写）したい文献があらかじめ分かっている場合は，そのタイトル等の検索ワードを打ち込んで閲覧を申し込む。

　もちろんビブリオグラフィ（bibliography）つまり文献資料目録を確認することも重要である。ハワイ太平洋地域コレクションのような膨大な書庫あるいは資料室ともなると，そのコレクション内の資料に特化したビブリオグラフィも存在する（たとえば Lau 1975）ので，それも資料収集のうえで大きな助力になる。

## 6　一次資料の分析

　次に，現地で収集した一次資料をどのように分析し，それを別の資料の収集につなげていくかということについて，ケーススタディをもとに考察していくことにしよう。

　中国系学校復興運動の法廷闘争では，1947年10月22日に中央巡回裁判所にて中国系側の勝訴が言い渡された。しかしそれを不服としてハワイ準州当局が上訴し，1949年3月に連邦最高裁判所にて原判決破棄・差戻し命令が下された。その後中国系側は準州議会への請願運動を開始し，外国語学校修正法案が準州議会の上下両院を通過，ついに中国系学校の再開というかたちで中国系側の運動が達成されたのであった。

　筆者はその経緯を再現するために，当時の裁判記録，中華総工会の記録，中国系学校の資料等を収集しなければならなかった。そこで様々な資料を突き合わせた結果，林侊新編（1950）『檀山華僑辦理外語校案特刊』（以下『特刊』と表記する）の存在が浮かび上がってきた。

　ハワイ太平洋地域コレクションで『特刊』に出会ったときは，その情報量の豊富さに驚愕させられた。編集者の林は中華総工会のメンバーであるが，彼がほとんど一手にこれらの資料を纏め，保管し，それを後世に残すために編集したようだ。ほとんどは中国語で記されており300頁にのぼる。主流社会にもこの内容を伝達するために30頁余の英文要約までついている。その主な内容は，事実経緯の記録に始まり，裁判関係者の発言，裁判記録，各新聞の論説，そして裁判のために中華総工会等でおこなわれた会議の議事録まで含まれている。いわば内部資料が数多く掲載されているのである。このような内部資料こそが，

一次資料の最も興味深い部分といえよう。事件の当事者しか知りえなかった出来事が述べられているからである。

その意味で『特刊』において非常に興味深く思われたのは，1949年3月14日に連邦最高裁で原判決破棄・差戻し命令が出された翌日，原告側の中国系リーダーたち（中華総工会関係者を含む）がミーティングを開き，今後の対応について協議したくだりである。かれらは今後の見通しについて議論を交わし，法廷闘争から準州議会への請願運動に方針を転換していく様子が描かれている。実際には中国系側がどのようなことに悩み，議論を交わしていたのか，関係者の心情も含めて把握することができる。歴史の現場にいるかのような臨場感のある記述である。少し長くなるが，参考になる内容なので引用する（文中の括弧内は訳注）。

譚華燦（原告側の中国系リーダー）は，連邦最高裁が原判決を破棄し初審に戻すとの知らせを受け，直ちに緊急会議を招集した。また日系人の教育者と対応を協議した。

次の日（最高裁判決の次の日），すなわち3月15日の正午，新人和酒家にて（原告側の）緊急会議が開かれた。出席者は，譚華燦，何文烱，楊剛存，鄺廷，林容吠，林仲池，鄭任先，劉恵畧，陳功林，謝恵源，林侃新，黄卓棠，林其忠等であった。開会討論前から各々が協議をはじめていた。何文烱は各氏に対して，「仮に再度初審からということになれば，我々は各弁護士に最大で2,000ドルを支払うことになります。それは嘗て教育聯合会が弁護士の方々に対し，そのように契約したからです。もし法的順序に基づいて再度控訴するならば，連邦最高裁に至るまでの全費用は一括で12,000ドルを支払うことになります」と述べた。鄺廷は「たしかにそうですが，多くの時間を要し，また煩雑さも伴います。それよりはむしろ，準州議会に外国語学校規制法の撤廃を求めようではありませんか。それならば時間もかかりませんし，その上2,000ドルを支払う必要もありません」と述べた。これに対して楊剛存は「そうです，ちょうど今は議会の開催期です。試してみましょう。そこで彼らが拒否した時に，裁判に踏み切ればいいのです」と述べた。林仲池も「それも1つの選択です。我々は決して途中であきらめてはなりません。もし彼

らがこの外国語学校規制法を廃止しないようであれば，その時に我々は裁判手続きを行えばいいのです」と述べた．出席者各氏は，このようにして新しい試みに賛同した．つまり，準州議会に対して外国語学校規制法の取消請願を行うことにしたのである（林 1950, 199-200 頁）．

この原告側メンバーの会議の模様から，内部事情も含めて様々なことが読み解ける．今後かりに法廷闘争を続ければ資金的困難が付きまとうこと（裁判には弁護士への報酬も含めて具体的にどの程度の金額が必要だったのかも記されている），また法的手続きの煩雑さや時間のロスがかれらにとって相当なダメージであることが予想されている．中国系が請願運動に訴えたのは，これらの負担を回避するための苦肉の策であったことが分かる．運動達成に向けて，実に様々な試行錯誤を繰り返していた当事者の様子が伝わってくる．中国系学校復興運動は決して初めから予定調和的に成功を約束されていた運動だったのではなく，実際には流動する諸状況とそれに応じたアクターたちの決断の集積によって——それに数々の歴史的偶然が重なって——運動が進んでいた状況がうかがえる．

このように一次資料をもとに，当時の事情を細かく確認，再現していく．過去の事件について論文を執筆しようという場合，初めから事件の結末に意識が捕らわれてしまって，ともすれば予定調和的な図式で対象を捉えてしまう危険性があるのではないだろうか．しかし重要なのは，なぜ，どのようにその出来事が推移展開したのかという過程を綿密に追うことである．できるだけ細かい点も含め，あくまでリアリティに即して調査を行ない，歴史的事実の複雑性に触れることにより，単純な図式的理解を超えて過去の事件のダイナミズムを追跡していくことができるであろう．それが，一次資料——とくに内部資料——に接することの意義であることを，筆者は中国系学校復興運動の一次資料に触れるなかで再確認させられたのであった．

## 7 新聞資料へのアクセス

過去の事件の経緯を詳細に知るには，当時の新聞や雑誌の記述を追うことも重要である．とくにこの法廷闘争のように社会に与えるインパクトが大きく，解決までに長い時間がかかった事件の場合は，メディアは複数号にわたってそ

の詳細をリポートすることが多い。それゆえ事態の推移を辿ってバックナンバーを繰り，関連記事まで分析することにより，当時の背景も含めて見えてくるものは非常に多い。前述したように効率よく事件の推移を追うために，事件の節目となった日時をあらかじめメモ書きしたノートを持参して実際に当該事件をカバーした紙面（誌面）を確認していく。

　ちなみにハワイ大学の場合はハミルトン図書館1階で，主要新聞のバックナンバーのマイクロフィルムを閲覧することが可能である。主流英語紙のみならず，ハワイにおける各民族集団の各言語の主要新聞のバックナンバーまでマイクロフィルム化されている。同フロアに設置されている専用の閲覧設備で紙面をチェックできる。以前は過去の紙面をただプリントアウトすることができるのみであった。最近ではPDFファイルとしてデジタル化し，持参のUSBメモリーに紙面データを直接保存することも可能になった。これは大変便利である。プリントアウトの手間と紙資料の重量が省略されるばかりか，自分のPCに保存して必要時に画面上でいつでも紙面データを呼び出して内容を参照することができるからである。

　過去の事件の新聞資料を調べるときに注意したいのは，複数の異なるメディアの視点に触れることである。メディアによって政治的社会的立場や思想が異なるため，社説はもちろん事件の報道の仕方にもそうした違いが反映されるからである（たとえば日本の場合でも朝日新聞と讀賣新聞など，異なる媒体の視点を比較することが有効であることが多いのと同じように）。

　中国系学校をめぐる法廷闘争の場合は，おもに中国系と主流社会の対立関係が焦点となったため，拙論では事件を伝える媒体として，中国系華字紙と主流英字紙を分析対象とした（華字紙として『新中国日報』，主流英字紙として『ホノルル・スターブレティン』『ホノルル・アドバタイザー』等）。写真1および2は，1947年10月22日に中央巡回裁判所が中国系側の勝訴を言い渡したことを伝える華字紙，主流英字紙の双方の紙面である。10月23日付の『新中国日報』は「華語校案我方勝訴」と大きく報道し，その後連日勝訴をめぐる記事と論説を掲載した。その紙面からは中国系関係者の興奮が伝わってくる。なお『新中国日報』幹部のChangは中国系学校の校長を長年務め，中国系学校復興運動のオピニオン・リーダーであったこともあり，実質的には同紙はこの法廷闘争の当

事者でもあったのである。それゆえ当事者としての視点が記事に反映されているともいえる。

それに対して主流英字紙，たとえば『ホノルル・アドバタイザー』は同日付紙面においてこの裁判の結果を第一面で伝えているが，その論調は中国系メディアと比べて淡々としており，基本的には準州当局側のコメントや動静に焦点をあて，準州当局の上訴の可能性も含めてむしろ今後の展開に着目しているのが特徴的である。このように立場の相違によって，両紙の紙面，論調，事件の取り上げ方など，様々な面にわたって大きな差が存在することが見えてくる。

いずれにせよ，異なる媒体等を比較分析して複数の視点に触れることで，同一の事件や現象が多様な相貌

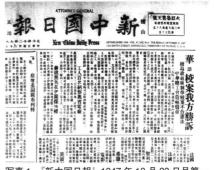

写真1 『新中国日報』1947年10月23日号第一面。
(2013年1月8日 中野撮影)。

写真2 『ホノルル・アドバタイザー』1947年10月23日号第一面。
(2013年1月9日 中野撮影)。

をあらわしてくるということは常に意識しておくべきであろう。それにより，研究対象の出来事を立体的な視野で捉えることが可能になるからである。これは新聞資料に限ったことではなく，あらゆる資料の分析についてもいえるのではないか。すなわちある研究対象の解明のためには，それについての複数の資料を一つひとつ地道に比較検討していくという積み重ねが功を奏するといえよう。

## 8　一次資料とフィールドワーク

ここで資料収集とフィールドワークの関係性についても言及しておきたい。フィールドワークといっても，その方法論については研究者個々人の考え方や

スタンス，さらには研究テーマによって大きく異なってくる。フィールドワークを調査研究過程のどの段階に組み入れるかについても，様々な選択肢があり得るだろう。

　フィールドでの気づきから論文の「問い」が立つまでの過程については，白石（2006）が実際の論文の事例を挙げながら具体的に解説しているので興味深い。研究上の「問い」を立てていく過程とは，フィールドでの気づきから調査の焦点を絞り，研究目的に応じた分析視角の選択と，そのために必要な具体的データの取得の見通しを得て，最終的に，研究する意義のある「問い」と，それに対する答えとを見出していくことであるという（白石 2006, 26頁）。このようにフィールドでの気づきが研究上の出発点となる場合も多い。いっぽうで，研究者が既に自ら収集した資料を通じて様々な気づきや「問い」を得ている場合，それを深めていくために，あるいは検証するためにフィールドワーク等の実地調査が必要になるという流れもあり得る。場合によっては研究上の試行錯誤のなかで，資料の収集分析とフィールドワークを繰り返し，それぞれの作業で得た内容を相互に参照あるいは検証し合うといった方法が必要になることもあるだろう。筆者の場合は結果的に，中国系民族文化運動に関連する一次資料の収集とフィールドワークを同時並行的に，相互参照しつつ行なうことが多かった。

　第3章では，前述のように中華総商会主催の水仙祭に至る文化運動にも言及している。じつはこの水仙祭は，チャイナタウン経済の活性化を目的の一つに掲げて創出された民族祭であった。また，ハワイの主流社会による観光開発とも連動していた。筆者はその点を詳細に検証するために，一次資料の収集とフィールドワーク（参与観察を含む）を繰り返して実施した。

　水仙祭がチャイナタウン経済の活性化と関係があったことは，温惠庭著「中華総商会史略」という中国語資料を通じて明らかにすることができた（第3章拙論で詳述）。ちなみにこの資料は，中華総商会が設立50年目を記念して1961年に刊行したLee, Robert（ed.）『檀香山中華総商会五十周年紀念』に収められている。またこの資料には，水仙祭がハワイの主流社会の観光開発と連動していたことが明記されていた。次の記述がそれを物語っている。

(1950年の) 水仙祭の開催以来，年ごとに規模が拡大され，イベントの演目も増えきた。そのため，現地 (ハワイ準州) の観光局は，水仙祭の開催は実に意義深く，その演出の豊かさもホノルルの観光業に大いに寄与することから，まずアメリカ大陸各地への広報活動に協力し，観光客の招来を図った。さらに1957年から水仙祭の経費として毎年1,000ドルを賛助した。その後，祭の更なる拡大発展とイベントの演目の増加などにより，更なる費用が必要となったため，観光局に補助金の増額を要請し，1961年に2,750ドルに増額された (Lee 1961, 141-142頁)。

つまり水仙祭の創出以来，それがハワイの観光開発に寄与するという理由で，中華総商会は主流社会に補助金を要請，増額が認められたということである。観光開発へのかかわりを通じて主流社会の利害とも一致しつつ水仙祭が推進されていたという経緯がここから読み解けるわけである。

　こうした中国系側の視点による一次資料とともに，主流社会側によって記述された資料も収集した。とくに『パラダイス・オブ・ザ・パシフィック』Paradise of the Pacific といったハワイの観光を主テーマとする月刊誌が興味深かった。もともと同誌は1888年にカラカウア王の勅令によって創刊され，それ以降地域の産業や観光の広報につとめ，「アメリカ合衆国市民のあいだにハワイ諸島が文明化されているという認識」を広めるうえで大きな役割を果たしたという (なお同誌は1960年代に『ホノルル』Honolulu と改称され，現在もハワイ全域の食事，文化，芸術，政治，娯楽などを取り上げている)[4]。ここで重要なのは，1950年代の同誌が，新年号において観光案内の一環として水仙祭の特集を積極的に掲載していたことである。さらに，チャイナタウンの観光についても頻繁に特集していた。アメリカ大陸およびハワイの白人富裕層をターゲットに記事が構成されており，いわば主流社会の視点が捉えた水仙祭やチャイナタウンの姿が表象されている。これらの中国系側と主流社会側の双方の資料に接することにより，両者の水仙祭への視点を比較することができる。

　このような一次資料の収集分析と並行して，チャイナタウンの実地調査と水仙祭の参与観察も実施した。実地調査では，水仙祭との関連でチャイナタウンがどのような再開発を経て現在の姿になったのかを，自らの足と目で確認する

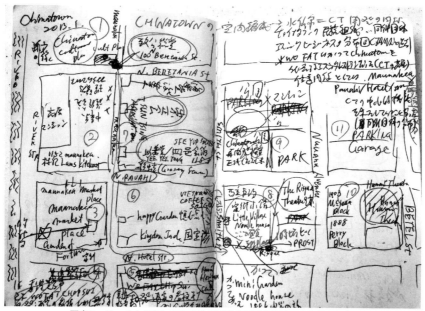

**写真3** チャイナタウンの空間構成に関する筆者のフィールドノート。
2013年1月5日ホノルルのチャイナタウンにて作成。

ことが目的であった。事前に収集しておいた各時代のチャイナタウン再開発に関する資料を頭に叩き込み，概要をノートに纏めておき，それを独自のガイドブックとして参照しながらチャイナタウンの調査を行なう。まずはチャイナタウン全体の空間構成や建築物の分布を確認し，再開発の形跡を辿る。また，現在そこに居住する人々がどのような商業活動や生活空間を展開させているのかを観察する。そうすることでチャイナタウンの再開発が結果的にどのように現状に繋がってきたかを追体験しようとした。そして水仙祭女王コンテストの開催時期にチャイナタウンでいかなるイベントが開催され，それがどのような役割と影響を街に及ぼしているかを観察した。

ちなみに実際のチャイナタウン調査では，街を歩きながらたえずノートに地図を描き，それぞれの場所で得た発見や気づきをすべて書き込んだ。筆者の場合は本当に歩きながらフィールドノートを作成するので，筆跡はほとんど殴り書き状態である（写真3を参照）。もちろんフィールドノートの内容は，事後に別のノートに清書しなおすことになる。しかし実地で作成したフィールドノー

トを後の論文執筆時に見返すと，調査時に見た街の情景やその時の自身の思いなどが蘇ってきて，なかなか感慨深いものである。

　水仙祭の参与観察は筆者の現地調査の極めて重要な部分を占めてきた。現在でも継続されている歴史の長い民族祭であるゆえに，年月を通じてどのようにそれが変遷してきたかを分析することで，ハワイにおける「中華文化」の変容の一側面を考察することができる。そのために筆者は現地を訪れるたびに中華総商会を訪問し，関係者と面会して聞き取り等を行なってきた。そして水仙祭女王コンテスト等の参与観察を通じて明らかになったのは，水仙祭は自集団内での文化継承のみならず，主流社会および観光客に「中華文化」を表象するうえで大きな役割を果たしているということ，ステージ上の文化表象においては主流社会の「まなざし」を前提とした「中華文化」の変容あるいは「ローカル化」の過程が観察されるということであった（この点については，中野 2011, 98-100 頁を参照）。

　水仙祭で関係者や観客に毎年配布されるのが，水仙祭の公式ガイドブック『水仙花』 *Narcissus Festival Souvenir Annual* である。カラーページも含め 100 頁以上に達する冊子であり，中華総商会および水仙祭に関連する中国系コミュニティの動向を記録した一次資料としての価値を有している。筆者にとってこれがとくに重要なのは，しばしば水仙祭の創出に関する記事やコラムが掲載されているからである。歴代の水仙祭の主要関係者のデータも掲載されていることがある。

　こうした一次資料の裏付けを求めて，あるいは関連データをさらに集めるために，現地の図書館に飛び込んで追加資料を収集することもあった。そして新たに得た一次資料の内容を検証するために，もう一度フィールドに出て直接観察へ……という過程を繰り返すことが多かった。資料収集とその分析を通じて仮説を組み立て，さらにそれをフィールドワークによる検証を経て仮説を修正あるいは再構築していくという作業については，このように研究の諸局面や内容によって実に多様な方法と選択肢があり得る。

## 9　文献著者へのインタビュー

　これまでに一次資料のケースを中心に述べてきたが，もちろん現地でしか入

手できない二次資料の収集も重要である。そして現地調査で研究論文を収集した場合，可能であればその文献の著者に直接面会してインタビューを実施し，研究内容の補足やフォロー等について聞き取りや確認を行なうことが望ましいこともある。というのは，一般的には社会科学の論文では往々にして，主にその調査研究等の「結果」だけが公表され，それに至るまでにどのような具体的な作業手続きや思考経路をたどったのか，その試行錯誤を含めた過程が必ずしもすべて公表されるとは限らないからである。場合によっては，過程部分や研究の背景およびそもそもその研究の端緒やモメントの詳細を知ることで，論文内容をより深く把握することができるかもしれない。もっとも論文著者へのインタビューといっても，現実的にどこまで話をうかがえるかは，相手との信頼関係やそのときの状況次第であることはいうまでもない。

　筆者の場合，フィールドワーク中に入手したある論文の著者との出会いについて，こういう出来事があった。水仙祭女王コンテストにおける「中華文化」の表象調査のために，中国系エスニック・エンターテイメントに関する資料をハミルトン図書館で探していた。検索の結果，ハワイの中国舞踊の変遷に言及した博士論文に出会った。それによると著者のD. L. は自ら舞踊団を創設し，中国舞踊を実践してきた人物であるという。その長きにわたる舞踊経験と歴史的資料の検討をもとに，ハワイにおける中国舞踊の変容を論じるという興味深い内容であった。筆者は早速この論文の著者と面会したいと思い，現職をネットで調べてみると，偶然にもハワイ大学マノア校の教員であるという。

　図書館を出た筆者はその足で所属学部に出向いてみたが，あいにく不在であった。学部事務室の職員に聞くと，ちょうど先ほどまで出講のために学部棟に居られたが，既に帰宅の途につかれたという。仕方がないので，面会を希望するという内容のメッセージを残してその場を立ち去った。後日に著者から連絡があり，インタビューを許可するとのことであった。筆者は教えられたホノルル市内の住所をもとに約束の場所に赴き，D.L.へのインタビューが実現した。話のなかでとくに印象的であったのは，氏が自ら舞踊を通じて，多文化交流と伝統文化の変容の意味を追求しているということであった。また偶然にも氏は水仙祭女王コンテストに出場する候補者に対し，中国舞踊の指導を行なっていた。それだけに中国舞踊の専門家として，当事者の立場から水仙祭における

「中華文化」の表象について意見をうかがうこともできた（このインタビュー内容については中野 2011, 102-106 頁を参照）。D.L. とはその後もメールを通じて論文の内容について意見交換を行ない，水仙祭女王コンテストの会場で偶然会ったり，調査のフィードバックのために拙論が掲載された共著書を手渡すために再会したりした。そうしたコミュニケーションを通じて，氏がどのような思想的な背景のもとに自らの思考を練り上げ，自身の実践や研究につながっていったのか，その全体的な輪郭が次第に理解できるようになったのであった。

　以上は一例に過ぎないが，フィールドワークと資料収集を並行的に進めるなかで，必要に応じて研究対象の当事者や文献の著者にインタビューすることが重要になってくることが多い。ただここで留意されるのは，たとえば何かある社会的事象について調べる場合，その事象にかかわる当事者の視点と研究者の視点は，往々にして異なる場合が多いということである。その事象に関する文献を読み込んだり，あるいはその著者に実際に聞き取りを行なう場合，それが当事者としての視点なのか，研究者としての視点なのかを念頭に置きながら内容を把握する必要がある。ただし先述の D.L. のように，実際には当事者でありつつ同時に研究者でもあるという立場も存在し得るわけで，そうした人びとの複眼的な知見には誠に興味深いものがある。

## 10　結論

　研究対象へのアプローチにおける文献アクセスとフィールドワークの過程でとくに強調しておきたいのは，対象をめぐる関係性を様々なレベルで捉えることの重要性であり，そのために多角的な視座から関連資料を収集分析する必要性である。文献調査においては，資料で示された諸データ間の関係性を明らかにし，それらとフィールドワークの直接観察で確かめた現実との比較検討によって，対象に多様な視点を通じて接近していくことができる。

　まだ分析が加えられていないデータ（すなわち未加工の生データ）は，それ単体では無味乾燥な一個の事実に過ぎない。先行研究や自らの問題意識等を踏まえて研究者がそれを吟味検証して意味付けを行ない，他の事実と関連付けていく。その関連性を丹念に辿り，やがて一つの纏まった体系を見出していくことができたとき，社会学的な知見をもたらすものとして研究対象の全体像が姿をあら

わしてくると考えられる。文献調査とフィールドワークの方法論と実践は，そのつながりを見出していく過程で本質的な意味を持つのである。

## 注

1) ちなみに筆者はたとえば中国系エスニック・メディアの研究のために，華僑華人百科全書編集委員会編（1999）『華僑華人百科全書 新聞出版巻』（中国華僑出版社）をよく参照してきた。華僑華人が関係した世界中の新聞雑誌のデータが網羅されている。この全書のシリーズにはほかに，教育科技巻，人物巻，社団政党巻，経済巻の分冊があり，華僑華人研究のデータ集としては圧倒的な情報量を誇る。
2) アジア経済研究所　http://www.ide.go.jp/Japanese/（2014年10月1日アクセス）
3) ハワイ大学マノア校図書館　http://library.manoa.hawaii.edu/（2014年10月1日アクセス）
4) http://www.honolulumagazine.com/Honolulu-Magazine/About-Us/（2014年10月1日アクセス）

## 参考文献

陳匡民編（1950）『美洲華僑通鑑』紐約米洲華僑文化社。

中華総商会編（1951-2010）『水仙花（*Narcissus Festival Souvenir Annual*）』Chinese Chamber of Commerce of Hawaii.

Lau, Chau-mun（1975）*The Chinese in Hawaii : a checklist of Chinese materials in the Asia and Hawaiian collections of the University of Hawaii Library*, University of Hawaii Library.

林伉新編（1950）『檀山華僑辦理外語校案特刊（*Hawaii Chinese in the Foreign Language School Case: A Memorial Publication*）』, Hawaii Chinese Educational Association／中華総工会。

Letoto, Diane（2009）*Silenced Practice: A Politics of Dancescapes.*（ハワイ大学大学院に提出された博士論文。政治学。）

松田正彦（2007）「データ収集の仕方」立命館大学国際関係学部編「IR NAVI」http://www.ritsumei.ac.jp/ir/ir-navi/（2014年10月1日アクセス）

中野克彦（2008）「ハワイにおける中国系コミュニティの文化変容：エスニック・フェスティバルを中心に」白水繁彦編『移動する人びと，変容する文化──グローバリゼーションとアイデンティティ』御茶の水書房。

中野克彦（2011）「ハワイにおける中国系移民の民族祭：主流社会との葛藤と交渉のなかで」白水繁彦編『多文化社会ハワイのリアリティー──民族間交渉と文化創生──』御茶の水書房。

白石壮一郎（2006）「「問い」を立てる：フィールドでの気づきから論文の「問い」

へ」京都大学大学院アジア・アフリカ地域研究研究科・京都大学東南アジア研究所編『京大式フィールドワーク入門』NTT 出版.
温惠庭（1961）「中華総商会史略」Lee, Robert（ed.）『檀香山中華総商会五十周年紀念（*The Chinese in Hawaii: A Historical Sketch*）』, Advertiser Publishing Company.

# ハワイのアイデンティティ表象関連年表

### ポリネシア人来航　ハワイ文化の形成

〈紀元前後-5c頃〉　南太平洋中央ポリネシアのマルケサス島あたりからハワイへの渡航始まる。

〈9c頃〉　南太平洋ソシエテ諸島のタヒチ島あたりから渡航始まる。以後ソシエテ諸島とハワイとの往来15c頃まで続く。15c頃を境にハワイと南太平洋の交流途絶える。［南太平洋からのポリネシア人のハワイへの渡航時期については諸説ある。ここに示すのはおおよその年代］

〈1778〉　クック船長率いるイギリス船団が非ポリネシア人として初めてハワイへ来航，サンドイッチ諸島と名付ける。以後，ハワイが世界に知られるようになる。

〈1793〉　この頃，チャント「イ・クー・マウ・マウ」の作者のDavid Maloが誕生する。

［1650年頃-1795年 原史期（Proto-Historic Period）身分制度が確立され，カプ（禁忌）による社会統制機構が洗練度を増すなど，ハワイ文化の原型ができあがる。人口も増加。ただし，西洋人の来航以後は外来の病気が蔓延しハワイ人の人口激減。クック来航前の人口については諸説あるが40万人前後と思われる。それから100年後（19世紀末）には約4万人にまで減少する］

### ハワイ王国時代

〈1795〉　カメハメハがハワイ諸島をほぼ統一。

〈1810〉　カメハメハがハワイ王国初代の王に即位（カメハメハ大王）。
　　　　このころから欧米商船のハワイ来航頻繁になる。

〈1819〉　カメハメハ大王死去，リホリホが王位へ（カメハメハ二世となる）。以後カメハメハ大王（カメハメハ一世）の妻の一人カアフマヌが摂政として君臨。
　　　　［王国滅亡まで約100年間で8人が王位に］

〈1820〉　米国東部よりキリスト教宣教師団ハワイへ渡来。
　　　　このころから捕鯨船の寄港始まる。

〈1825〉　カアフマヌがキリスト教に改宗。以後，ハワイ文化の改革に乗り出す。キリスト教化が急激に進展。公の場でフラの演舞が禁止されるなど，ハワイアン

⟨1835⟩ 文化やハワイ語が衰退していく。
⟨1835⟩ カウアイ島で砂糖きびプランテーションが開かれる。
⟨1852⟩ 中国からハワイに初の組織的契約労働移民が渡来，砂糖きびプランテーションへ配置される。
⟨1856⟩ 英語新聞 Pacific Commercial Advertiser（今日のハワイの主流新聞 Honolulu Star-Advertiser の前身）創刊。
⟨1861⟩ 米本土で南北戦争勃発，ハワイ産の砂糖需要拡大。
⟨1865⟩ 太平洋諸島から契約労働移民ハワイへ渡来。
⟨1868⟩ 日本から契約労働者ハワイへ渡来（元年者）。ただし，このあと1885年まで途絶える。
同年，日本で明治新政府発足。
⟨1870⟩ ハワイ王国政府の公文書の作成がハワイ語から英語へ切替えられる。
⟨1871⟩ 日布修好通商条約締結。
⟨1872⟩ 琉球王国が島津薩摩藩支配下から明治政府直轄の琉球藩となる。尚泰は藩王，華族となるが不服従。
［これより前，1609年，島津が琉球王国を侵攻。これ以後琉球王国は薩摩藩の間接支配を受けていた］
⟨1874⟩ カラーカウアが7代目の王に。フラの復活などハワイ文化の復興に尽力。
⟨1875⟩ アメリカ・ハワイ互恵条約締結。これ以降さらにプランテーションの開発が進み，ハワイへの中国人労働移民が急増。
［1870年代後半～1880年代前半　中国人労働者がハワイへの移民の主流を占め，ハワイの総人口における中国人の比率が急激に上昇する］
⟨1878⟩ ポルトガルからの契約移民家族のハワイ渡来始まる。主にアゾレス，マデイラ諸島出身。
⟨1879⟩ 「琉球処分」。日本政府が武力的威圧のもと琉球藩を廃し「沖縄県」を置く。旧琉球王家の主権は完全に消失。
⟨1881⟩ ハワイにおける中国系エスニック・メディア『檀山新報』創刊（創刊年については1883年説あり）。
同年，カラーカウア王世界周遊の途上，日本訪問，プランテーション労働者を要請。
同年，ドイツ，スカンジナビア（主としてノルウェー）からの移民ハワイへ渡来。
⟨1882⟩ 米本土で中国人排斥深刻化。ついに中国人排斥法（排華法，中国人入国制限法）成立。以後ハワイでも反中国人感情高まる。

〈1883〉 ハワイ王国政府が段階的に中国人労働移民の入国を制限し始める。
〈1885〉 ハワイ王国政府と日本政府との協約による契約労働者「官約移民」の第1陣約940名が日本から来航。
　　　　［以後1924年までに22万人の日本人がハワイに渡来，最大集団となる］
〈1886〉 ハワイ政府，非熟練中国人労働移民の入国制限を強化。排華運動の高揚。中華総会館が正式に開館。
〈1888〉 米国，スコット法成立。中国人労働移民の入国移住等の制限をさらに強化。
〈1891〉 カラーカウア王がサンフランシスコで死去（54歳）。妹のリリウオカラーニが王位に就く。
〈1892〉 米国が中国人排斥法の期間を10年間延長。
　　　　同年，小野目文一郎がハワイ初の日本語新聞『日本週報』創刊。
〈1893〉 ハワイの白人住民がクーデターを起こし，米軍がこれを支援。ハワイ王朝転覆。リリウオカラーニ女王を監禁。ハワイ臨時政府樹立。これにより日本からの官約移民廃止（以後「私約移民」となる）。
　　　　同年，クーデター派の横暴に抗議する「すばらしき花たち（Kaulana Nā Pua）」が作曲される（公表は，1895年）。
〈1894〉 ハワイのクーデター派がハワイ共和国を宣言。サンフォード・ドールが大統領に。
　　　　同年，日清戦争勃発（1895年，下関条約締結）。
〈1895〉 ハワイ王権派が武装蜂起するも共和国政府によって鎮圧される。リリウオカラーニ女王が武装蜂起主導の罪で幽閉され，その後退位の署名をさせられる。ハワイ王国の滅亡。
〈1897〉 ガリシア（スペイン北西部）から労働移民ハワイへ渡来。

### アメリカ領土（ハワイ準州）時代

〈1898〉 米西戦争勃発。太平洋におけるハワイの戦略的価値等を考慮し米国マッキンリー大統領が連邦議会におけるハワイ併合決議案に署名，Territory of Hawaii（ハワイ準州）となる。
〈1899〉 沖縄県土地整理法が施行される。
　　　　同年末，當山久三の尽力による沖縄県初のハワイ移民が出航。
〈1900〉 沖縄県からのハワイ移民到着，各砂糖きびプランテーションへ配属さる。
　　　　同年，米国がハワイ領土併合法を発布し，米国のハワイ併合が確定。米国の多くの法律がハワイでも適用され，ハワイの契約移民労働が廃される。日本人私約移民もこれ以後「自由移民」となる。そのなかに米本土へ移動（「転

航」)するもの続出。1908年までに約3万人が転航。

同年，プエルトリコから家族移民のハワイ渡来始まる。

同年，米本土南部のアフリカ系アメリカ人労働者ハワイへ渡来。

〈1903〉 朝鮮半島から労働移民のハワイ渡来始まる。

〈1904〉 米国が中国人労働移民の入国移住等の制限に関連する諸法律を無期限に延長。

同年，日露戦争勃発（1905年，ポーツマス条約により講和）。

〈1905〉 孫文，中国同盟会結成。「三民主義」。

同年，朝鮮半島からの労働移民のハワイ渡航が終わる。合計渡来数約7800人。

同年，沖縄から初の女性移民ハワイへ渡来。

同年，相賀安太郎，『やまと新聞』を譲り受ける。翌年，『日布時事』に改題。しだいにハワイの日本語新聞の雄に成長。

〈1906〉 フィリピンから労働移民のハワイ渡来始まる。

〈1907〉 スペインから労働移民のハワイ渡来始まる。

〈1908〉 米本土での排日運動激化，日米紳士協約締結，日本人労働者の移住を制限。以後，写真結婚の妻たちが米本土やハワイへ渡る。

〈1909〉 ロシアから労働移民のハワイ渡来始まる。

同年，砂糖きびプランテーションの日本人労働者がオアフ島でストライキ（第一次オアフ島大ストライキ）。差別賃金等の是正を求めて。

［この前後にも日本人のストライキが頻発］

〈1910〉 日本政府による韓国併合により朝鮮人移民労働者が朝鮮国籍を失う。日本領事館が住民登録を促すが，ハワイ入国時に朝鮮のパスポートを持っていたことを理由にこれを拒否。この頃からハワイで朝鮮独立運動が急速に高まる。この頃から朝鮮からの写真花嫁が徐々に増える。彼女たちは「日本人」として入国。

〈1911〉 ハワイの中国系学校，華民学校と明倫学校が創立される。ハワイ中華商会成立。

同年，中国で辛亥革命起こる。

〈1912〉 中華民国成立。

同年，牧野金三郎が日刊新聞『布哇報知』創刊。急速に勢力を伸ばし，『日布時事』とならんで，戦前の日系社会の世論を二分するまでになる。

〈1914〉 第一次世界大戦勃発。

〈1915〉 日本政府が中国政府に「二十一ヵ条の要求」。ハワイでも中国系移民の日本への反感が高揚。ハワイで中国工党成立。後に中華総工会に改名。

〈1917〉 リリウオカラーニ元女王死亡（79歳）。
同年，ロシア革命。ソヴィエト権力の成立。
〈1919〉 上海で大韓民国臨時政府が樹立し，祖国独立運動を牽引してきた人びとがハワイから上海へと移動。ハワイにおける朝鮮独立運動が一気に衰退。
〈1920〉 日本人とフィリピン人労働者が第二次オアフ島大ストライキを決行するも不調に終わる。
同年，YWCA 国際部（International Institute）でコリア系女性を対象としたプログラムが始まる。
同年，ハワイ準州議会，外国語学校規制法（外国語学校取締法）成立。
〈1923〉 日本語学校「試訴事件」。日本語学校関係者を中心に，外国語学校規制法を違法とし，実施の差し止めを求める試訴が連邦裁判所に提起される。
〈1924〉 米国で新移民法成立（「排日移民法」），アジアからの移民を全面禁止。
同年，中国で第 1 次国共合作。
〈1926〉 ハワイの中華商会が改名され，ハワイ中華総商会成立。
〈1927〉 ハワイの日本語学校「試訴事件」について，米ワシントンの大審院で日本語学校側の勝訴。
同年，YWCA 国際部でコリア系二世を対象としたヒョンジェクラブが始まる。クラブ活動の一環として舞踊が始まり，YWCA や関連施設でコリアン舞踊が披露されるようになる。
〈1931〉 中国で柳条湖事件。満州事変。
〈1937〉 中国で盧溝橋事件。日中戦争。第 2 次国共合作。
［日中対立を背景に，ハワイの中国系コミュニティでも結束が進み，祖国救援のために多額の資金と物資を送付する運動が高揚］

### 太平洋戦争

〈1941〉 12 月 7 日未明（現地時間）日本軍，真珠湾の米軍を攻撃。太平洋戦争勃発。日米開戦により日系人が「敵性外国人」に範疇化される。この時コリア系も「日本人」とみなされ，「敵性外国人」に指定される。
開戦後ただちに日系新聞（『布哇報知』『日布時事』）等の発行停止。ただし，数日後，軍の検閲付きで再刊。改題も要求され，報知は *Hawaii Herald*，時事は *Hawaii Times* となる（両紙とも日・英両語頁あり）。また，日本人リーダーおよび帰米二世の拘束，抑留始まる。日本語学校等日系関係団体の解散，閉鎖始まる。日系市民団体（二世）リーダーによる米軍への戦争協力活発化。

　　　　　［日系社会における主導的役割が一世から二世へ交代する契機となる］
〈1942〉米政府が米本土西海岸の全ての日系人およびハワイの日本人リーダーらの強制収容を開始。最終的に合計約12万人を内陸部の収容所11か所およびハワイ内陸部の収容所に収容。
　　　　同年，ハワイで日系市民団体リーダーが非常時奉仕委員会（ESC）結成。
　　　　同年，すでに兵役にあったハワイの日系二世で第100大隊結成。米本土で訓練に入る。
　　　　同年から，主として日本語の堪能な二世からなる米国陸軍情報部（Military Intelligence Service）の兵士（語学兵）が太平洋戦線に投入される。日本軍兵士の訊問・通訳，日本語文書翻訳等で米軍へ大きく貢献する。
〈1943〉第100大隊の士気の高さを受けて米本土およびハワイで日系兵士の募集始まる。ハワイからは募集の6倍にも上る志願者を得て，第442連隊が発足。欧州戦線でドイツ軍を相手に第100大隊，第442連隊とも歴史的な戦果を挙げる。死傷者も多数。
　　　　同年，ハワイ準州議会，再び外国語学校規制法を可決。
　　　　同年，米国議会，中国人排斥法の撤廃案を可決，発効。
〈1944〉第100大隊死傷者多数につき減員甚だしく，第442連隊に編入される。

### 戦後復興

〈1945〉沖縄に米軍上陸，地上戦が起こる。沖縄県内の師範学校や中学校，女学校の生徒が部隊等に配属され多数死傷。この中にはハワイや北米から沖縄に戻っていた二世の子どもたちが含まれる。
　　　　同年，米，広島と長崎に原爆投下。日本降伏（9月2日降伏調印），第二次世界大戦終結。
　　　　終戦後からハワイの中国系が外国語学校規制法の撤廃を求めて準州当局と交渉を開始。
　　　　終戦後，沖縄は日本本土とは切り離されて米国統治下となり，琉球列島米国軍政府が成立。ハワイでは，戦争で荒廃し困窮する沖縄を救うべく，沖縄救援活動始まる。大量の衣類，学用品，医療品，粉ミルク等が沖縄へ送られる。
　　　　［1947年沖縄大学設立のための基金募集開始。1948年 豚550頭を船で運ぶ。1949年搾乳用のヤギ700頭を船で運ぶ］
　　　　終戦後，ハワイの二大日系新聞『ハワイ報知』，『ハワイ・タイムス』として検閲無しで再出発。
〈1947〉ハワイで，明倫学校，大公学校，中山学校など中国系学校関係者と華僑学校

復興聯合会が外国語学校規制法の差し止めを求め中央巡回裁判所に提訴。審議始まる。中央巡回裁判所，外国語学校規制法は憲法に反するとして，原告側の中国系側の訴えを認める判決。

同年，沖縄からの帰米二世が戦後初めてハワイへ戻る。27名。

同年，日本語ラジオ放送の再開。9月頃，外間勝美がKHON放送局から戦後初の沖縄語放送を開始。

〈1948〉 外国語学校規制法の裁判に関し，ハワイ準州当局が上告，連邦最高裁が新たな審理を開始。

同年，ホノルル青年商工会議所主催によるミスハワイ開催。Yun Tau Zaneを選出。後にアトランタで開催されたミスアメリカに出場，入賞を果たす。

同年，ハワイ華人土生会 Hawaii Chinese Civic Association が民族文化普及を目的に中華文化のイベントを開催，大規模な中国系ページェントを挙行。

〈1949〉 連邦最高裁，外国語学校規制法に関し，原判決（中央巡回裁判所の判決）を破棄，ハワイ準州地方裁判所に差し戻すという判決。原告側の中国系学校および中華総工会関係者が会議を開催，法廷闘争を中断して外国語学校規制法の撤廃のために準州議会への請願を開始することを決定。外国語学校修正法，ハワイ準州知事によって署名され正式に成立。

同年，サンフランシスコでアメリカ華人聯盟主催による中国系ページェント開催。

同年，中華人民共和国成立。

同年，アラモアナ公園で中華総会館主催によるハワイ中国系女王コンテスト Hawaii Chinese Queen Contest 開催。中国系としては初めてのハワイ全島規模のページェント。

同年，コリアン舞踊のハラ・ペ・ハム氏がハワイへ移民。翌年，朝鮮戦争勃発。この頃からハワイに移民する朝鮮人戦争花嫁が増えていく。

〈1950〉 前年から中華総商会主催による水仙祭が準備され，同年，初めて水仙祭女王コンテスト開催。Janet Chun が第1回コンテストの「女王」に選出。

同年，沖縄では米国が琉球列島米国軍政府を琉球列島米国民政府に改称。

〈1951〉 米国で対日平和条約，日米安全保障条約が調印され，沖縄・奄美・小笠原諸島の日本からの分離が確定される。

同年，ハワイで沖縄系初の統合的県人会組織「ハワイ沖縄人連合会」（英語名 United Okinawan Association：UOA）設立される。

〈1952〉 米国議会でウォルター・マッカラン法が通過。これにより日系一世の帰化が可能になる。

　　　　同年，沖縄では住民の日本復帰要求のたかまり等を受けて米国が琉球列島米国民政府を琉球政府に改称。
〈1954〉ハワイ民主党革命。ハワイ議会選挙で民主党がハワイの支配層が支持する共和党に圧勝。これを契機に多数の日系二世が政界に進出（議席数の約半数を占める）。
〈1958〉ハワイ日系人連合協会が設立される。

### ハワイ州時代

〈1959〉ハワイが米国50番目の州になる。日系二世ダニエル・イノウエが日系人として初めて米連邦下院議員になる。
　　　　同年，コリアン舞踊を教える短期クラスがハワイ大学で始まる。ハラ・ペ・ハム氏を講師に迎えたこのクラスは，翌年から通常クラスへと発展し，毎年開催されるようになる。
〈1962〉米連邦議員選挙でイノウエが日系初の上院議員に，スパーク・マツナガが下院議員に当選（いずれも日系二世で第442連隊出身）。
〈1964〉第1回メリー・モナーク・フェスティバルがハワイ島ヒロで開催される。
　　　　同年，日本政府が日本人の海外旅行を解禁。35000人がハワイ訪問。
　　　　同年，東京オリンピック開催，「先進国」の仲間入り。
　　　　同年，パッツィ・タケモト・ミンク（日系三世）がアジア系女性初の米連邦下院議員に当選。
〈1965〉米国移民法改正により，戦後の移民が増える。家族の「呼び寄せ」が優先されたことから，コリア系は戦争花嫁が呼び寄せた家族が増加。
〈1968〉日本人移民100年祭が盛大に行われる。
〈1969〉ピーター・ムーン率いるザ・サンディ・マノアのアルバム『グアヴァ・ジャム』が発売され，収録曲の「わたしは，ハワイアン（He Hawai'i Au）」が，ハワイアン・ルネッサンスの象徴になっていく。
〈1972〉米国，沖縄の施政権を日本へ返還。いわゆる「沖縄の本土復帰」。
　　　　同年，ハワイ沖縄人連合会を「ハワイ沖縄県人連合会」に改称。
　　　　同年，ハワイでフイ・オ・ラウリマ（沖縄系女性のボランティア団体）によるOkinawan Cultural Jubilee始まる。
〈1974〉ジョージ・アリヨシ（日系二世）ハワイ州知事に当選。全米初の日系人知事。
〈1975〉フイ・オ・ラウリマによる沖縄文化紹介と料理レシピ本 *Okinawan Cookery and Culture* 出版。
〈1976〉先住ハワイアンによるカホオラヴェ島返還運動が開始。

|  | 同年，古代航海カヌーを復元したホークーレア号による第1回航海成功（ハワイ・タヒチ間）。 |
|---|---|
| 〈1980〉 | ハワイ沖縄移民80周年祭。沖縄県人会館の建設発議される（竣工は1990年）。 |
|  | 同年，マウイ島の砂糖博物館（The Alexander & Baldwin Sugar Museum）開館。 |
|  | 同年，ハワイ日系人向け英語新聞 *Hawaii Herald* がハワイ報知社から創刊。 |
| 〈1981〉 | ハワイ沖縄県人連合会による第1回沖縄スタディーツアー（Leadership Development Study Tour）が実施され，次世代を担う青年たちが沖縄を訪問。このなかの多くがエスニック・リーダーとなりオキナワン・フェスティバルや会館建設を成功させる。 |
|  | 同年，Young Okinawans of Hawaii 結成される。 |
|  | 同年，ハワイにおけるオキナワン研究入門の決定版ともいうべき *Uchinanchu : A History of Okinawans in Hawaii* が，Ethnic Studies Oral History Project, Ethnic Studies Program, University of Hawaii と United Okinawan Association of Hawaii から出版される。 |
| 〈1982〉 | 第1回オキナワン・フェスティバルがアラモアナのマッコイパビリオンで開催される。約4千人の観客。フイ・オ・ラウリマも文化展示担当で参加。なお2014年（32回目）の観客数5万人以上（会場はカピオラニ公園）。 |
| 〈1985〉 | ハワイ日系社会と州政府によって官約移民100周年祭が年間をとおして盛大に行われる（日系社会：Kanyaku Imin Centennial Celebration, 州政府：The 1985 Japanese 100$^{th}$ anniversary Celebration）。なお，当時の知事は日系二世のG.アリヨシ。 |
|  | 同年，日本語新聞『ハワイ・タイムス』休刊（『日布時事』の伝統途絶える）。 |
| 〈1986〉 | ハワイでジョン・ワイヘエ三世が州知事に当選。先住ハワイアン系として初。 |
| 〈1988〉 | マウイ島のホノカファア埋葬地に建設される予定だったリッツカールトン・カパルアにたいして，埋葬地と遺骨を保存するため，内陸部に建てるようにという指示が，ワイヘエ三世州知事によって出される。 |
|  | 同年，米政府が日系人強制収容について謝罪し，賠償金の支払いを決定。生存者一人あたり2万ドルの支払いを開始。 |
|  | 同年，フイ・オ・ラウリマが沖縄文化紹介本 *Of Andagi and Sanshin: Okinawan Culture in Hawai'i* を出版。 |
| 〈1990〉 | 沖縄県人会館「ハワイ沖縄センター」（Hawaii Okinawa Center）竣工。ハワイのオキナワンと沖縄県民の浄財10億円以上をかけた一大プロジェクト |

完了。

　同年，沖縄県が第1回世界のウチナーンチュ大会を開催。海外在住の沖縄系の人びとが5年に一度，故郷である沖縄に集って交流するイベントとして定着。

〈1992〉 ハワイの受刑者たちが大陸部の民間刑務所などに移送されるようになる。

　同年，ハワイ・プランテーション・ビレッジ博物館（Hawai'i's Plantation Village）がオアフ島のワイパフの砂糖きび耕地跡で発足。

〈1993〉 米軍の演習場であったカホオラヴェ島が，ハワイ州に返還される。リッツカールトン・カパルアで，「芸術の祭典」が始まる。

〈1994〉 ベンジャミン・カエタノがハワイ州知事当選。フィリピン系として初。

　同年，ハワイ日本文化センター（Japanese Cultural Center of Hawai'i：JCCH）開館。日系人の歴史展示「おかげさまで」常設。

〈1995〉 United Okinawan Association：UOA（ハワイ沖縄県人連合会）を Hawaii United Okinawa Association：HUOA（ハワイ沖縄連合会）に名称変更。

　同年，沖縄で米兵少女暴行事件，10.21県民総決起大会。

　同年，沖縄県が第2回世界のウチナーンチュ大会を開催。

〈1997〉 ハワイの沖縄系のビジネスマンによる主導で WUB（Worldwide Uchinanchu Business Association）が発足。以後世界各地に支部を拡大。

〈1999〉 アウディ・キムラのプロデュースによって，シングルCD『I Kū Mau Mau (Stand up Together)：An Anthem of Unity [結束のための讃歌]』が自主制作される。

〈2000〉 ハワイ沖縄移民100周年祭 OKAGESAMADE 100 が盛大に祝われる。フイ・オ・ラウリマによる沖縄文化と料理本第2弾 Okinawan Mixed Plate 出版。

　同年，沖縄で九州・沖縄サミットが開催される。

〈2001〉 沖縄県が第3回世界のウチナーンチュ大会を開催。

　同年，日本ではNHK『連続テレビ小説 ちゅらさん』が放映され，沖縄ブーム佳境に。

〈2003〉 マウイ経済向上機構による，マウイ刑務所入所者を対象にした更生プログラム（Being Empowered and Safe Together; B.E.S.T. Reintegration Program）が開始される。

　同年，コリア系が移民100周年祭を開催。この時開催されたコリアンフェスティバルが人気イベントとなり，毎年ホノルルで開催される。

　同年，第1回世界のウチナーンチュ会議が，ハワイの東西センターで開催さ

⟨2006⟩ マウイ島のイアオ劇場にて,マウイ刑務所の入所者たちによる舞台『悲劇の女王リリウオカラーニ物語』が上演される。
同年,沖縄県が第4回世界のウチナーンチュ大会を開催。ハワイから多数のオキナワンがチャーター機で来訪し話題となる。

⟨2007⟩ リッツカールトン・カパルアの「第15回芸術の祭典」で,『悲劇の女王リリウオカラーニ物語』が再演される。

⟨2008⟩ B.E.S.T. 更生プログラムでフラを学び,出所した男性たちが,Ku Mai Ka Hula International Hula Competition に出場する。
同年,ハワイ大学マノア校に Center for Okinawan Studies(沖縄研究センター)設立される。
同年,フイ・オ・ラウリマが沖縄文化と料理本第3弾 *Chimugukuru: the Soul, the Spirit, the Heart (Okinawan Mixt Plate II)* を出版。

⟨2009⟩ B.E.S.T. 更生プログラムが,予算削減のため,スタッフの半数が解雇され,フラ教室などが中止においやられる。

⟨2010⟩ 英語主流新聞 *Honolulu Advertiser* と *Honolulu Star Bulletin* が統合,*Honolulu Star-Advertiser* となる。

⟨2011⟩ 沖縄県が第5回世界のウチナーンチュ大会を開催。

⟨2012⟩ ハワイ大学マノア校医学部の先住ハワイアンのための保健学科とクィーンズ・メディカル・センターの共同研究によって,フラの機能が,初めて医・科学的に検証される。

⟨2014⟩ デビッド・イゲ(沖縄系三世)がハワイ州知事に当選。沖縄系として初,日系人として二人目。

# あとがき

　私はハワイのオキナワンの文化運動からエスノカルチュラリズムという概念を創出した（本書24-25頁参照）。これがハワイのマイノリティの間で急速に広まりつつあるというのが私の観察である。この本を編集しながら，私はこれまでの著作のなかで，このエスノカルチュラリズムをポジティブに描き過ぎてきたかもしれないと思うようになった。人や社会だけでなく，人間の創造物も光と陰がある。エスノカルチュラリズム――このイデオロギー性を帯びた思想は，根幹に民族的出自すなわち血統を重視するところがある。その意味で基本的に本質主義的傾向をもっている。その上にプライドや優越意識を称揚するところがある。ということは，よほど注意しないと排他的になったり独りよがりになりやすい思想でもある。それだけ自文化中心主義（エスノセントリズム）と親和性が高いともいえる。これはなんとしても避けなければならない。オキナワン・コミュニティは「Uchinanchu-at-Heart」という概念を創出した。排他主義を克服するための方策だといえなくもないが，私がひそかに期待しているのは第1章でもふれた「成熟ウチナーンチュ」である。排他的でも独善的でもない広量な意識のレベルに達したウチナーンチュである。これは一般化すれば「成熟エスノカルチュラリズム」の段階といえる。エスニック集団の活動家たち，すなわちエスニック・エージェントのなかには既にこの段階のことも考えて活動している人がいるかもしれない。観察を続けたい。

　この本は「はしがき」でも述べたように，われわれが著したハワイ研究の第3弾である。われわれがハワイの民族文化・民族関係をテーマに共同研究を開始してからちょうど10年が経過した。その間，ずっとハワイでフィールドワークを続けてきた。フィールドワークには旅費・滞在費・資料費等を含め膨大な費用がかかる。長期間にわたる調査研究を可能にしたのは主として文部科学省による財政的援助や武蔵大学・駒澤大学そして共同研究者が所属する大学の物心両面のサポートがあったからである。まことに有難いことである。こころからお礼申し上げたい。

　編者である私に限っていえば，30余年にわたって私の研究エンジンにガソ

リンを注ぎ続けてくれたのは現地ハワイのオキナワン・コミュニティの人びと，とりわけ宜野湾市人会（Ginowan Club）の人びとである。かれらはナイチの私をadoptしてメンバーにしてくれただけでなく，2013年には「ハワイのオキナワン・コミュニティとの長年に亘る交誼を多とする」として表彰状まで授与してくれた。これもかれらのいう肝心（chimugukuru）の表出かもしれない。ありがたいことである。さらに，かれらとの交流には副産物があった。しだいに自分の出自について強い関心を抱くようになったのである。ある碩学の書によれば，私は玄界灘から南西諸島をまたにかけた白水郎つまり海人集団の末裔らしい。ノマディックなかれらは，文化の仲介者という役割も担っていたようである。

　かたい本が苦戦するなか，またまた石より硬い本の出版を「敢行」される御茶の水書房に敬意を表したい。とりわけお世話になった編集部の小堺章夫氏に厚く御礼申し上げる。

　　　　　　　　　　　　　　　　　　　2015年　立春の深沢にて
　　　　　　　　　　　　　　　　　　　　　　　　　　白水繁彦

# 執筆者紹介

**白水繁彦**(しらみず・しげひこ) 序章・第1章担当
　奥付の編者紹介参照

**城田　愛**(しろた・ちか) 第2章担当
　大分県立芸術文化短期大学国際総合学科教員。京都大学大学院人間・環境学研究科博士課程修了（人間・環境学博士）。JICA 海外移住資料館研究員などを経て現職。ハワイ先住民や沖縄系・日系移民たちの生活誌や踊り，しょうがい児・者のアートなどの文化人類学的な調査・研究に従事。
　**主要論文**：「フラにみる多文化社会ハワイのポリフォニー――聖地，観光地，主権回復運動で共振する祈りと踊り」(白水繁彦編『多文化社会ハワイのリアリティー』御茶の水書房，2011年) など。shirotac@oita-pjc.ac.jp

**中野克彦**(なかの・かつひこ) 第3章・第6章担当
　立命館大学非常勤講師（国際関係学修士）。これまでハワイ，ロサンゼルス，日本における中国系移民のエスニック文化およびエスニック・メディアの歴史と現状に関する調査に従事してきた。
　**主要論文**：「ハワイにおける中国系移民の民族祭：主流社会との葛藤と交渉のなかで」(白水繁彦編『多文化社会ハワイのリアリティー：民族間交渉と文化創生』御茶の水書房, 2011) など。nakano@tg7.so-net.ne.jp

**李　里花**(り・りか) 第4章担当
　多摩美術大学専任講師，一橋大学大学院社会学研究科修了（社会学博士）。日米のコリア系移民のアイデンティティをテーマに歴史社会学的研究を行っている。
　**主要著作**：「ハワイ戒厳令下のコリアン移民のナショナリズム：〈敵性外国人〉から〈友好的外国人〉への語りの形成」『アメリカ研究』42号（2008年）137頁〜154頁，『〈国がない〉：ハワイ・コリア系移民のナショナリズムとアイデンティティ（1903-1945）』かんよう出版（近刊）など。r-lee@tamabi.ac.jp

**野入直美**(のいり・なおみ) 第5章担当
　琉球大学法文学部准教授，立命館大学大学院応用社会学専攻退学（社会学修士）。沖縄をめぐる人の移動とアイデンティティ，アメラジアン，在日朝鮮人教育などのテーマで調査に従事。
　**主要著作**：「アメラジアンの子どもを育てるということ――日本人の母親によって経験された相互行為」(『異文化間教育』第39号，2014)「海外における沖縄アイデンティティの地域間比較――第5回世界のウチナーンチュ大会参加者アンケートを中心に」『躍動する沖縄系移民；ブラジル，ハワイを中心に』（彩流社, 2013, 町田宗博，金城宏幸，宮内久光編）など。knoiri@ll.u-ryukyu.ac.jp

## 編者紹介

### 白水繁彦（しらみず・しげひこ）

駒澤大学大学院グローバル・メディア研究科教授。社会学博士（立教大学）。成城大学大学院日本常民文化専攻修了。これまでに，武蔵大学教授，高千穂大学教授，東京大学客員教授，「CNN デイブレイク」キャスター，神奈川県広報ビデオ審査委員，放送番組国際交流センター委員などを務める。台湾，韓国，沖縄，マレーシア，シンガポール，ハワイ，アメリカ，カナダ，ブラジル，オーストラリアおよび日本国内で文化変容とメディアに関する調査に従事。主要著作：『多文化社会ハワイのリアリティー』（編著，2011），『イノベーション社会学』（2011），『移動する人びと，変容する文化』（編著，2008）以上御茶の水書房刊，『現代地域メディア論』（共編著，日本評論社，2007），『エスニック・メディア研究』（明石書店，2004），『エスニック文化の社会学』（日本評論社，1998）など。shige@komazawa-u.ac.jp

---

## ハワイにおけるアイデンティティ表象（ひょうしょう）
### ──多文化社会の語り・踊り・祭り──

**発行日**
2015年3月25日　第1版第1刷発行

**編者**
白水繁彦

**発行者**
橋本盛作

**発行所**
株式会社　御茶の水書房
〒113-0033　東京都文京区本郷5-30-20
電話　03-5684-0751
http://www.ochanomizushobo.co.jp/

**組版・印刷／製本**
シナノ印刷（株）

ISBN 978-4-275-02005-5 C3036
©2015 SHIRAMIZU Shigehiko
Printed in Japan

白水繁彦編

# 多文化社会ハワイのリアリティー
――民族間交渉と文化創生――

●A5判・190頁・本体2200円＋税●

はしがき　　白水 繁彦

序　章　「太平洋の楽園」再考　白水 繁彦

第1章　新しい文化を創るひとたち　白水 繁彦
　　　　――ハイブリッドなローカル文化

第2章　フラにみる多文化社会ハワイのポリフォニー　城田 愛
　　　　――聖地，観光地，主権回復運動で共振する祈りと踊り

第3章　ハワイにおける中国系移民の民族祭　中野 克彦
　　　　――主流社会との葛藤と交渉のなかで

第4章　コリア系移民の民族表象と文化創造　李 里花
　　　　――「民族」にこだわる理由

第5章　ディアスポラと"ローカル"　野入 直美
　　　　――ハワイにおける帰米とアメラジアンの事例から

あとがき　　白水 繁彦

御茶の水書房